MEB Yeni İngilizce
Programındaki Tüm

RESİMLİ
İNGİLİZCE-TÜRKÇE
TÜRKÇE-İNGİLİZCE
SÖZLÜK

EMA kitap

Bu kitabın sahibinin:

Adı   :..
Soyadı :..
Sınıfı   :..
Okulu :..
              ....

Copyright © EMAOFİS Kırtasiye Ürün. Yay. İnş. Tic. ve San. Ltd. Şti.

Editör: Tûba ÖZTÜRK
Dizgi - Grafik: EMAOFİS Grafik Servisi
Baskı: Sait Matbaacılık (0212) 278 28 03

İstanbul - 2017

EMAOFİS Kırtasiye Ürün. Yay. İnş. Tic. ve San. Ltd. Şti.
Çakmaklı Mah. Hadımköy Yolu Cad. No: 99 Kat: 6
Yıldız Center İş Merkezi Büyükçekmece / İstanbul
Tel.: (0212) 886 19 71 - 72 (pbx) Faks: (0212) 278 66 14
www.emakitap.com / emakitap@gmail.com

ÖN SÖZ

Sevgili Öğrenciler,

Elinizdeki bu sözlük, sizlerin ilkokul süresince göreceğiniz ve İngilizce dersinde karşılaşacağınız sözcükler ve müfredat programındaki konular dikkate alınarak hazırlanmıştır.

RESİMLİ İNGİLİZCE TÜRKÇE SÖZLÜK ile İngilizce dersleriniz daha zevkli hâle gelecek, anlamını bilmediğiniz sözcükleri anında elinizdeki sözlükten öğrenecek ve örnek cümle içinde kullanılışı ile anlamını daha kolay pekiştireceksiniz.

Sözcükler resimlerle desteklenmiştir, örnek cümle içinde kullanılmıştır ve Türkçe anlamları verilmiştir. Bu yolla ilk defa karşılaşacağınız sözcüğün anlamını bir bütün olarak öğrenmeniz amaçlanmıştır.

Sözcüklerin okunuşlarında ve yazılışlarında Amerikan İngilizcesi temel alınmıştır.

Sözlüğü her açışınızda sözcük dağarcığınızın genişlemesi ve İngilizce öğrenmedeki başarınızın daha da artması dileğiyle…

Çalışmak başarıya giden yoldaki altın kuraldır…
Hepinize başarılar dileriz…

Sözcüklerin Okunuşları

Bu sözlükte, İngilizceyi yeni öğrenmeye başlayanlar için kolaylık sağlamak amacıyla, Uluslararası Fonetik Alfabesi (International Phonetic Alphabet, IPA) kullanılmamıştır. Bunun yerine, kelimelerin okunuşları Türkçe alfabeye göre uyarlanmıştır.

Türkçeye en yakın okunuşları verebilmek amacıyla aşağıdaki işaretlerden de faydalanılmıştır:

(:) kendisinden önce gelen harfin uzun okunacağını belirtir. (') bir kelimedeki asıl vurguyu gösterir.

(') bir kelimedeki ikinci en önemli vurguyu gösterir.

Notlar:

İngiliz alfabesi Türk alfabesinden çok farklı değildir. Ancak, Türkçede harfler daima aynı sesi verir, fonetik kuralları düzenlidir. Buna karşılık, İngilizcede harflerin sabit ses değerleri yoktur. Bu yüzden, İngilizcede bazı kelimelerin okunuşunu tahmin etmek veya öğrenip ezberlemekten başka çare yoktur.

İstisnaları olmalarına rağmen aşağıdaki telaffuz kuralları geçerlidir.

"a" harfi e veya ey şeklinde okunur.

apple: 'äpıl (elma)   **table:** 'teybıl (masa)

"c" harfi 3 şekilde okunur:

1. Bu harften sonra yumuşak ünlü (e, i) gelirse "s" şeklinde okunur.

circus: 'sörkıs (sirk)   **face:** feys (yüz, sima)

2. İzleyen ünlü harf sert bir ünlü ise (a, o, u,); veya ünsüz ise "k" şeklinde okunur.

cat: kät (kedi)

3. "ch"; ç olarak telaffuz edilir.

chat: çät (sohbet)   **cheese:** çi:z (peynir)

"ph" harfleri f sesi verir.

physics: 'fiziks (fizik bilimi)

"i" harfi kelime içinde "ay" şeklinde telaffuz edilir.

night: nayt (gece)

"sh" ş gibi telaffuz edilir.

shy: şay (utangaç)

"u" harfi kelime başlarında "yu" şeklinde ve uzun okunur.

unit: 'yunit (birim)

Kelime sonlarındaki "y" harfi i biçiminde okunur.

salty: 'solti (tuzlu)

"x" harfi "ks" şeklinde okunur.

fox: foks (tilki)

"q" k harfinin sertçe okunmasıdır.

queen: kwin (kraliçe)

"g" harfi 3 şekilde okunur:

1. "a, o, u, l, r" harflerinden önce gelirse aynen Türkçedeki gibi "g" okunur.

   glad: gläd (mutlu)   **good:** gu:d (iyi)

2. "e, i" harflerinden önce "g" veya "c" okunur.

   get: get (almak, elde etmek)   **general:** 'cenırıl (genel)

3. "gh" önüne "i" gelmeyince "f" okunur.

   enough: i'naf (yeterli)

   tough: taf (sert, kuvvetli)

"sch"; "sk" okunur.

schedule: 'skecıl (program)

"tion"; "şın" olarak okunur.

competition: kampı'tişın (rekabet, yarışma)

Kısaltmalar (Abbreviations)

b. bağlaç (conjunction)
e. edat (preposition)
f. fiil (verb)
i. isim, ad (noun)
ö.i. özel isim (proper noun)
s. sıfat (adjective)
ü. ünlem (interjection)
z. zarf (adverb)
zam. zamir (pronoun)

A, a *(ey)* İngiliz alfabesinin ilk harfi. **'Apple' begins with** *(an)* **A.** *('Apple' A harfiyle başlar.)*

a *(e)* (her, herhangi) bir. (Sessiz harflerle başlayan kelimelerden önce kullanılır.) **Ali is a hard-working student.** *(Ali çalışkan bir öğrencidir.)* **A bicycle has two wheels.** *(Bir bisikletin iki tekerleği vardır.)*

able *('eybıl) s.* kabiliyetli, yetenekli, becerikli. **Aslı is an able student.** *(Aslı, becerikli bir öğrencidir.)* **be able to** (bi 'eybıl tu) *f.* -ebilmek, -abilmek. **I won't be able to come.** *(Ben gelemeyeceğim.)*

about¹ *(ı'baut) e.* hakkında, dair; üzere, için. **This documentary is about elephants.** *(Bu belgesel filler hakkındadır.)*

about² *(ı'baut) z.* yaklaşık, aşağı yukarı, takriben; etrafa, etrafında, civarda. **Our teacher is about 50 years old.** *(Öğretmenimiz yaklaşık 50 yaşındadır.)*

above *(ı'bav) e.* yukarıda, üstünde, ötesinde. **The people in the flat above make a lot of noise.** *(Üst dairedeki insanlar çok gürültü yapıyorlar.)*

absent ('äbsınt) s. yok, eksik, mevcut olmayan. **Mary was absent from school today.** *(Mary bugün okulda yoktu.)*

accept (äk'sept) f. kabul etmek, onaylamak; razı olmak. **Please, accept my apology.** *(Lütfen özrümü kabul ediniz.)*

accident ('äksidınt) i. kaza, beklenmedik olay. **Rain increases the risk of car accidents.** *(Yağmur, araba kazaları riskini artırır.)*

accommodation (e,komı'deyşın) i. kalacak, yatacak, yaşanacak yer. **Our scholl provides accommodation for all its students.** *(Okulumuz bütün öğrencilerine kalacak yer sağlamaktadır.)*

account (ı'kaunt) i. hesap. **My salary is paid directly into my bank account.** *(Maaşım doğrudan banka hesabıma ödenir.)*

accountant (ı'kauntınt) i. muhasebeci, sayman. **Cem is a very skilled accountant.** *(Cem çok becerikli bir muhasebecidir.)*

ache[1] (eyk) f. ağrımak, acımak, sızlamak. **I have a toothache.** *(Dişim ağrıyor.)*

ache[2] (eyk) i. ağrı, acı, sızı, sancı. **My father always complains about his aches.** *(Babam her zaman ağrılarından şikâyet eder.)*

achieve (ı'çi:v) e. başarmak, yapabilmek, ulaşmak. **You will never achieve your goal if you don't work harder.** *(Daha fazla çalışmazsan hedefine asla ulaşamayacaksın.)*

achievement (ı'çi:vmınt) i. başarı. **I admire her achievement.** *(Başarısını takdir ediyorum.)*

acid *('äsid) i.* asit. **Acids generally have a sour taste.** *(Asitlerin genellikle ekşi bir tadı vardır.)*

across *(ı'kros) e., z.* bir taraftan öbür tarafa, karşıdan, karşıya, karşısında. **He walked across the bridge.** *(Köprüden karşıya geçti.)*

act *(äkt) f.* davranmak; harekete geçmek; rol yapmak. **He is acting very strangely these days.** *(Bu günlerde çok tuhaf davranıyor.)*

action *('äkşın) i.* eylem, faaliyet, iş, hareket. **The government has to take prompt action.** *(Hükûmet acilen harekete geçmelidir.)*

active *('äktiv) s.* faal, aktif; etkin. **Vesuvius is an active volcano.** *(Vezüv faal bir volkandır.)*

activity *(äk'tiviti) i.* faaliyet, aktivite, hareket, çalışma. **Swimming is a good activity.** *(Yüzme iyi bir etkinliktir.)*

actor *('äktır) i.* erkek oyuncu, artist, aktör. **Brad Pitt is a famous actor.** *(Brad Pitt ünlü bir aktördür.)*

actress *('äktris) i.* kadın oyuncu, artist, aktris. **She is a very talented actress.** *(O çok yetenekli bir aktristir.)*

add *(äd) f.* eklemek, ilave etmek, katmak; toplamak. **If the tea is too strong, add some more water.** *(Eğer çay çok demliyse biraz daha su kat.)*

addition *(ä'dişın) i.* ek, ilave; toplama. **The addition of a baby to the household changed our**

lives. *(Ev halkına bir bebeğin katılması hayatımızı değiştirdi.)*

address *(ı'dres)* i. adres; söylev, nutuk. **Let me give you my home address.** *(Sana ev adresimi vereyim.)*

adjective *('äciktiv)* i. sıfat. **Today's subject is adjectives.** *(Bugünkü konu sıfatlar.)*

admire *(äd'mayır)* f. hayran olmak, takdir etmek, çok beğenmek. **I admire him for his success in business.** *(İşteki başarısı nedeniyle ona hayranım.)*

admit *(äd'mit)* f. kabul etmek, itiraf etmek; girmesine izin vermek. **The prisoner has admitted his guilt.** *(Tutuklu suçunu itiraf etti.)*

adult *(ı'dalt)* i., s. yetişkin, ergin, reşit. **An adult elephant drinks about 200 litres of water per day.** *(Yetişkin bir fil günde yaklaşık 200 litre su içer.)*

advantage *(äd'väntıc)* i. fayda, yarar, çıkar, avantaj. **Living in a big city has a lot of advantages.** *(Büyük bir şehirde yaşamanın birçok faydası vardır.)*

adventure *(äd'vençır)* i. macera, serüven. **Jules Verne is an author famous for his adventure stories.** *(Jules Verne, macera hikâyeleriyle ünlü bir yazardır.)*

adverb *('ädvörb)* i. belirteç, zarf. **Adverbs are used to describe verbs.** *(Zarflar, fiilleri nitelemek için kullanılırlar.)*

advertisement *(ädvır'taysmınt) i.* reklam, ilan, haber. **Magazines and newspapers contain many advertisements.** *(Dergi ve gazeteler çok sayıda reklam içerir.)*

advice *(äd'vays) i.* öğüt, tavsiye. **Let me give you an advice.** *(Sana bir tavsiye vereyim.)*

advise *(äd'vayz) f.* öğüt vermek, tavsiye etmek; danışmak. **The doctor advised me to take more exercise.** *(Doktor bana daha fazla egzersiz yapmamı tavsiye etti.)*

affect *(e'fekt) f.* etkilemek, tesir etmek. **Music affects me very strongly.** *(Müzik beni derinden etkiler.)*

afraid *(e'freyd) s.* korkmuş, korkan. **He looked afraid.** *(Korkmuş görünüyordu.)*

Africa *('äfrıkı) ö.i.* Afrika. **Africa has a wide range of animal species.** *(Afrika'da çok çeşitli hayvan türleri vardır.)*

after *('aftır) b., e., z.* sonra, ardına, ardından, -dan sonra. **We'll meet after breakfast.** *(Kahvaltıdan sonra buluşacağız.)*

afternoon *(aftır'nu:n) i.* öğleden sonra. **I like to sleep in the afternoon.** *(Öğleden sonra uyumayı severim.)*

again *(ı'gen) z.* yine, tekrar, bir kez daha. **They rehearsed the scene again.** *(Sahneyi tekrar prova ettiler.)*

against *(ı'genst) e.* karşı, zıt, aykırı, muhalif. **I am against war.** *(Savaşa karşıyım.)*

age *(eyc) i.* yaş, devir, çağ. **Geologists have calculated the**

age of the earth. *(Jeologlar dünyanın yaşını hesapladılar.)*

ago *(ı'go) z.* önce, evvel, eskiden. **He left ten minutes ago.** *(On dakika önce ayrıldı.)*

agree *(ı'gri:) f.* aynı fikirde olmak; kabul etmek, onaylamak, anlaşmak. **My sister agreed to help me.** *(Kız kardeşim bana yardım etmeyi kabul etti.)*

agriculture *('ägrikalçır) i.* ziraat, tarım, çiftçilik. **Our economy is based on agriculture.** *(Ekonomimiz tarıma dayalıdır.)*

ahead *(ı'hed) z.* önde, ileride, ileriye doğru. **We must look ahead.** *(İleriye bakmalıyız.)*

aid *(eid) i.* yardım. **There is a first-aid box in our house.** *(Evimizde bir ilkyardım kutusu var.)*

air *(eır) i.* hava, nefes; nağme; tavır. **I need some fresh air.** *(Biraz temiz havaya ihtiyacım var.)*

airline *('eırlayn) i.* havayolu. **Turkish Airlines is one of the biggest airline companies.** *(Türk Hava Yolları en büyük havayolu şirketlerinden biridir.)*

airplane *('eırpleyn) i.* uçak, hava taşıtı. **Many people are afraid of airplanes.** *(Birçok insan uçaktan korkar.)*

airport *('eırport) i.* havalimanı, havaalanı. **Esenboğa airport is in Ankara.** *(Esenboğa havaalanı Ankara'dadır.)*

alien *(e'ilien)* i. Uzaylı yaratık. **I saw aliens in a movie.** *(Bir filmde uzaylı yaratık görmüştüm.)*

alive *(ı'layv)* s. canlı, diri, sağ, hayatta. **My grandfather is still alive.** *(Büyükbabam hâlâ sağdır.)*

all *(o:l)* s. bütün, hep, her. **Where are all the students?** *(Bütün öğrenciler nerede?)*

allergic *('älörcik)* s. alerjik, hassas. **He is allergic to cats.** *(Onun kedilere alerjisi vardır.)*

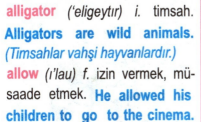

alligator *('eligeytır)* i. timsah. **Alligators are wild animals.** *(Timsahlar vahşi hayvanlardır.)*

allow *(ı'lau)* f. izin vermek, müsaade etmek. **He allowed his children to go to the cinema.** *(Çocuklarının sinemaya gitmelerine izin verdi.)*

all right *(o:l rayt)* ü. Tamam! Pekâlâ! **Kabul! All right! I'll do it.** *(Pekâlâ! Ben hallederim.)*

almost *('o:lmost)* z. az daha, neredeyse; hemen hemen, yaklaşık olarak. **I almost forgot that it was his birthday today.** *(Bugün onun doğum günü olduğunu neredeyse unutuyordum.)*

alone *(ı'lo:n)* s., z. yalnız, tek başına. **I love being alone at home.** *(Evde yalnız olmayı severim.)*

along *(ı'long) e., z.* boyunca, süresince; yanı sıra. **She walked along the river.** *(Nehir boyunca yürüdü.)*

aloud *(ı'laud) z.* yüksek sesle. **The teacher asked her to read the poem aloud.** *(Öğretmen ondan şiiri yüksek sesle okumasını rica etti.)*

alphabet *('älfıbet) i.* alfabe. **I can read and write the Russian alphabet.** *(Rus alfabesini okuyup yazabilirim.)*

also *('o:lso) z.* da, dahi, hem, hem de, üstelik, keza. **Mehmet is also coming to the party.** *(Mehmet de partiye geliyor.)*

altogether *(o:ltı'gedhır) z.* tamamen, tümü ile, büsbütün, hepsi. **This is an altogether different problem.** *(Bu tamamen farklı bir sorun.)*

always *('o:lweyz) z.* her zaman, daima. **I will always love you.** *(Seni her zaman seveceğim.)*

am *(äm) f.* "be" fiilinin şimdiki zamanda birinci tekil kişi biçimi. (-im, -ım, -um, -üm) **I am still young.** *(Hâlâ gencim.)*

a.m. *(ey em) z.* (ante meridiem) öğleden önce, sabahleyin (saatlerde kullanılır). **We arrived at our hotel at 8 a.m.** *(Otelimize sabah saat 8'de vardık.)*

amazing *(ı'meyzing) s.* şaşırtıcı, hayret verici, hayranlık uyandıran. **The book was amazing.** *(Kitap hayret vericiydi.)*

ambulance *('ämbyulıns) i.* ambulans. **The ambulance got stuck in traffic.** *(Ambulans trafikte sıkıştı.)*

America *(ı'merikı) i.* Amerika. **Now there are direct flights between Turkey and America.** *(Artık Türkiye ile Amerika arasında direkt uçuş var.)*

American *(ı'merikın) ö.i.* Amerikan, Amerikalı. **American Dream promises equality and freedom.** *(Amerikan rüyası eşitlik ve özgürlük vaad eder.)*

amusement *(e'myu:zmınt) i.* eğlence, eğlenmek, keyif. **She looked at her daddy with amusement.** *(Babasına keyifle baktı.)*

an *(än, ın) s.* bir, herhangi bir. **An owl can see in the dark.** *(Baykuş karanlıkta görebilir.)*

Anatolia *(ä'nıtolyı) ö.i.* Anadolu.

and *(änd) b.* ve, ile. **Come and sit beside me.** *(Gel ve yanıma otur.)*

angel *('eyncıl) i.* melek. **My grandmother is like an angel.** *(Anneannem melek gibidir.)*

angrily *('engrıli) be.* öfkeyle. **He angrily denied the accusation.** *(Suçlamayı öfkeyle inkâr etti.)*

angry *('engri) s.* öfkeli, kızgın. **Are you angry with me?** *(Bana kızgın mısın?)*

animal *('änimıl) i.* hayvan. **The lion is a wild animal.** *(Aslan vahşi bir hayvandır.)*

ankle *('änkıl) i.* ayak bileği. **I twisted my ankle today.** *(Bugün ayak bileğimi burktum.)*

anniversary *(äni'vörsıri) i.* yıldönümü. **Tomorrow is our wedding anniversary.** *(Yarın bizim evlilik yıldönümümüz.)*

another *(ı'nadhır) s.* başka, diğer, ayrı, başka bir. **My sister is moving to another town.** *(Kız kardeşim başka bir şehre taşınıyor.)*

answer¹ *('änsır) f.* cevaplamak, yanıtlamak. **I answered all questions.** *(Bütün soruları cevapladım.)*

answer² *('änsır) i.* cevap, yanıt, karşılık, çözüm, sonuç. **He told me that his answer was no.** *(Bana cevabının hayır olduğunu söyledi.)*

ant *(änt) i.* karınca. **Ants are small insects.** *(Karıncalar küçük böceklerdir.)*

Antarctic *(än'tarktik) ö.i.* Güney Kutbu.

any *('eni) s.* bir, herhangi, her ne kadar, her, her bir, bazı, birkaç, biraz, hiçbir, hiç. **Have you got any money?** *(Hiç paran var mı?)*

anybody *('enibıdi) i.* zam. kimse, herhangi bir kimse, hiç kimse, herkes, her kim. **I didn't know anybody at the party.** *(Partide kimseyi tanımıyordum.)*

anything *('enithing) zam.* bir şey, herhangi bir şey, her şey, hiçbir şey. **There isn't anything in the refrigerator.** *(Buzdolabında hiçbir şey yok.)*

apartment *(ı'partmınt) i.* apartman dairesi. **I am looking for an apartment for rent.** *(Kiralık bir daire arıyorum.)*

apologize *(ı'polıcayz) f.* özür dilemek, af dilemek. **He apologized for his mistake.** *(Hatası için özür diledi.)*

appear *(ı'piir) f.* görünmek, belirmek, ortaya çıkmak. **A ship appeared on the horizon.** *(Ufukta bir gemi belirdi.)*

apple *('äpıl) i.* elma. **Apple is a fruit.** *(Elma bir meyvedir.)*

application *(äpli'keyşın) i.* başvuru, müracaat; uygulama, tatbik. **We have received thirty applications.** *(Otuz tane başvuru aldık.)*

apply *(ı'play) f.* başvurmak, müracaat etmek; uygulamak. **You can apply to the manager for a job.** *(İş için müdüre başvurabilirsin.)*

approach *(ı'prouç) f.* yaklaşmak, yakınına gitmek veya gelmek. **We are approaching İstanbul.** *(İstanbul'a yaklaşıyoruz.)*

apricot *('äprikot) i.* kayısı, kayısı ağacı. **An apricot is a round yellow or orange fruit.** *(Kayısı*

sarı veya turuncu yuvarlak bir meyvedir.)

April *('eyprıl) i.* Nisan. **We went to England last April.** *(Geçen Nisan İngiltere'ye gittik.)*

apron *('eyprın) i.* önlük; ön kısım. **Do you wear an apron when you cook?** *(Yemek pişirirken önlük takar mısın?)*

archeology *(arki'olıcı) i.* kazıbilim, arkeoloji. **I have always been interested in archeology.** *(Arkeolojiye her zaman ilgi duymuşumdur.)*

architect *('arkitekt) i.* mimar. **The architect of this building is my father.** *(Bu binanın mimarı benim babamdır.)*

Arctic *('arktik) ö.i.* Kuzey Kutbu. **Glaciers in Arctic will entirely melt in the near future.** *(Kuzey Kutbu'ndaki buzullar yakın gelecekte tamamen eriyecek.)*

are *(a:r) f.* "be" fiilinin şimdiki zamanda ikinci tekil ve çoğul kişi biçimi (-sin, -sın, -siniz, -sınız, -iz, -ız, -dirler, -dırlar). **You are so beautiful.** *(Çok güzelsin.)*

area *('eriyı) i.* bölge, alan, saha. **The Sahara desert is one of the driest areas in the world.** *(Sahra Çölü dünyadaki en kuru bölgelerden biridir.)*

arm *(arm) i.* kol, dal. **She held the baby in her arms.** *(Bebeği kollarında tuttu.)*

armchair *('armçeyr) i.* koltuk. **This is a comfortable armchair.** *(Bu rahat bir koltuktur.)*

army *('armi) i.* ordu, kalabalık, sürü. **The two armies met at dawn.** *(İki ordu şafakta karşılaştılar.)*

around *(ı'raund) z.* etrafında, etrafına, yakınında, civarında, yaklaşık. **We sat around the table.** *(Masanın etrafına oturduk.)*

arrive *(ı'rayv) f.* bir yere varmak, ulaşmak, erişmek. **We arrived at our hotel at nine o'clock.** *(Otelimize saat dokuzda vardık.)*

arrow *('erou) i.* ok, ok işareti. **A bow is a weapon that shoots arrows.** *(Yay, ok fırlatan bir silahtır.)*

art *(art) i.* sanat, resim, beceri, hüner, ustalık; fen. **She devoted her life to her art.** *(Hayatını sanatına adadı.)*

article *('a:rtikıl) i.* makale, yazı; madde, nesne. **I have read an article about Salvador Dali.** *(Salvador Dali hakkında bir makale okudum.)*

artist *('artist) i.* sanatçı, sanatkâr, ressam. **Each poster is signed by the artist.** *(Her afiş sanatçı tarafından imzalandı.)*

as¹ *(äz) b.* çünkü, -diği için, -e göre, -den dolayı; iken. **As he wasn't ready, we went without him.** *(Hazır olmadığı için onsuz gittik.)*

as² *(äz) z.* gibi, sanki; olarak. **He is working in a company as an assistant.**  *(Bir şirkette asistan olarak çalışıyor.)*

ash *(äş) i.* kül. **The house burnt to ashes.** *(Ev yandı kül oldu.)*

Asia *('eyjı) ö.i.* Asya.

aside *(e'sayd) z.* bir yana, bir kenara, ayrı. **She stepped aside to let them pass.** *(Geçmelerine izin vermek için kenara çekildi.)*

ask *(äsk) f.* sormak; istemek, talep etmek. **I asked him his name.** *(Ona ismini sordum.)*

asleep *(ı'slip) s.* uykuda olan, uyumakta olan. **I fell asleep while watching television.** *(Televizyon izlerken uyuya kaldım.)*

assistant *(ı'sistınt) i.* yardımcı, asistan. **My assistant is a very hardworking person.** *(Yardımcım çok çalışkan bir insandır.)*

astrology *(ıs'trolıci) i.* astroloji, yıldız falcılığı. **Many people believe in astrology.** *(Birçok insan astrolojiye inanır.)*

astronaut *('ästrıno:t) i.* astronot. **The Russians call their astronauts cosmonauts.** *(Ruslar astronotlarına kozmonot derler.)*

at *(ät) e.* -de, -da; hususunda. **I will be at home this afternoon.** *(Bu öğleden sonra evde olacağım.)*

Atlantic Ocean *(ät'läntik 'o:şın) ö.i.* Atlas Okyanusu. **The Atlantic Ocean is the world's second largest ocean.** *(Atlas Okyanusu dünyanın ikinci en büyük okyanusudur.)*

attach *(ı'täç) f.* tutturmak, iliştirmek, bağlamak, yapıştırmak. **He attached a label to his suitcase.** *(Bavuluna bir etiket yapıştırdı.)*

attack *(e'täk) f.* hücum etmek, saldırmak. **The enemy attacked at night.** *(Düşman gece saldırdı.)*

attention *(ı'tenşın) i.* dikkat, ilgi. **Please, listen to me with full attention.** *(Lütfen beni tüm dikkatinizle dinleyin.)*

attitude *('ätityud) i.* tavır, davranış, tutum. **I found her attitude very unfriendly.** *(Onun tavrını çok düşmanca buldum.)*

attractive *(ı'träktiv) s.* çekici, cazip, güzel. **Going to the beach instead of studying is an attractive idea.** *(Ders çalışmak yerine kumsala gitmek çekici bir fikir.)*

audience *('o:diıns) i.* seyirciler, dinleyiciler. **The number of cinema audiences have declined.** *(Sinema izleyicilerinin sayısı azaldı.)*

August *('o:gıst) i.* Ağustos. **She'll be back by August.** *(Ağustos'a kadar dönmüş olacak.)*

aunt *(a:nt) i.* hala, teyze, yenge. **My aunt lives in Canada.** *(Halam Kanada'da yaşar.)*

author *('o:thır) i.* yazar. **Yaşar Kemal is a famous author.** *(Yaşar Kemal ünlü bir yazardır.)*

autumn *('o:tım) i.* sonbahar, güz. **The leaves turn brown in autumn.** *(Sonbaharda yapraklar kahverengiye döner.)*

available
(ı'veylıbıl) *s.* kullanılmaya hazır, elde, mevcut, ulaşılabilir, müsait. **Much information is now available through computers.** *(Bilgisayarlar vasıtasıyla artık birçok bilgi ulaşılabilir.)*

awake (ı'weyk) *s.* uyanık, uyanmış. **I am still not fully awake.** *(Henüz tam uyanmış değilim.)*

award (ı'word) *i.* ödül, mükafat. **Ali hopes to win the photography contest and get the award.** *(Ali, fotoğraf yarışmasını kazanmayı ve ödülü almayı ümit ediyor.)*

away *(ı'wey) z.* uzağa, uzakta, başka bir yerde; -den, -dan. **I want to get away from here.** *(Buradan uzağa gitmek istiyorum.)*

awful *('o:fıl) s.* korkunç, dehşet verici, berbat, müthiş. **I have an awful voice.** *(Berbat bir sesim vardır.)*

axe *(äks) i.* balta. **My grandfather never lets me touch his axe.** *(Dedem asla baltasına dokunmama izin vermez.)*

B - b

B, b *(bi:)* İngiliz alfabesinin ikinci harfi.

baby *('beybi)* i. bebek, çocuk. **Your baby is so cute.** *(Bebeğiniz çok şirin.)*

babysitter *('beybisitır)* i. çocuk bakıcısı. **It is difficult to find a good babysitter.** *(İyi bir çocuk bakıcısı bulmak zordur.)*

back¹ *(bäk)* i. sırt, arka, geri. **My back aches in the mornings.** *(Sabahları sırtım ağrıyor.)*

back² *(bäk)* z. geri, geriye, eski yerine. **He gave the money back.** *(Parayı geri verdi.)*

background *('bäkgraund)* i. arka plan, zemin, bir insanın yetişmesinde etkili olmuş şeylerin tümü. **You can see the mountains in the background.** *(Arka planda dağları görebilirsiniz.)*

bad *(bäd)* s. kötü, fena, niteliksiz, yetersiz, bozuk, zararlı, hasta, keyifsiz. **I have some bad news for you.** *(Sana bazı kötü haberlerim var.)*

badge *(bäc)* i. rozet, işaret, nişan. **Can I see your badge, please?** *(Rozetinizi görebilir miyim lütfen?)*

badly *('bädli)* z. kötü bir şekilde, kötü, fena halde. **The book is badly written.** *(Kitap kötü bir şekilde yazılmış.)*

bag *(bäg) i.* çanta, torba, kese. **Where's my bag?** *(Çantam nerede?)*

baggage *('bägic) i.* bagaj, yolcu eşyası. **My baggage was too heavy.** *(Bagajım fazla ağırdı.)*

bake *(beyk) f.* fırında pişirmek. **I will bake some potatoes for dinner.** *(Akşam yemeği için fırında birkaç patates pişireceğim.)*

baker *('beykır) i.* fırıncı, pastacı. **When I grow up, I want to be a baker.** *(Büyüdüğümde fırıncı olmak istiyorum.)*

bakery *('beykıri) i.* ekmekçi dükkânı, fırın, pastane. **I bought this cake from the bakery on the corner.** *(Bu keki köşedeki pastaneden satın aldım.)*

balance *('bälıns) i.* denge; terazi; bakiye, bilanço. **I will pay the balance next month.** *(Bakiyeyi gelecek ay ödeyeceğim.)*

balcony *('bälkını) i.* balkon. **You can see the sea from our balcony.** *(Balkonumuzdan denizi görebilirsiniz.)*

bald *(bo:ld) s.* kel, saçsız. **My father is a bald man.** *(Babam kel bir adamdır.)*

ball *(bo:l) i.* top, küre; balo. **Throw me the ball!** *(Topu bana at!)*

ballet *(bä'ley) i.* bale. **She has studied ballet for six years.** *(Altı yıl boyunca bale çalıştı.)*

balloon *(bı'lu:n) i.* balon. **I bought my niece a red balloon.** *(Yeğenime kırmızı bir balon aldım.)*

banana *(bı'nänı) i.* muz. **Banana is a tropical fruit.** *(Muz tropik bir meyvedir.)*

band *(bänd) i.* müzik grubu, bando, takım; bant, şerit, kemer, çizgi. **Tonight, I will go the concert of my favorite band.** *(Bu akşam en sevdiğim grubun konserine gideceğim.)*

bandage *('bändic) i.* sargı bezi, bağ, bandaj. **How often do I need to change the bandage?** *(Sargı bezini ne sıklıkta değiştirmem gerekir?)*

bank *(bänk) i.* banka. **You must hurry because the bank closes at 5 o'clock.** *(Acele etmelisin çünkü banka saat 5'te kapanır.)*

barber *('barbır) i.* berber. **My father is a very talented barber.** *(Babam çok yetenekli bir berberdir.)*

bark¹ *(bark) f.* havlamak. **Our dog always barks at the postman.** *(Köpeğimiz postacıya her zaman havlar.)*

bark² *(bark) i.* havlama; ağaç kabuğu. **Old trees have very thick barks.** *(Yaşlı ağaçların çok kalın kabukları olur.)*

base *(beys) i.* taban, temel, esas. **The refrigerator is standing on a wooden base.** *(Buzdolabı tahta bir tabanın üstünde duruyor.)*

baseball *('beysbo:l) i.* beyzbol. **I used to play baseball in high school.** *(Lisede beyzbol oynardım.)*

basement *('beysmınt) i.* bodrum katı. **My laundry room is in the basement.** *(Çamaşır odam bodrum katındadır.)*

basket ('bäskit) *i.* sepet, küfe, basket. **She gave me a basket of fruit.** *(Bana bir meyve sepeti verdi.)*

basketball ('bäskitbo:l) *i.* basketbol. **Although he is not very tall, he is a good basketball player.** *(Çok uzun boylu olmamasına rağmen iyi bir basketbol oyuncusu.)*

bat (bät) *i.* yarasa; oyun sopası. **I am afraid of bats.** *(Yarasalardan korkarım.)*

bathe (beydh) *f.* yıkanmak, banyo yapmak, yüzmek, ıslatmak. **It is dangerous to bathe in the lake.** *(Gölde yüzmek tehlikelidir.)*

bathroom ('bäthrum) *i.* banyo, tuvalet. **Can I use the bathroom?** *(Banyoyu kullanabilir miyim?)*

bathtub ('bäthtab) *i.* banyo küveti. **I need to buy a new bathtub.** *(Yeni bir banyo küveti almalıyım.)*

battery ('bätıri) *i.* pil, akü, batarya. **These are rechargeable batteries.** *(Bunlar yeniden şarj edilebilir pillerdir.)*

battle ('bätıl) *i.* savaş, dövüş, çatışma, muharebe. **He was wounded at the battle.** *(Çatışmada yaralanmıştı.)*

bay (bey) *i.* körfez, koy. **The ships were anchored in the bay.** *(Gemiler körfezde demirlemişti.)*

bazaar (bı'za:r) *i.* çarşı, pazar. **The grand bazaar is in İstanbul.** *(Kapalı Çarşı İstanbul'dadır.)*

be (bi:) *f.* olmak, varlığını göstermek, mevcut olmak. **I am working.** *(Çalışıyorum.)*

beach (bi:ç) *i.* sahil, kumsal, plaj. **Let's go to the beach!** *(Sahile gidelim!)*

bear *(be:r) i.* ayı. **Polar bears are so well protected from the cold.** *(Kutup ayıları soğuktan çok iyi korunurlar.)*

beard *(biırd) i.* sakal. **Not all men have beards.** *(Her erkeğin sakalı yoktur.)*

beat¹ *(bi:t) f.* vurmak, dövmek; yenmek, galip gelmek. **Simon always beats me at tennis.** *(Simon beni teniste hep yener.)*

beat² *(bi:t) i.* vuruş, darbe; tempo. **Every member of the band must follow the beat.** *(Bütün grup elemanları tempoyu takip etmek zorundadırlar.)*

beautiful *('byutıfıl) s.* güzel, hoş. **She is a beautiful girl.** *(O güzel bir kızdır.)*

beauty *('byuti) i.* güzellik. **The beauty of nature fascinates me.** *(Doğanın güzelliği beni büyüler.)*

because *(bi'koz) b.* çünkü, zira, için, dolayısıyla, sebebiyle. **We couldn't go out because it was too cold.** *(Dışarı çıkamadık çünkü çok soğuktu.)*

become *(bi'kam) f.* olmak, haline gelmek; yakışmak, yaraşmak. **He became king in 1897.** *(1897'de kral oldu.)*

bed *(bed) i.* yatak, karyola. **My bed was not comfortable.** *(Yatağım rahat değildi.)*

bedroom *('bedrum) i.* yatak odası. **A bedroom is a room used for sleeping.** *(Yatak odası uyumak için kullanılan bir odadır.)*

bee *(bi:) i.* arı, bal arısı. **Bees make honey.** *(Arılar bal yapar.)*

beef *(bi:f) i.* sığır eti; sığır. **I have found a very tasty beef recipe.** *(Çok lezzetli bir sığır eti tarifi buldum.)*

before *(bi'fo:r)* z. önce, evvel, önünde, önde. **Your family should come before everything else.** *(Aileniz her şeyden önce gelmelidir.)*

beggar *('begır)* i. dilenci. **Today I met a beggar at the age of ninety.** *(Bugün doksan yaşında bir dilenciye rastladım.)*

begin *(bi'gin)* f. başlamak, başlatmak; meydana gelmek. **She began learning English last year.** *(İngilizce öğrenmeye geçen yıl başladı.)*

behind *(bi'haynd)* e. z. geri, geride, arka planda; arkada, arkasında, gerisinde. **He hid behind a tree.** *(Bir ağacın arkasına saklandı.)*

believe *(bı'li:v)* f. inanmak, güvenmek. **I believe that you are telling the truth.** *(Senin doğruyu söylediğine inanıyorum.)*

bell *(bel)* i. çan, zil. **The bell is ringing.** *(Zil çalıyor.)*

belong *(bi'long)* f. ait olmak; uygun yerinde olmak. **That book belongs to me.** *(O kitap bana ait.)*

below *(bi'lov)* e. z. -den aşağı, altında, aşağıda, aşağısında. **He moved into the flat below me.** *(Benim altımdaki daireye taşındı.)*

belt *(belt)* i. kemer, kayış. **I bought the wrong size belt.** *(Yanlış beden kemer almışım.)*

bench *(benç)* i. sıra, bank; tezgah. **I sat on a bench.** *(Bir banka oturdum.)*

beside *(bi'sayd)* e. yanına, yanında, bitişiğinde; -den başka, dışında. **Put the vase beside the window.** *(Vazoyu pencerenin yanına koy.)*

best *(best) s.* en iyi, en uygun. **Zeynep is my best friend.** *(Zeynep benim en iyi arkadaşımdır.)*

better *('betır) s.* daha iyi. **I am better at math than English.** *(Matematikte İngilizceden daha iyiyim.)*

between *(bi'twin) e. z.* arada, arasında, ikisi arasında, ortada, araya. **I will be busy between four and six o'clock.** *(Saat dört ile altı arasında meşgul olacağım.)*

beverage *('bevıric) i.* içecek, meşrubat. **I love fruit beverages.** *(Meyve içeceklerini severim.)*

bicycle *('baysikıl) i.* bisiklet. **I go to school by bicycle.** *(Okula bisikletle giderim.)*

big *(big) s.* büyük, iri, kocaman. **She had big green eyes.** *(Büyük yeşil gözleri vardı.)*

bike *(bayk) i.* bisiklet. **My first bike was red.** *(İlk bisikletim kırmızı renkliydi.)*

bill *(bil) i.* fatura, hesap; kanun tasarısı. **She paid the bill and left the restaurant.** *(Hesabı ödedi ve restorandan ayrıldı.)*

billion *('bilyın) i.* (ABD) milyar, (İng) trilyon. **Lottery prize has gone one billion.** *(Piyango ikramiyesi bir trilyona dayandı.)*

binoculars *(bayn'okyılırz) i.* dürbün, teleskop. **Can I borrow your binoculars?** *(Dürbününü ödünç alabilir miyim?)*

biology *(bay'olıci) i.* biyoloji. **Botany is a branch of biology.** *(Botanik, biyolojinin bir koludur.)*

bird *(börd) i.* kuş. **Birds have two wings.** *(Kuşların iki kanadı vardır.)*

birth *(börth)* i. doğum, doğuş, bir şeyin başlangıcı. **This is my birth town.** *(Burası doğduğum kasabadır.)*

birthday *('börthdey)* i. doğum günü. **My birthday is on the 5th of January.** *(Doğum günüm 5 Ocak'tadır.)*

biscuit *('biskit)* i. bisküvi; çörek. **I am fond of chocolate biscuites.** *(Çikolatalı bisküviye bayılırım.)*

bite *(bayt)* f. ısırmak, dişlemek. **The dog bit the man.** *(Köpek, adamı ısırdı.)*

black *(bläk)* s. siyah, kara; zenci. **Black is my favorite color.** *(Siyah en sevdiğim renktir.)*

blackboard *('bläkbord)* i. karatahta, yazı tahtası. **Come to the blackboard, please.** *(Tahtaya gelin lütfen.)*

Black Sea *(bläk si:)* ö.i. Karadeniz.

blank *(blänk)* s. boş, yazısız; anlamsız. **There was a blank look on his face.** *(Yüzünde boş bir ifade vardı.)*

blanket *('blänkit)* i. battaniye, örtü. **I need an extra blanket.** *(Fazladan bir battaniyeye ihtiyacım var.)*

bleed *(bli:d)* f. kanamak, kan kaybetmek. **The cut on her finger was bleeding.** *(Parmağındaki kesik kanıyordu.)*

blind *(blaynd)* s. kör, görme engelli. **Love is blind.** *(Aşkın gözü kördür.)*

block *(blaik)* i. Oyun küpü. **The child loves to play with blocks.**

(Çocuk oyun küpleriyle oynamayı seviyor.)

blond *(bland) i., s.* sarışın kimse, sarışın (erkekler için). **Ali has blond hair.** *(Ali'nin sarı saçları vardır.)*

blonde *(bland) i.,s.* sarışın kimse, sarışın (kadınlar için). **I am a blonde.** *(Ben bir sarışınım.)*

blood *(blad) i.* kan; soy, nesep. **What is your blood type?** *(Kan grubun nedir?)*

blouse *(blauz) i.* bluz. **I will wear my pink blouse.** *(Pembe bluzumu giyeceğim.)*

blow *(blou) f.* esmek, uçmak, uçurmak; üflemek; çalmak. **The wind was blowing.** *(Rüzgâr esiyordu.)*

blow *(blou) i.* darbe, hamle, vuruş, saldırı; yıkım; rüzgar. **He brought down the guy at one blow.** *(Adamı bir hamlede yere indirdi.)*

blue *(blu:) s.* mavi renk, mavi. **She wore a blue skirt.** *(Mavi bir etek giydi.)*

board *(bord) i.* tahta, ilan tahtası; yönetim kurulu. **He wrote a note on the board.** *(Tahtaya bir not yazdı.)*

board game *(bo:rd geym) i.* Kutu oyunu. **He likes board games.** *(Kutu oyunlarını sever.)*

boat *(bout) i.* kayık, sandal, gemi, tekne. **They crossed the river by boat.** *(Nehri tekneyle geçtiler.)*

body *('badi) i.* vücut, beden, gövde. **The human body is amazing.** *(İnsan bedeni hayret vericidir.)*

boil *(boyl) f.* kaynamak, kaynatmak, haşlamak. **Water boils at 100 °C.** *(Su 100 °C'de kaynar.)*

bomb *(bom) i.* bomba. **The police found a bomb.** *(Polis bir bomba buldu.)*

bone *(boun) i.* kemik, kılçık. **The dog buried its bone.** *(Köpek, kemiğini gömdü.)*

book *(buk) i.* kitap. **I am reading a book about gardening.** *(Bahçıvanlık hakkında bir kitap okuyorum.)*

bookcase *('bukkeys) i.* kitap dolabı, kitaplık, kitap rafı. **I need a new bookcase.** *(Yeni bir kitaplığa ihtiyacım var.)*

bookstore *('bukstor) i.* kitabevi. **My dream is to own my own bookstore one day.** *(Hayalim bir gün kendi kitabevime sahip olmaktır.)*

boot *(bu:t) i.* çizme, bot. **These boots are very expensive.** *(Bu çizmeler çok pahalıdır.)*

border *('bordır) i.* sınır, kenar. **The soldiers are guarding the border.** *(Askerler sınırı koruyorlar.)*

bored *(bo:rd) s.* canı sıkılmış, bıkmış. **The students all looked bored.** *(Öğrencilerin hepsi sıkılmış görünüyordu.)*

boring *('bo:ring) s.* sıkıcı, tatsız, yavan. **The film was boring.** *(Film sıkıcıydı.)*

borrow *('barou) f.* borç almak, ödünç almak. **May I borrow**

your pen? *(Kalemini ödünç alabilir miyim?)*
boss *(bos)* i. işveren, patron. **Where's the boss?** *(Patron nerede?)*
both *(both)* z. her iki, her ikisi, ikisi de, hem ... hem (de). **Both suggestions are good.** *(Her iki öneri de iyi.)*
bottle *('batıl)* i. şişe; biberon. **The baby drank half a bottle of milk.** *(Bebek yarım şişe süt içti.)*

bottom *('batım)* i. dip, alt; kaynak, temel. **There is some tea left at the bottom of your cup.** *(Fincanının dibinde biraz çay kalmış.)*
bowl *(boul)* i. kâse, tas. **I ate a bowl of chicken soup.** *(Bir kâse tavuk çorbası yedim.)*

box¹ *(baks)* f. boks yapmak, yumruklaşmak, yumruk atmak. **How old were you when you boxed for the first time?** *(İlk kez boks yaptığınızda kaç yaşındaydınız?)*
box² *(baks)* i. kutu, sandık. **He ate a whole box of chocolate.** *(Bütün bir kutu çikolatayı yedi.)*
boxer *('baksır)* i. boksör. **Muhammed Ali is a famous boxer.** *(Muhammed Ali ünlü bir boksördür.)*

boy *(boy)* i. erkek çocuk, oğlan. **Emre is a very naughty boy.** *(Emre çok yaramaz bir oğlandır.)*
bracelet *('breyslıt)* i. bilezik; kelepçe. **My sister gave me her bracelet.** *(Kız kardeşim bana bileziğini verdi.)*
brain *(breyn)* i. beyin. **Your brain is the boss of your body.** *(Beyniniz vücudunuzun patronudur.)*

brave *(breyv)* s. cesur, yiğit, yürekli. **These soldiers are very brave.** *(Bu askerler çok cesurdur.)*

bravely *(breyvli)* z. cesurca, yiğitçe. **She acted very bravely.** *(Çok cesurca hareket etti.)*

bread *(bred)* i. ekmek. **I ate bread and cheese.** *(Ekmek ve peynir yedim.)*

break *(breyk)* f. kırmak, koparmak, kırılmak, bozmak, bozulmak. **My watch has broken.** *(Saatim bozuldu.)*

breakfast *('brekfıst)* i. kahvaltı. **I have breakfast at seven every day.** *(Her gün saat yedide kahvaltı ederim.)*

breath *(breth)* i. soluk, nefes. **Baby's breath is the world's most beatiful smell.** *(Bebek nefesi dünyanın en güzel kokusudur.)*

breathe *(bri:dh)* f. nefes almak, soluk almak. **I can breathe better when the air is clean.** *(Hava temizken daha iyi nefes alabiliyorum.)*

brick *(brik)* i. tuğla. **This house is built of brick.** *(Bu ev tuğladan yapılmıştır.)*

bride *(brayd)* i. gelin. **I wish to become a bride one day.** *(Bir gün gelin olmayı umuyorum.)*

bridge *(bric)* i. köprü. **I crossed the bridge on foot.** *(Köprüyü yayan geçtim.)*

bring *(bring)* f. getirmek. **Bring me your book.** *(Bana kitabını getir.)*

Britain *('britın)* ö.i. Britanya.

British *('britiş)* ö.i. İngiliz, Britanyalı.

broom *(bru:m)* i. saplı süpürge. **I need a broom.** *(Bir saplı süpürgeye ihtiyacım var.)*

brother *('bradhır) i.* erkek kardeş. **I have two brothers.** *(İki erkek kardeşim var.)*

brown *(braun) s.* kahverengi, toprak rengi. **I bought a new pair of brown shoes.** *(Yeni bir çift kahverengi ayakkabı aldım.)*

brush¹ *(braş) f.* fırçalamak. **I brushed my teeth.** *(Dişlerimi fırçaladım.)*

brush² *(braş) i.* fırça; çalılık, fundalık. **Will you bring me the brush?** *(Bana fırçayı getirir misin?)*

bucket *('bakit) i.* kova. **Give each tree a bucket of water.** *(Her ağaca bir kova su ver.)*

budget *('bacıt) i.* bütçe. **Our budget is very limited.** *(Bütçemiz çok sınırlı.)*

build *(bild) f.* inşa etmek, bina etmek, yapmak. **They are building a new bridge.** *(Yeni bir köprü inşa ediyorlar.)*

building *('bilding) i.* bina, yapı. **There are very tall buildings in Istanbul.** *(İstanbul'da çok yüksek binalar vardır.)*

Bulgaria *(bal'geriyı) ö.i.* Bulgaristan.

Bulgarian *(bal'geriyın) ö.i.* Bulgar; Bulgarca.

bull *(bul) i.* boğa. **Spain is famous for its bull fights.** *(İspanya boğa güreşleriyle ünlüdür.)*

burglar *('börglır) i.* hırsız. **Our house has an alarm to scare away the burglars.** *(Hırsızları korkutup kaçırmak için evimizde alarm var.)*

burn *(börn) f.* yakmak, yanmak. **She burnt all the old letters.** *(Bütün eski mektupları yaktı.)*

burst *(börst) f.* patlamak, patlatmak, yarılmak. **Sandy burst her balloon.** *(Sandy balonunu patlattı.)*

bus *(bas) i.* otobüs. **I hope she catches the bus.** *(Umarım otobüsü yakalar.)*

business *('biznıs) i.* iş, meslek, görev. **I am in the insurance business.** *(Sigorta işindeyim.)*

businessman *('biznısmen) i.* iş adamı. **My father is a very successful businessman.** *(Babam çok başarılı bir iş adamıdır.)*

busy *('bizi) s.* meşgul, yoğun, faal, hareketli. **I am busy now.** *(Şu anda meşgulüm.)*

but *(bat) b.* fakat, ama, ancak, lâkin, halbuki. **I'd like to go, but I can't.** *(Gitmek isterdim ama gidemem.)*

butcher *('buçır) i.* kasap. **My uncle is a butcher.** *(Amcam kasaptır.)*

butter *('batır) i.* tereyağı. **Bread and butter is my favorite breakfast.** *(Ekmek ve tereyağı en favori kahvaltımdır.)*

butterfly *('batırflay) i.* kelebek. **Butterflies love flowers.** *(Kelebekler çiçekleri sever.)*

button *('batın) i.* düğme, buton; elektrik düğmesi. **My blouse has yellow buttons.** *(Bluzumun sarı düğmeleri var.)*

buy *(bay) f.* satın almak, almak. **We have bought a new flat.** *(Yeni bir daire satın aldık.)*

by *(bay) e.* yanında, yakınında; daha önceden, -e kadar; ile; vasıtası ile, tarafından. **I have to finish this by Friday.** *(Bunu cumaya kadar bitirmeliyim.)*

bye *(bay) ü.* hoşça kal, güle güle. **Bye Mom!** *(Hoşça kal anne!)*

C - c

C, c *(si:)* İngiliz alfabesinin üçüncü harfi.

cabbage *('käbic) i.* lahana. **My grandma used to cook cabbage soup.** *(Anneannem lahana çorbası yapardı.)*

cable *('keybıl) i.* kablo; telgraf. **This cable is connecting the printer to the computer.** *(Bu kablo yazıcıyı bilgisayara bağlıyor.)*

cafe *('käfey) i.* kafe, pastane, kahvehane. **We had lunch in a cafe.** *(Bir kafede öğle yemeği yedik.)*

cage *(keyc) i.* kafes. **My rabbits live in a cage now.** *(Tavşanlarım şimdi kafeste yaşıyor.)*

cake *(keyk) i.* kek, pasta, çörek. **I would make a cake, but there was no flour.** *(Kek yapacaktım ama hiç un kalmamış.)*

calculate *('kälkyuleyt) f.* hesaplamak. **He calculated the cost.** *(Maliyeti hesapladı.)*

calculation *(kälkyu'leyşın) i.* hesap, tahmin. **My calculations were wrong.** *(Hesaplarım yanlıştı.)*

calculator *(kälkyu'leytır) i.* hesap makinesi. **Calculators are not allowed during the exam.** *(Sınav süresince hesap makinesi kullanmak yasaktır.)*

calendar *('kälındır) i.* takvim. **I need a desk calendar.** *(Bir masa takvimine ihtiyacım var.)*

call¹ *(kol) f.* aramak, telefon etmek; adlandırmak; bağırmak, seslenmek. **They called their baby William.** *(Bebeklerine William adını verdiler.)*

call² *(kol) i.* arama, çağrı, davet; bağırma, çağırma; gerekseme. **I have three missed calls, but I heard none.** *(Üç cevapsız aramam var ama ben hiçbirini duymadım.)*

calm *(kalm) s.* sakin, dingin, durgun. **She is a calm person.** *(O sakin bir insandır.)*

camel *('kämıl) i.* deve. **Camels are desert animals.** *(Develer çöl hayvanlarıdır.)*

camera *('kämırı) i.* fotoğraf makinesi, kamera. **I lost my camera.** *(Fotoğraf makinemi kaybettim.)*

camp *(kämp) i.* kamp. **We set up a camp by the lakeside.** *(Göl kenarında kamp kurduk.)*

campus *('kämpıs) i.* üniversite avlusu, kampüs, yerleşke. **Our bookshop is in the center of the campus.** *(Kitabevimiz kampüsün merkezindedir.)*

can¹ *(kän) f.* -ebilmek. **I can speak French.** *(Fransızca konuşabilirim.)*

can² *(kän) i.* teneke kutu, konserve kutusu. **I bought three cans of beans.** *(Üç kutu fasulye konservesi satın aldım.)*

canary *(kı'neri) i.* kanarya, sarı renkli tatlı ötüşlü ufak bir kuş. **Canary is a yellow bird.** *(Kanarya sarı renkli bir kuştur.)*

cancel *('känsıl) f.* iptal etmek. **He cancelled the meeting.** *(Toplantıyı iptal etti.)*

candle *('kändıl) i.* mum. **Scented candles have become very**

popular. *(Kokulu mumlar çok popüler oldu.)*

candy *('kändi) i.* şekerleme, bonbon. **I will buy some candy for my nephew.** *(Yeğenim için biraz şekerleme satın alacağım.)*

canteen *(kän'ti:n) i.* kantin, büfe. **My brother works in the school canteen on Tuesdays.** *(Erkek kardeşim Salı günleri okul kantininde çalışır.)*

cap *(käp) i.* kep, kasket; doruk, tepe; kapak. **My father used to wear a cap.** *(Babam kep takardı.)*

capability *(keypı'bilıti) i.* kabiliyet, yetenek. **I know my capabilities.** *(Yeteneklerimi biliyorum.)*

capital *('käpitıl) i.* başkent; büyük harf; mal, sermaye, kapital. **The capital of England is London.** *(İngiltere'nin başkenti Londra'dır.)*

car *(kar) i.* araba, otomobil. **You can't park your car here.** *(Arabanı buraya park edemezsin.)*

cardigan *('kardigın) i.* hırka. **My grandmother knitted a cardigan for me.** *(Büyükannem bana bir hırka ördü.)*

care *(keır) f.* umurunda olmak, aldırış etmek; merak etmek, endişelenmek; ilgilenmek. **I don't care!** *(Umurumda değil!)*

careful *('kerıfıl) s.* dikkatli, tedbirli. **Be careful crossing the road.** *(Caddeden karşıya geçerken dikkatli ol.)*

carefully *('kerıfıli) z.* dikkatle, dikkatlice. **She folded the letter carefully and put it in her pocket.** *(Mektubu dikkatlice katladı ve cebine koydu.)*

careless *('keırlıs) s.* dikkatsiz. **He is a very careless driver.** *(O çok dikkatsiz bir sürücüdür.)*

carnation *(kar'neyşın) i.* karanfil. **He brought me white carnations.** *(Bana beyaz karanfiller getirdi.)*

carnival *('karnivıl) i.* karnaval, eğlence. **There was a traditional carnival in the city.** *(Şehirde geleneksel bir karnaval vardı.)*

carpenter *('karpıntır) i.* marangoz. **My grandfather was a carpenter.** *(Dedem marangozdu.)*

carpet *('karpıt) i.* halı, kilim. **This is a Persian carpet.** *(Bu bir İran halısıdır.)*

carrot *('kärıt) i.* havuç. **Carrots are orange-colored vegetables.** *(Havuçlar portakal rengi sebzelerdir.)*

carry *('käri) f.* taşımak, götürmek. **I carried my suitcases myself.** *(Bavullarımı kendim taşıdım.)*

carry on *('käri on) f.* devam etmek, devam ettirmek, idare etmek. **He carried on his father's business.** *(Babasının işini devam ettirdi.)*

carton *('kartın) i.* karton kutu, mukavva kutu. **I bought a carton of eggs.** *(Bir kutu yumurta aldım.)*

cartoon *(kar'tu:n) i.* karikatür, çizgi film, çizgi roman. **Who is your favorite cartoon character.** *(En çok sevdiğiniz çizgi film karakteri kimdir?)*

cash *(kä i.* peşin para, nakit. **I didn't have any cash on me.** *(Üzerimde hiç nakit yoktu.)*

cashier *(kä'şiir) i.* kasiyer, veznedar. **Is it hard to work as a**

cashier? *(Bir kasiyer olarak çalışmak zor mudur?)*

castle *('käsıl) i.* kale, şato, hisar. **There are many castles in England.** *(İngiltere'de çok sayıda şato vardır.)*

casual *('käjuıl) s.* rahat, gündelik; rastgele, dikkatsiz. **Wear casual clothes!** *(Rahat elbiseler giy!)*

cat *(kät) i.* kedi. **I am afraid of cats.** *(Kedilerden korkarım.)*

catch *(käç) f.* yakalamak, tutmak, ele geçirmek; yetişmek. **He hardly caught the train to London.** *(Londra trenini zor yakaladı.)*

cauliflower *('koliflauır) i.* karnabahar. **Cauliflower is a large round vegetable.** *(Karnabahar büyük yuvarlak bir sebzedir.)*

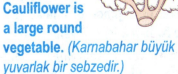

cause¹ *(ko:z) f.* neden olmak, sebebiyet vermek, yol açmak. **What caused the accident?** *(Kazaya ne yol açtı?)*

cause² *(ko:z) i.* neden, sebep; hedef, amaç, maksat. **You have no cause to worry.** *(Endişelenmek için bir nedenin yok.)*

cave *(keyv) i.* mağara, in. **The lion was hiding in the cave.** *(Aslan mağarada saklanıyordu.)*

ceiling *('si:ling) i.* tavan. **I hate painting the ceiling.** *(Tavanı boyamaktan nefret ederim.)*

celebrate *('selıbreyt) f.* kutlamak, tören yapmak. **He celebrated his twenty-fifth birthday.** *(Yirmi beşinci doğum gününü kutladı.)*

celebrity *('selebriti) i.* Şöhretli, ünlü kişi. **What were you doing before becoming celebrity?** *(Ünlü olmadan önce ne yapıyordunuz?)*

cell *(sel) i.* hücre; pil. **There are millions of different cell types.** *(Milyonlarca farklı hücre çeşiti vardır.)*

center *('sentır) i.* merkez. **I live in the center of the city.** *(Şehrin merkezinde yaşıyorum.)*

century *('sençıri) i.* asır, yüzyıl. **He lived in the eighteenth century.** *(O, on sekizinci yüzyılda yaşadı.)*

ceremony *('serımoni) i.* tören, merasim. **Will you attend to the wedding ceremony?** *(Düğün törenine katılacak mısınız?)*

certain *('sörtın) s.* emin, kesin, kati, şüphesiz; belirli, bazı. **I'm not certain where he lives.** *(Onun nerede yaşadığından emin değilim.)*

certainly *('sörtınli) z.* kesinlikle, mutlaka, elbette. **This is certainly not my handwriting.** *(Bu kesinlikle benim el yazım değil.)*

chain *(çeyn) i.* zincir, silsile, bağ. **The dog was fastened by a chain.** *(Köpek bir zincirle bağlanmıştı.)*

chair *(çeyr) i.* iskemle, sandalye; kürsü. **This chair is very comfortable.** *(Bu sandalye çok rahattır.)*

chalk *(çolk) i.* tebeşir. **Will you give me a piece of chalk?** *(Bana bir parça tebeşir verir misin?)*

champion *('çämpiyın) i.* şampiyon. **Once he was the world**

boxing champion. *(Bir zamanlar dünya boks şampiyonu idi.)*

chance *(çäns) i.* şans, talih, fırsat, imkân. **I gave him another chance.** *(Ona bir fırsat daha verdim.)*

change¹ *(çeync) f.* değişmek, değiştirmek; para bozdurmak; aktarma yapmak. **He has changed the date of the meeting.** *(Toplantının tarihini değiştirdi.)*

change² *(çeync) i.* değişim, değişiklik, yenilik; bozuk para, para üstü. **I'm going to make some changes in this room.** *(Bu odada bazı değişiklikler yapacağım.)*

charity *('çerıti) i.* hayırseverlik, hayır işi, yardım derneği. **The Red Cross is an international charity.** *(Kızıl Haç uluslararası bir yardım derneğidir.)*

charming *('çarming) s.* alımlı, çekici, cazibeli, sevimli. **She is a charming lady.** *(O, çekici bir hanımdır.)*

chart *(çart) i.* tablo, çizelge, plan. **The chart was very complicated.** *(Çizelge çok karmaşıktı.)*

chase *(çeys) f.* kovalamak, peşine düşmek, takip etmek. **The dedective chased the man.** *(Dedektif adamı takip etti.)*

chat *(çät) f.* sohbet etmek, çene çalmak. **They like getting together and chatting about the old days.** *(Bir araya gelip eski günler hakkında çene çalmaktan hoşlanıyorlar.)*

cheap *(çi:p) s.* ucuz, kalitesiz. **Fresh vegetables are very cheap in the summer.** *(Taze sebzeler yazın çok ucuzdur.)*

check *(çek) f.* kontrol etmek; engellemek. **He checks the quality of products.** *(O, ürünlerin kalitesini kontrol eder.)*

cheek *(çi:k) i.* yanak. **My daughter has beautiful pink cheeks.** *(Kızımın güzel pembe yanakları vardır.)*

cheerful *('çiırful) s.* mutlu, neşeli, şen. **Despite all her problems, she is always cheerful.** *(Bütün problemlerine rağmen o her zaman neşelidir.)*

cheese *(çi:z) i.* peynir. **I need some cheese for the sandwiches.** *(Sandviçler için biraz peynire ihtiyacım var.)*

chemist *('kemist) i.* kimyager, eczacı. **I bought this cream from the chemist.** *(Bu kremi eczacıdan satın aldım.)*

cherry *('çeri) i.* kiraz. **Cherry is a red fruit.** *(Kiraz, kırmızı bir meyvedir.)*

chess *(çes) i.* satranç. **Chess is a game for two people.** *(Satranç, iki kişilik bir oyundur.)*

chest *(çest) i.* sandık, kutu; göğüs. **I have a pain in my chest.** *(Göğsümde bir ağrı var.)*

chew *(çu:) f.* çiğnemek. **Chew your food well.** *(Yemeğinizi iyi çiğneyin.)* **chewing gum** ciklet, sakız.

chicken *('çikın) i.* civciv, piliç, tavuk. **I ate a bowl of chicken soup.** *(Bir kâse tavuk çorbası yedim.)*

child *(çayld) i.* çocuk, evlat. **The little child was sleeping in her mother's arm.** *(Küçük çocuk annesinin kucağında uyuyordu.)*

chimney *('çimni) i.* baca. **We need to clean the chimney.** *(Bacayı temizlememiz gerekiyor.)*

chocolate *('çoklıt) i.* çikolata. **Don't eat chocolate before lunch.** *(Yemekten önce çikolata yeme.)*

choice *(çoys) i.* seçim, seçenek, tercih, şık. **I trust your choices.** *(Senin seçimlerine güvenirim.)*

choose *(çu:z) f.* seçmek, tercih etmek, karar vermek. **Which one will you choose?** *(Hangisini seçeceksin?)*

chop *(çop) f.* yarmak, ince ince kıymak, balta ile kesmek. **I chopped the onions.** *(Soğanları ince ince kıydım.)*

cinema *('sinimı) i.* sinema. **I can't remember the last time we went to the cinema.**

(En son ne zaman sinemaya gittiğimizi hatırlayamıyorum.)

circle *('sörkıl) i.* daire, çember, halka; çevre, grup. **Please calculate the diameter of the circle.** *(Dairenin çapını hesaplayın lütfen.)*

circus *('sörkıs) i.* sirk. **I'm looking for a job at the circus.** *(Sirkte bir iş arıyorum.)*

citizen *('sitızın) i.* vatandaş, uyruk; sivil; şehirli. **Elizabeth is a British citizen.** *(Elizabeth, İngiliz vatandaşıdır.)*

city *('siti) i.* şehir, kent. **Istanbul is a very crowded city.** *(İstanbul çok kalabalık bir şehirdir.)*

clap *(kläp) f.* alkışlamak, el çırpmak. **The audience clapped at the end of the play.** *(İzleyiciler oyunun sonunda alkışladılar.)*

class *(kla:s) i.* sınıf, zümre; ders; çeşit, tür, grup. **I belong to the working class.** *(Ben işçi sınıfına mensubumdur.)*

classical *('kläsikıl) s.* klasik. **I love classical music.** *(Klasik müziğe bayılırım.)*

clean[1] *(kli:n) f.* temizlemek, arıtmak, yıkamak. **The woman cleaned the room.** *(Kadın odayı temizledi.)*

clean² *(kli:n) s.* temiz, pak; yıkanmış. **Is this t-shirt clean?** *(Bu tişört temiz mi?)*

clear *(kliır) s.* şeffaf; berrak; temiz; açık; net, kesin, belirgin, aşikâr, kolay anlaşılır. **The water is clear here.** *(Su burada berraktır.)*

clever *('klevır) s.* akıllı, zeki. **He is a clever boy.** *(O akıllı bir oğlandır.)*

climb *(klaym) f.* tırmanmak, çıkmak. **He climbed to the top of the montain.** *(Dağın tepesine tırmandı.)*

clinic *('klinik) i.* klinik, hasta bakılan yer. **She was being treated in a private clinic.** *(Özel bir klinikte tedavi görüyordu.)*

close¹ *(klouz) f.* kapamak, kapatmak, kapanmak. **The door has closed.** *(Kapı kapandı.)*

close² *(klous) s.* yakın; sıkı, sıkışık; kapalı, havasız. **She is my close friend.** *(O benim yakın arkadaşımdır.)*

cloth *(klouth) i.* kumaş, bez, örtü. **He polished the car with a cloth.** *(Arabayı bir bezle cilaladı.)*

clothes *(kloudz) i.* elbise, giyim eşyası. **I need new clothes.** *(Yeni elbiselere ihtiyacım var.)*

cloud *(klaud) i.* bulut. **Black rain clouds are gathering.** *(Siyah yağmur bulutları toplanıyor.)*

cloudy *('klaudi) s.* bulutlu; bulanık. **It was a cloudy day.** *(Bulutlu bir gündü.)*

clown *(klaun) i.* soytarı, palyaço, maskara. **Some children are afraid of clowns.** *(Bazı çocuklar palyaçodan korkar.)*

club *(klab) i.* dernek, kulüp; sopa, çomak. **I am a member of the golf club.** *(Golf kulübünün bir üyesiyimdir.)*

clue (klu:) i. ipucu, iz. **Give me a clue.** (Bana bir ipucu ver.)

coach (kouç) i. antrenör, koç; fayton, yolcu vagonu. **He is a very successful coach.** (O çok başarılı bir antrenördür.)

coal (koul) i. kömür. **Put some more coal on the fire, please.** (Ateşe biraz daha kömür koy lütfen.)

coast (koust) i. sahil, deniz kıyısı. **The coast was very rocky.** (Deniz kıyısı çok kayalıktı.)

coat (kout) i. palto, manto, ceket; kat, tabaka. **Where is my coat?** (Paltom nerede?)

cocoa (kou'kou) i. kakao. **Would you like a cup of hot cocoa?** (Bir fincan sıcak kakao ister miydiniz?)

coffee ('kofi) i. kahve. **Would you like a cup of coffee?** (Bir fincan kahve ister miydin?)

coin (koin) i. madenî para. **I have a coin collection.** (Madenî para koleksiyonum vardır.)

cold (kould) s. soğuk, üşümüş. **May I have a cold drink?** (Soğuk bir içecek alabilir miyim?)

collect (kı'lekt) f. toplamak, biriktirmek; toplanmak, birikmek. **He's trying to collect his thoughts.** (Düşüncelerini toplamaya çalışıyor.)

college ('kolic) i. yüksekokul, fakülte. **She left the college.** (Fakülteden ayrıldı.)

color ('kalır) i. renk, boya. **What is the color of your car?** (Arabanızın rengi nedir?) **coloring book** boyama kitabı.

column ('kolım) i. sütun, direk, kolon. **There are three columns on this page.** (Bu sayfada üç sütun vardır.)

comb[1] (kom) f. taramak. **Have you combed your hair?** (Saçlarını taradın mı?)

comb² *(kom) i.* tarak. **I lost my comb.** *(Tarağımı kaybettim.)*

come *(kam) f.* gelmek; sonuçlanmak. **Spring has come at last!** *(Bahar sonunda geldi!)* **come across** karşılaşmak, rastlamak. **I came across an old friend I hadn't seen for years.** *(Yıllardır görmediğim eski bir arkadaşıma rastladım.)* **come back** (geri gelmek, dönmek. **I'm sure she will come back home eventually.** *(Eminim sonunda eve dönecektir.)* **come on** haydi! haydi gel! yok canım! **Come on! You can do it.** *(Haydi! Yapabilirsin.)* **come true** gerçekleşmek. **My dreams came true.** *(Hayallerim gerçekleşti.)*

comfortable *('kamfıtıbıl) s.* rahat, konforlu. **This is a comfortable chair.** *(Bu rahat bir koltuktur.)*

comics *('kamiks) i.* Çizgi roman, karikatür dergisi. **I like reading comics.** *(Çizgi roman okumayı severim.)*

comma *('komı) i.* virgül işareti. **Comma is used to separate the items in a list.** *(Virgül, sıralı öğeleri ayırmada kullanılır.)*

commander *(kı'mendır) i.* komutan, kumandan. **He was a tough commander.** *(O sert bir komutandı.)*

commercial¹ *(kı'mörşıl) i.* radyo ya da televizyon reklamı. **This is the best commercial I have ever seen.** *(Bugüne kadar gördüğüm en iyi reklam.)*

commercial² *(kı'mörşıl) s.* ticari. **The film was a commercial success.** *(Film, ticari bir başarıydı.)*

common *('kamın) s.* yaygın, genel; ortak, evrensel. **Britain and America share a common language.** *(Britanya ve Amerika ortak bir dil kullanır.)*

communicate *(kı'myunikeyt) f.* haberleşmek, iletişim kurmak, ifade etmek. **We managed to communicate with each other by using sign language.** *(İşaret dili kullanarak birbirimizle iletişim kurmayı başardık.)*

communication *(kımyuni'keyşın) i.* iletişim, haberleşme. **Phone is an important communication tool.** *(Telefon önemli bir iletişim aracıdır.)*

company *('kampıni) i.* şirket, ortaklık; misafir grubu, beraberindekiler. **I work for a big company.** *(Büyük bir şirkette çalışıyorum.)*

compass *('kampıs) i.* pusula; pergel. **A compass is an instrument that you use for finding directions.** *(Pusula, yön bulmak için kullanılan bir alettir.)*

competition *(kampı'tişın) i.* rekabet, yarış; yarışma, müsabaka. **The two firms were in competition with each other.** *(İki şirket birbiri ile rekabet içindeydi.)*

competitor *(kım'petitır) i.* yarışmacı, rakip. **There were six competitors in the race.** *(Yarışta altı yarışmacı vardı.)*

complain *(kım'pleyn) f.* yakınmak, şikâyet etmek. **She complained about the food.** *(Yemekten yakındı.)*

complaint *(kım'pleynt) i.* şikâyet, dert. **Please fill in this complaint form.** *(Bu şikâyet formunu doldurun lütfen.)*

complete *(kım'pli:t) f.* bitirmek, tamamlamak, sona erdirmek. **She completed the work.** *(İşi bitirdi.)*

complicated *('komplikeytid) s.* karışık, karmaşık, anlaması güç.

composition

Don't ask me such complicated questions. *(Bana bu kadar karmaşık sorular sorma.)*

composition *(kampı'zişın) i.* kompozisyon, bileşim, tertip; beste. **The children had to write a composition about their holiday.** *(Çocuklar, tatilleri hakkında bir kompozisyon yazmak zorundaydı.)*

computer *(kım'pyutır) i.* bilgisayar. **This is a very complicated computer program.** *(Bu, çok karmaşık bir bilgisayar programıdır.)* **computer game** bilgisayar oyunu.

concerned *(kın'sörnd) s.* ilgili, alakalı; endişeli, kaygılı. **Are you concerned with this matter?** *(Bu konu ile ilgili misin?)*

concert *('konsırt) i.* konser. **Are you coming to the concert tonight?** *(Bu gece konsere geliyor musun?)*

condition *(kın'dişın) i.* hal, durum; şart, koşul. **What are the conditions of the agreement?** *(Anlaşmanın koşulları nedir?)*

confuse *(kın'fyuz) f.* kafasını karıştırmak, şaşırtmak; ayırt edememek. **You are confusing me!** *(Kafamı karıştırıyorsun!)*

confused *(kın'fyuzd) s.* şaşırmış, kafası karışmış, düzensiz, karman çorman. **There is a confused mass of papers on the floor.** *(Yerde karman çorman bir kâğıt yığını var.)*

congratulate *(kın'gräçuleyt) f.* tebrik etmek, kutlamak. **I congratulated her on passing driving**

test. *(Sürücü sınavını geçtiği için onu tebrik ettim.)*

congratulations *(kıngräçu'leyşınz)* ü. Tebrikler! Tebrik ederim! **You are the winner, congratulations!** *(Siz kazandınız, tebrik ederim!)*

connection *(kı'nekşın)* i. bağlantı, ilişki, alaka. **Scientists have shown that there is a connection between cigarette smoking and certain diseases.** *(Bilim adamları sigara içmek ile kimi hastalıklar arasında bir bağlantı olduğunu kanıtladılar.)*

conquer *('konkır) f.* fethetmek; galip gelmek, yenmek. **She conquered the hearts of his audience.** *(Dinleyicilerinin kalbini fethetti.)*

conqueror *('konkırır)* i. fetheden, fatih. **He took the name "conqueror" after the conquest of Istanbul.** *(İstanbul'un fethinden sonra "fatih" unvanını aldı.)*

constantly *('konstıntli)* z. hiç durmadan, sürekli olarak. **The world is constantly changing.** *(Dünya hiç durmadan değişiyor.)*

construct *(kın'strakt) f.* inşa etmek, yapmak, kurmak. **They are planning to construct a new mall near our house.** *(Evimizin yakınına yeni bir alışveriş merkezi inşa etmeyi planlıyorlar.)*

contact¹ *('kontäkt) f.* temasa geçmek, görüşmek. **We'll contact you by e-mail or telephone.** *(Sizinle e-posta veya telefon yoluyla temasa geçeceğiz.)*

contact² *('kontäkt)* i. ilişki, bağlantı, temas. **I am still in contact with my former employer.** *(Önceki işverenimle hâlâ temastayım.)*

contain (kın'teyn) f. içermek, kapsamak. *This record contains many old songs.* (Bu plak birçok eski şarkı içerir.)

content[1] ('kontent) i. içindekiler, içerik. *Oranges have a high vitamin C content.* (Portakalın C vitamini içeriği yüksektir.)

content[2] (kın'tent) s. hoşnut, memnun. *He was quite content to do no work all day.* (Bütün gün iş yapmamaktan oldukça memnundu.)

contest ('kontest) i. yarışma, çekişme. *I will enter a writing contest.* (Bir yazı yarışmasına gireceğim.)

continent ('kontinınt) i. kıta, anakara. *Asia is the largest continent in the world.* (Asya dünyanın en büyük kıtasıdır.)

continue (kın'tinyu) f. sürmek, devam etmek. *The cold weather continued for three weeks.* (Soğuk hava üç hafta süreyle devam etti.)

control (kın'troul) f. yönetmek, kontrol etmek, denetim altında tutmak. *You should control your anger.* (Öfkeni kontrol etmelisin.)

conversation (kanvır'seyşın) i. söyleşi, sohbet. *I had an interesting conversation with the girl.* (Kızla ilginç bir sohbetimiz oldu.)

cook[1] (kuk) f. yemek pişirmek, pişmek. *The food is cooking.* (Yemek pişiyor.)

cook[2] (kuk) i. aşçı. *My mother is a wonderful cook.* (Annem harika bir aşçıdır.)

cool *(ku:l)* s. serin; sakin, soğukkanlı. **The weather is cool today.** *(Bugün hava serin.)*

copper *('kapır)* i. bakır. **This necklace is made of copper.** *(Bu küpeler bakırdan yapılmadır.)*

copy¹ *('kopi)* f. kopya çekmek, kopya etmek, taklit etmek. **The little boy copied his father's way of walking.** *(Küçük oğlan babasının yürüyüş şeklini taklit etti.)*

copy² *('kopi)* i. kopya, nüsha. **I need four copies of this letter.** *(Bu mektubun dört kopyasına ihtiyacım var.)*

corn *(korn)* i. mısır; buğday, tahıl. **There is a field of corn.** *(Burada bir mısır tarlası var.)*

corner *('kornır)* i. köşe. **A square has four corners.** *(Bir karenin dört köşesi vardır.)*

correct *(kı'rekt)* f. düzeltmek. **Correct my pronunciation if it is wrong.** *(Eğer yanlışsa telaffuzumu düzelt.)*

cost¹ *(kost)* f. mal olmak, etmek, tutmak, pahası olmak. **It costs 30 TL to the airport from here.** *(Buradan havaalanı 30 TL tutar.)*

cost² *(kost)* i. fiyat, değer, bedel, maliyet, sermaye. **The total cost is over the expectations.** *(Toplam maliyet beklenenin üzerinde.)*

cotton *('kotın)* s. pamuklu, koton. **It is advised to wear cotton clothes in summer.** *(Yazın pamuklu giysiler giyilmesi tavsiye edilir.)*

cough *(kof)* i. öksürük. **The teacher has a bad cough today.**

(Öğretmenin bugün çok fena öksürüğü var.)

count *(kaunt) f.* saymak, hesaplamak, hesaba katmak. **Did you count the new ones?** *(Yeni gelenleri hesaba kattın mı?)*

country *('kauntri) i.* ülke, yurt, vatan. **Turkey is not a member country of European Union.** *(Türkiye, Avrupa Birliği'ne üye ülkelerden biri değildir.)*

course *(kors) i.* ders, kurs; yol, yön. **I don't have a course today.** *(Bugün dersim yok.)*

court *(kort) i.* avlu, iç bahçe, saray; mahkeme. **We will appeal to the Supreme Court.** *(Yüksek Mahkeme'ye başvuracağız.)*

cousin *('kazın) i.* kuzen. **Your cousin is my classmate.** *(Senin kuzenin benim sınıf arkadaşım.)*

cover *('kavır) i.* kapak, cilt, örtü. **I will make a cover page now.** *(Şimdi bir kapak yazısı hazırlayacağım.)*

cow *(kau) i.* inek. **A cow is a dairy cattle.** *(İnek, süt veren bir büyükbaş hayvandır.)*

cowboy *('kawboy) i.* kovboy. **There used to be shown cowboy movies once.** *(Eskiden kovboy filmleri olurdu.)*

crack *(kräk) i.* çatlak, yarık, aralık. **There is a crack on the jug.** *(Sürahide çatlak var.)*

crash *(kräş) f.* gürültüyle kırılmak, çatırdamak, parçalanmak; kaza geçirmek (uçak). **While we were sitting, the windows crashed all of a sudden.** *(Otururken birdenbire pencereler çatırdadı.)*

crayon *(kräyin) i.* renkli kalem. **I need crayons for my painting.**

(Resmim için renkli kaleme ihtiyacım var.)

crazy *('kreyzi) s.* deli, çılgın, kaçık. **I had enough of her crazy attitudes.** *(Onun çılgın hallerinden bıktım.)*

cream *(kri:m) i.* kaymak, krema, krem; öz. **This is a moisturizing cream for dry skin.** *(Bu, kuru ciltler için olan bir nemlendirici krem.)*

create *(kri'eyt) f.* yaratmak, yapmak, oluşturmak. **We should create a new design.** *(Yeni bir tasarım oluşturmalıyız.)*

creation *(kri'eyşın) i.* yaradılış, yaratma; kreasyon; alem, evren.

I'm reading about the creation of universe. *(Evrenin yaradılışı hakkında bir kitap okuyorum.)*

crime *(kraym) i.* suç, kabahat; cinayet. **Crime rates increase around the world.** *(Dünya genelinde suç oranları artış gösteriyor.)*

criminal *('kriminıl) s.* suçlu, kabahatli; ceza, cezai. **Criminal lawyers are interviewed at this point.** *(Konu hakkında ceza hukukçularıyla görüşüldü.)*

crocodile *('krokıdayl) i.* timsah. **Crocodile is the symbol for Bursaspor.** *(Timsah, Bursaspor'un sembolüdür.)*

crop *(krop) i.* ekin, ürün, mahsul, rekolte. **There are heavy crops this year.** *(Bu yıl bol mahsul var.)*

cross *(kros) f.* karşıya geçmek; çaprazlamak, kesişmek. **Be careful while crossing the road.** *(Yolun karşısına geçerken dikkatli ol.)*

cross *(kros) i.* çapraz işareti; haç, put. **A cross is a Christianity symbol.** *(Haç, Hristiyanlık sembolüdür.)*

crow *(krou) i.* karga. **A crow is a large black bird.** *(Karga büyük siyah bir kuştur.)*

crowd *(kraud) i.* kalabalık, kitle, halk. **The police addressed the crowd.** *(Polis, kalabalığa hitap etti.)*

crowded *('kraudıd) s.* kalabalık, tıklım tıklım, dolu. **The canteen was so crowded that we couldn't take a seat.** *(Kantin o kadar kalabalıktı ki oturacak yer bulamadık.)*

crown *(kraun) i.* taç; tepe, baş; hükümdarlık, krallık. **Contrary to expectations, he abdicated the crown.** *(Beklenenin aksine taçtan feragat etti.)*

cruel *('kruıl) s.* zalim, merhametsiz, insafsız. **My mother always tells me to keep away from cruel people.** *(Annem her zaman merhametsiz insanlardan uzak durmak gerektiğini söyler.)*

cruise *(kruz) i.* vapur seferi, deniz yolculuğu. **Why don't we have a cruise this summer?** *(Neden bu yaz deniz yolculuğu yapmıyoruz?)*

crumb *(kram) i.* kırıntı, ekmek kırıntısı. **The ants are moving the crumbs to their nest.** *(Karıncalar kırıntıları yuvalarına taşıyorlar.)*

cry *(kray) f.* ağlamak, feryat etmek, bağırmak. **Although it didn't hurt, he cried for hours.** *(Canı acımadığı hâlde saatlerce ağladı.)*

cucumber *('kyukambır) i.* salatalık, hıyar. **Cucumber has benefits for the skin.** *(Salatalığın cilde faydası vardır.)*

cup *(kap) i.* fincan, bardak; kâse; kupa. **I guess Brazil will win the cup.** *(Tahminimce kupayı Brezilya alacak.)*

cupboard *('kabırd) i.* dolap, yüklük. **Let's organize the cupboard together.** *(Haydi birlikte şu dolabı düzenleyelim.)*

cupcake *(kapkeyk) i.* minik kekler, kek. **I baked cupcakes.** *(Minik kekler pişirdim.)*

cure *(kyur) i.* tedavi, çare, derman, şifa. **Now she is under cure at home.** *(Şimdi evde tedavi altında.)*

current *('karınt) s.* geçerli, şimdiki, güncel; cari, akan. **You can follow the current events on our website.** *(Güncel olayları websitemizden takip edebilirsiniz.)*

cushion *('kuşın) i.* minder, yastık. **Could you please give me a cushion for my back?** *(Arkama bir yastık verebilir misiniz lütfen?)*

customer *('kastımır) i.* müşteri, alıcı. **Customer Relationship Management is a popular sector.** *(Müşteri İlişkileri Yönetimi revaçta olan bir sektör.)*

cut *(kat) f.* kesmek, kısaltmak, yontmak. **My father has his hair cut once a week.** *(Babam haftada bir saçlarını kestirir.)*

cute *(kyut) s.* şirin, sevimli. **What a cute baby!** *(Ne şirin bir bebek!)*

cycle *('saykıl) i.* dönem, devir, devre; bisiklet, motosiklet. **Don't ride out of the cycle path.** *(Bisiklet yolunun dışında sürmeyin.)*

cylinder *('silındır) i.* silindir. **Draw a big cylinder.** *(Büyük bir silindir çiz.)*

D - d

D, d (di:) İngiliz alfabesinin dördüncü harfi.

dad (däd) i. konuşma dilinde baba. **Is your dad at home?** *(Baban evde mi?)*

daddy (´dädi) i. çocuk dilinde baba, babacığım. **I want my daddy!** *(Babamı istiyorum!)*

daily¹ (´deyli) s. gündelik, günlük. **This is a daily newspaper.** *(Bu, günlük bir gazetedir.)*

daily² (´deyli) z. her gün. **We cross this bridge daily.** *(Bu köprüyü her gün geçeriz.)*

dairy (´deiri) i. süt ve süt ürünlerinin satıldığı yer, mandıra. **The cheese we bought from the dairy was delicious.** *(Mandıradan satın aldığımız peynir nefisti.)*

daisy (´deyzi) i. papatya. **The girl is watering the daisies.** *(Kız papatyaları suluyor.)*

damage¹ (´dämic) f. zarar vermek, hasar yapmak, bozmak. **The sun can damage your skin.** *(Güneş cildinize zarar verebilir.)*

damage² (´dämic) i. zarar, ziyan, hasar. **The storm caused a lot of damage.** *(Fırtına büyük zarara yol açtı.)*

damn (däm) f. lanet okumak, beddua etmek, sövmek. **God damn!** *(Allah kahretsin!)*

damp *(dämp) s.* nemli, yaş, rutubetli. **The ground is still damp after the rain.** *(Yağmurdan sonra yerler hâlâ nemli.)*

dance¹ *(däns) f.* dans etmek. **Will you dance with me?** *(Benimle dans eder misin?)*

dance² *(däns) i.* dans, balo. **The waltz is a beautiful dance.** *(Vals güzel bir danstır.)* **dancer** dansçı.

danger *('deyncır) i.* tehlike. **What are the dangers of smoking?** *(Sigara içmenin tehlikeleri nelerdir?)*

dangerous *('deyncırıs) s.* tehlikeli. **He is a dangerous criminal.** *(O tehlikeli bir suçludur.)*

dark *(dark) s.* karanlık, koyu, esmer. **It was too dark to read.** *(Okumak için çok karanlıktı.)*

darling¹ *('darling) i.* sevgili, sevgilim. **Hurry up, darling!** *(Acele et sevgilim!)*

darling² *('darling) s.* sevgili, hoş, tatlı, sevimli. **Amy is my darling daughter.** *(Amy benim sevgili kızımdır.)*

date *(deyt) i.* tarih, zaman; randevu; flört. **What's the date today?** *(Bugün ayın kaçı?)*

daughter *('do:tır) i.* kız evlat, kız çocuk. **We have two daughters.** *(İki kızımız var.)*

day *(dey) i.* gün, gündüz. **There are seven days in a week.** *(Bir haftada yedi gün vardır.)*

dead *(ded) s.* ölü, ölmüş, cansız. **This is a dead town.** *(Burası ölü bir şehirdir.)*

deaf *(def) s.* sağır; kulak asmayan. **This is a special school for deaf children.** *(Burası sağır çocuklar için özel bir okuldur.)*

deal¹ *(diıl) f.* ilgilenmek, iş yapmak. **I have dealt with them for 20 years.** *(Onlarla 20 yıl boyunca iş yaptım.)*

deal² *(diıl) i.* pazarlık, iş, anlaşma; miktar. **We need someone that initiates the deal.** *(İş bağlayacak birine ihtiyacımız var.)*

dealer *('di:lır) i.* satıcı, tüccar. **My father is a second-hand car dealer.** *(Babam ikinci el araba satıcısıdır.)*

dear *(diır) s.* değerli, kıymetli; sevgili, sayın. **Dear Mr. Smith,** *(Sayın Bay Smith,)*

death *(deth) i.* ölüm. **Car accidents cause many deaths.** *(Araba kazaları birçok ölüme neden olur.)*

December *(di'sembır) i.* Aralık ayı. **December is the last month of the year.** *(Aralık yılın son ayıdır.)*

decide *(di'sayd) f.* karar vermek. **I have decided to resign.** *(İstifa etmeye karar verdim.)*

decision *(di'sijın) i.* karar, hüküm, karar verme. **Whose decision was this?** *(Bu kimin kararıydı?)*

declare *(di'kle:r) f.* ilan etmek, açıklamak, duyurmak, bildirmek, beyan etmek. **He declared the results of his experiments.** *(Deneylerinin sonucunu açıkladı.)*

decorate *('dekıreyt) f.* dekore etmek, süslemek, donatmak. **The classrooms were decorated with flags.** *(Sınıflar bayraklarla süslenmişti.)*

deep *(di:p) s.* derin; koyu; anlaşılmaz. **This lake is very deep.** *(Bu göl çok derindir.)*

deer *(diır) i.* geyik, karaca. **A deer is a wild animal that eats grass and leaves.** *(Geyik, ot ve yaprak yiyen vahşi bir hayvandır.)*

defeat¹ *(dı'fi:t) f.* yenmek, mağlup etmek. **Our troops defeated the enemy.** *(Birliklerimiz düşmanı yendi.)*

defeat² *(dı'fi:t) i.* yenilgi, bozgun. **I have admitted defeat.** *(Yenilgiyi kabul ettim.)*

defend *(dı'fend) f.* savunmak, müdafaa etmek. **The army was defending the town during the battle.** *(Ordu çatışma sırasında şehri savunuyordu.)*

define *(di'fayn) f.* tanımlamak, tarif etmek, anlatmak. **A dictionary defines the words.** *(Bir sözlük kelimelerin tanımını yapar.)*

degree *(di'gri:) i.* derece, mertebe. **The students have different degrees of ability.** *(Öğrencilerin farklı derecelerde yetenekleri vardır.)*

delay¹ *(di'ley) f.* ertelemek, oyalamak, gecikmek. **We decided to delay our holiday.** *(Tatilimizi ertelemeye karar verdik.)*

delay² *(di'ley) i.* erteleme, gecikme. **I will send you the report without delay.** *(Size raporu gecikmeden göndereceğim.)*

delicious *(dı'lişıs) s.* nefis, lezzetli. **It was a delicious meal.** *(Nefis bir yemekti.)*

deliver *(dı'livır) f.* dağıtmak, teslim etmek. **The postman delivers letters.** *(Postacı mektup dağıtır.)*

demonstration *(demın'streyşın) i.* gösteri, açıklama. **Tomorrow, there will be a demonstration against the government.** *(Yarın,* *hükûmete karşı bir gösteri olacak.)*

dentist *('dentist) i.* diş hekimi. **I must go to the dentist.** *(Dişçiye gitmek zorundayım.)*

departure *(dı'parçır) i.* ayrılış, gidiş, kalkış. **I delayed my departure.** *(Gidişimi erteledim.)*

depend *(dı'pend) f.* güvenmek, bel bağlamak; duruma göre değişir olmak, bağlı olmak. **The cooking time depends on the size of the potato.** *(Pişirme süresi, patatesin büyüklüğüne bağlıdır.)*

deprive *(di'prayv) f.* yoksun bırakmak, mahrum etmek, elinden almak. **I have been deprived of sleep for two nights.** *(İki gece boyunca uykudan mahrum kaldım.)*

depth *(depth) i.* derinlik. **What is the depth of the shelves?** *(Rafların derinliği nedir?)*

describe *(di'skrayb) f.* tanımlamak, tarif etmek. **I described them the town I used to live.** *(Eskiden yaşadığım kasabayı onlara tarif ettim.)*

desert *('dezırt) i.* çöl, sahra. **The Sahara is the world's second largest desert after Antarctica.** *(Sahra Çölü Antarktika'dan sonra dünyanın ikinci büyük çölüdür.)*

deserve *(di'zörv) f.* layık olmak, hak etmek. **He deserved to win.** *(Kazanmayı hak etti.)*

design¹ *(di'zayn)* f. tasarlamak, çizmek, planlamak. **This building was designed by a German architect.** *(Bu bina Alman bir mimar tarafından tasarlandı.)*

design² *(di'zayn)* i. tasarı, örnek, model, plan, dizayn. **This is the design of the hospital I want to build.** *(Bu, inşa etmek istediğim hastanenin planıdır.)*

desire¹ *(di'zayır)* f. arzulamak, şiddetle istemek. **The only thing we desire is peace.** *(Arzuladığımız tek şey barıştır.)*

desire² *(di'zayır)* i. şiddetli arzu, istek, rica. **He seem to have lost his desire for life.** *(Yaşama isteğini kaybetmiş gibi görünüyor.)*

desk *(desk)* i. yazı ya da çalışma masası, sıra. **I spoke to the girl on the reception desk.** *(Resepsiyon masasındaki kızla konuştum.)*

dessert *(di'zört)* i. tatlı, yemiş. **They served ice cream for dessert.** *(Tatlı olarak dondurma ikram ettiler.)*

destination *(desti'neyşın)* i. gidilecek yer, varılacak nokta. **The letter he sent never reached its destination.** *(Gönderdiği mektup hiçbir zaman gideceği yere ulaşmadı.)*

destroy *(di'stroy)* f. yıkmak, yok etmek, tahrip etmek. **The fire destroyed most of the house.** *(Yangın evin büyük bölümünü tahrip etti.)*

detail *(di'teyl)* i. ayrıntı, detay. **The report contained too much detail.** *(Rapor çok fazla detay içeriyordu.)*

detective *(di'tektiv)* i. dedektif. **I love reading detective novels.** *(Dedektif romanları okumaya bayılırım.)*

develop *(di'velıp)* f. gelişmek, geliştirmek, ilerlemek. **Over the last few years tourism in Turkey has developed considerably.** *(Son birkaç yılda Türkiye'de turizm oldukça gelişti.)*

development *(di'velıpmınt)* i. gelişme, gelişim, ilerleme, kalkınma. **Recent developments are very encouraging.** *(Son gelişmeler çok ümit vericidir.)*

dialog *('dayılog)* i. karşılıklı konuşma, diyalog. **Oscar Wilde's plays are famous for their witty dialogue.** *(Oscar Wilde'nin oyunları nükteli diyalogları ile ünlüdür.)*

diamond *('dayımınd)* i. elmas. **Diamonds are very expensive.** *(Elmaslar çok pahalıdır.)*

diary *('dayıri)* i. günce, günlük, hatıra defteri. **I have been keeping a diary since I was seven.** *(Yedi yaşımdan beri günlük tutuyorum.)*

dice *(days)* i. oyun zarları. **Who will shoot the dice?** *(Zarları kim atacak?)*

dictionary *('dikşınıri)* i. sözlük, lügat. **A dictionary defines words.** *(Bir sözlük kelimelerin tanımını yapar.)*

die *(day)* f. ölmek, vefat etmek. **My grandmother died at the age of 101.** *(Büyükannem 101 yaşında vefat etti.)*

difference *('difırıns)* i. farklılık, fark, ayrılık. **There are many differences between jazz and pop.** *(Caz ve pop müzik arasında çok fark vardır.)*

different *('difırınt) s.* farklı, başka, ayrı. **We met a lot of different people at the party.** *(Partide birçok farklı insanla tanıştık.)*

difficult *('difikılt) s.* zor, güç. **The exam questions will be very difficult.** *(Sınav soruları çok zor olacak.)*

dig *(dig) f.* kazmak, çukur açmak. **The workmen dug a hole.** *(İşçiler bir delik kazdılar.)*

dill *(dil) i.* dereotu. **Dill is a herb.** *(Dereotu şifalı bir bitkidir.)*

dining room *('dayning ru:m) i.* yemek odası. **The dining room was beautifully decorated.** *(Yemek odası güzel bir şekilde dekore edilmişti.)*

dinner *('dinır) i.* akşam yemeği. **My husband is cooking dinner tonight.** *(Bu akşam yemeği eşim pişiriyor.)*

dinosaur *('daynısor) i.* dinozor. **Dinosaurs disappeared millions of years ago.** *(Dinozorlar milyonlarca yıl önce yok oldular.)*

direction *(di'rekşın) i.* yön, taraf; yönetim, idare; yönerge, talimat. **Under her direction the company doubled in size.** *(Onun yönetimi altında şirket iki kat büyüdü.)*

director *(di'rektır) i.* yönetici, müdür, yönetmen. **I wish to become a company director.** *(Bir şirket yöneticisi olmayı umuyorum.)*

dirt *(dört) i.* kir, pislik. **The floor is covered with dirt.** *(Yer pislikle kaplanmış.)*

dirty *('dörti) s.* kirli, pis. **His hands were dirty.** *(Elleri kirliydi.)*

disabled (dis'eybıld) s. malul, sakat. **Jimmy helped a disabled schoolboy get on and off the bus.** (Jimmy, sakat bir öğrencinin otobüse binip inmesine yardım etti.)

disagree (dısı'gri) f. uyuşmamak, aynı fikirde olmamak. **I am afraid I disagree with you.** (Korkarım sizinle aynı fikirde değilim.)

disagreement (dısı'grimınt) i. anlaşmazlık, fikir ayrılığı. **I am in total disagreement with him.** (Onunla tamamen anlaşmazlık içindeyim.)

disappear (dısı'piır) f. gözden kaybolmak, yok olmak. **He disappeared in a trice.** (Kaşla göz arasında yok oldu.)

disaster (di'zästır) i. facia, felaket. **It would be a disaster for me if I lost my job.** (İşimi kaybetseydim benim için felaket olurdu.)

discipline ('disıplin) i. disiplin, düzen, talim; itaat; ilim. **There is a lack of discipline in this school.** (Bu okulda bir disiplin eksikliği var.)

discomfort (dis'kamfırt) i. huzursuzluk, rahatsızlık, sıkıntı. **My broken leg caused me great discomfort.** (Kırık bacağım bende büyük sıkıntıya neden oldu.)

discount ('diskaunt) i. indirim, iskonto. **Some shops give a discount to students.** (Bazı mağazalar öğrencilere indirim yapar.)

discover (dis'kavır) f. keşfetmek, bulmak, ortaya çıkarmak. **Columbus discovered America in 1492.** (Kolomb Amerika'yı 1492'de keşfetti.)

discovery *(dis'kavırı) i.* keşif, buluş. **What is the most important scientific discovery of this century?** *(Bu asrın en önemli bilimsel buluşu nedir?)*

discuss *(dis'kas) f.* tartışmak, görüşmek. **We discussed the situation.** *(Durumu tartıştık.)*

discussion *(dis'kaşın) i.* tartışma, görüşme. **We had a discussion about the strike.** *(Grev hakkında bir tartışmamız oldu.)*

disease *(dız'i:z) i.* hastalık. **Measles is a dangerous disease affecting children.** *(Kızamık, çocukları etkileyen tehlikeli bir hastalıktır.)*

dish *(diş) i.* servis tabağı, hazırlanmış yemek. **She prepared a special dish for dinner.** *(Akşam yemeği için özel bir yemek hazırladı.)*

dishonest *(dis'anıst) s.* sahtekâr, haysiyetsiz. **The dishonest employee lost his job.** *(Sahtekâr işçi işini kaybetti.)*

dislike *(dis'layk) f.* sevmemek, hoşlanmamak. **He dislikes working.** *(O çalışmaktan hoşlanmaz.)*

dispensary *(dis'pensırı) i.* dispanser, sağlık ocağı. **Dispensaries must remain open 24 hours a day.** *(Dispanserler günde 24 saat açık kalmalıdır.)*

display *(dis'pley) f.* göstermek, sergilemek. **You have displayed a remarkable improvement.** *(Olağanüstü bir gelişme gösterdin.)*

dispose (dis'pouz) f. elden çıkarmak, kurtulmak, başından atmak. **I finally disposed of my old car.** *(Sonunda eski arabamdan kurtuldum.)*

distance ('distıns) i. uzaklık, mesafe. **What is the distance between London and Glasgow?** *(Londra ile Glasgow arasındaki mesafe nedir?)*

distant ('distınt) s. uzak, uzakta. **The stars are distant from the earth.** *(Yıldızlar dünyadan uzaktadır.)*

disturb (dis'törb) f. rahatsız etmek, düzenini bozmak. **Don't disturb me while I'm working.** *(Çalışırken beni rahatsız etmeyin.)*

dive (dayv) f. suya dalmak, batmak. **I am afraid to dive into the pool.** *(Havuza dalmaya korkarım.)*

diver ('dayvır) i. dalgıç. **I am a certified diver.** *(Ben sertifikalı bir dalgıcımdır.)*

divide (di'vayd) f. ayırmak, bölmek, bölüştürmek. **Divide the cake into eight.** *(Pastayı sekize böl.)*

division (di'vijın) i. ayırma, bölme, matematikte bölme işlemi. **Let's make a division of labour.** *(İş bölümü yapalım.)*

do (du:) f. yapmak, bir işi yerine getirmek. **What are you doing?** *(Ne yapıyorsun?)* **do one's best** elinden geleni yapmak. **I believe you did your best.** *(Elinden geleni yaptığına inanıyorum.)*

doctor ('daktır) i. doktor, hekim. **I felt so bad that I went to see my doctor.** *(O kadar kötü hissettim ki doktorumu görmeye gittim.)*

dog *(dog) i.* köpek. **I took the dog to a walk.** *(Köpeği yürüyüşe çıkardım.)*

doll *(dol) i.* oyuncak bebek. **My daughter lost her doll.** *(Kızım oyuncak bebeğini kaybetti.)*

dolphin *('dolfin) i.* yunus balığı. **A dolphin is a mammal which lives in the sea.** *(Yunus balığı denizde yaşayan bir memelidir.)*

domestic *(dı'mestik) s.* eve ait, ev ile ilgili; evcil; yurt içi, iç, dahili. **You should not neglect your domestic responsibilities.** *(Evle ilgili sorumluluklarını ihmal etmemelisin.)*

donkey *('danki) i.* eşek. **There are many donkeys in this village.** *(Bu köyde çok eşek vardır.)*

door *(do:r) i.* kapı, giriş. **Have you locked the door?** *(Kapıyı kilitledin mi?)*

double *('dabıl) i., s.* iki misli, çift. **The double of 18 is 36.** *(18'in iki misli 36'dır.)*

doubt¹ *(daut) f.* kuşkulanmak, şüphesi olmak, şüphe etmek. **I doubt that James will arrive on time.** *(James'in zamanında varacağından şüpheliyim.)*

doubt² *(daut) i.* şüphe, kuşku. **There is no doubt that the plan will succeed.** *(Planın başarılı olacağına şüphe yok.)*

dough *(dou) i.* hamur. **Continue to knead the dough for about 5 minutes.** *(Yaklaşık 5 dakika boyunca hamuru yoğurmaya devam edin.)*

down *(daun) z.* aşağıda, aşağıya. **She bent down to kiss her daughter.** *(Kızını öpmek için aşağıya eğildi.)*

downstairs *('daunsteırz)* z. alt kata, aşağıya. **I carried her suitcase downstairs.** *(Onun valizini alt kata taşıdım.)*

dozen *('dazın)* i. düzine. **I need two dozen eggs.** *(İki düzine yumurtaya ihtiyacım var.)*

draw *(dro:)* f. çizmek, resmetmek; çekmek, çıkarmak. **I drew my wallet from my pocket.** *(Cüzdanımı cebimden çıkardım.)*

drawer *('dro:ır)* i. çekmece, göz. **Your socks are in the first drawer.** *(Çorapların ilk çekmecedeler.)*

drawing *('dro:ing)* i. çizim, resim. **I don't like abstract drawings.** *(Soyut çizimlerden hoşlanmam.)*

dream¹ *(dri:m)* f. rüya görmek, hayal etmek. **I dreamt about you last night.** *(Geçen gece rüyamda seni gördüm.)*

dream² *(dri:m)* i. rüya, düş, hayal. **My dream of becoming a doctor came true.** *(Doktor olma hayalim gerçekleşti.)*

dress¹ *(dres)* f. giyinmek, giydirmek. **I dressed quickly.** *(Hızlıca giyindim.)*

dress² *(dres)* i. elbise, giysi. **My dress was yellow.** *(Elbisem sarıydı.)*

drill *(dril)* i. matkap. **A drill is a tool that you use for making holes.** *(Matkap, delik açmak için kullanılan bir alettir.)*

drink¹ *(drink)* f. içmek, yudumlamak; içki içmek. **She was drinking a cup of coffee.** *(Bir fincan kahve içiyordu.)*

drink² *(drink)* i. içecek, içki. **Would you like another drink?** *(Bir içki daha alır mıydınız?)*

drive *(drayv)* f. kullanmak, sürmek. **I never learnt to drive a car.** *(Araba kullanmayı hiçbir zaman öğrenmedim.)*

driver *('drayvır)* i. sürücü, şoför. **My father is a highway driver.** *(Babam, uzun yol şoförüdür.)*

drop¹ *(drop)* f. düşürmek, düşmek, bırakmak. **The temperature has dropped.** *(Sıcaklık düştü.)*

drop² *(drop)* i. damla; düşme, düşüş. **Drops of rain fell on the window.** *(Yağmur damlaları pencereye düştü.)*

drug *(drag)* i. ilaç, ecza; esrar, uyuşturucu madde. **All drugs should be kept out of children's reach.** *(Bütün ilaçlar çocukların ulaşamayacağı yerde saklanmalıdır.)*

drugstore *('dragstor)* i. eczane. **The drugstore was closed.** *(Eczane kapalıydı.)*

drum *(dram)* i. davul, bateri. **My son plays the drums.** *(Oğlum bateri çalar.)*

dry¹ *(dray)* f. kurumak, kurutmak, kurulamak. **I need a towel to dry my hair.** *(Saçlarımı kurulamak için bir havluya ihtiyacım var.)*

dry² *(dray)* s. kuru, kurak, susuz. **I have a very dry skin.** *(Çok kuru bir cildim vardır.)*

duck *(dak) i.* ördek. A duck is a very common water bird. *(Ördek çok yaygın bir su kuşudur.)*

during *('dyuring) e.* esnasında, müddetince, süresince. We lived abroad during the war. *(Savaş boyunca yurtdışında yaşadık.)*

dust *(dast) i.* toz. There was a thick layer of dust on the books. *(Kitapların üstünde kalın bir toz tabakası vardı.)*

dusty *('dasti) s.* tozlu. It was a very dusty room. *(Çok tozlu bir odaydı.)*

Dutch *(daç) ö.i.* Hollandalı; Flemenkçe. Her mother is Dutch. *(Annesi Hollandalı.)*

duty *('dyuti) i.* vazife, görev. It is my duty to help you. *(Size yardım etmek vazifemdir.)*

dye *(day) f.* boyamak, rengini değiştirmek. My mother dyes her hair. *(Annem saçlarını boyar.)*

E - e

E, e *(i:)* İngiliz alfabesinin beşinci harfi.

each *(i:ç)* s.,z. her, her bir, her biri, tanesi. **Each speaker will talk for ten minutes.** *(Her konuşmacı 10 dakika boyunca konuşacak.)*

each other *(i:ç 'adhır)* zam. birbiri, birbirini. **We try to help each other.** *(Birbirimize yardım etmeye çalışırız.)*

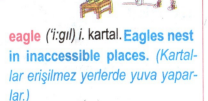

eagle *('i:gıl)* i. kartal. **Eagles nest in inaccessible places.** *(Kartallar erişilmez yerlerde yuva yaparlar.)*

ear *(iır)* i. kulak. **Donkeys have long ears.** *(Eşeklerin uzun kulakları vardır.)*

earache *('ııreyk)* i. kulak ağrısı. **I have a terrible earache.** *(Korkunç bir kulak ağrım var.)*

early *('örli)* s., z. erken, erkenden, ilk, başlangıç, eski, ilk zamanlara ait. **I arrived too early.** *(Çok erken vardım.)*

earn *(örn)* f. para kazanmak, çalışarak edinmek, hak etmek. **How much do you earn a week?** *(Haftada ne kadar kazanıyorsun?)*

earring *('ııring) i.* küpe. **These earrings are very expensive.** *(Bu küpeler çok pahalıdır.)*

earth *(örth) i.* dünya gezegeni, yeryüzü, toprak. **They returned from Moon to the Earth.** *(Ay'dan Dünya'ya döndüler.)*

earthquake *('örthkveyk) i.* deprem. **The earthquake destroyed the town.** *(Deprem şehri harap etti.)*

easily *('i:zıli) be.* kolayca, kolaylıkla. **He did the homework easily.** *(Ev ödevini kolayca yaptı.)*

east *(i:st) i.* doğu. **Turkey is in the east of Europe.** *(Türkiye Avrupa'nın doğusundadır.)*

easy *('i:zi) s.* kolay, rahat. **This work is not easy at all.** *(Bu iş hiç kolay değildir.)*

eat *(i:t) f.* yemek yemek. **Lions eat meat.** *(Aslanlar et yer.)*

echo *('ekou) i.* yankı, eko. **He heard nothing but the echoes of his own voice.** *(Kendi sesinin yankılarından başka hiçbir şey duymadı.)*

economic *(ekı'nomik) s.* ekonomik, ekonomi ile ilgili olan. **The country is heading to economic disaster.** *(Ülke ekonomik felakete doğru gidiyor.)*

economy *(i'kanımi) i.* ekonomi, iktisat. **The economy of our country is in a bad condition.** *(Ülkemizin ekonomisi kötü bir durumdadır.)*

edge *(ec) i.* kenar, kenar çizgisi, uç. **The edge of this leaf is wavy.** *(Bu yaprağın kenarı girintili çıkıntılıdır.)*

education *(ecu'keyşın) i.* eğitim, öğretim. **I believe in the importance of education.** *(Eğitimin önemine inanırım.)*

effect *(i'fekt) i.* etki, tesir, sonuç. **This film can have a bad effect on your children.** *(Bu film çocuklarınız üzerinde kötü etki bırakabilir.)*

effort *('efırt) i.* gayret, çaba. **My efforts to improve the school have been effective.** *(Okulu geliştirme çabalarım etkili oldu.)*

egg *(eg) i.* yumurta. **My son is allergic to eggs.** *(Oğlumun yumurtaya alerjisi var.)*

eggplant *('egplänt) i.* patlıcan. **Eggplant is a vegetable.** *(Patlıcan bir sebzedir.)*

Egypt *('icipt) ö.i.* Mısır. **Egypt is a country located in Northern Africa.** *(Mısır, Kuzey Afrika'da yer alan bir ülkedir.)*

eight *(eyt) s.* sekiz. **My daughter is eight years old.** *(Kızım sekiz yaşındadır.)*

eighteen *(ey'ti:n) s.* on sekiz. **There were eighteen candles on the cake.** *(Pastanın üstünde on sekiz mum vardı.)*

eighty *('eyti) s.* seksen. **My grandfather died at the age of eighty.** *(Büyükbabam seksen yaşında vefat etti.)*

elbow *('elbou) i.* dirsek. **The arm bends at the elbow.** *(Kol dirsekten bükülür.)*

elder *('eldır) s.* yaşça daha büyük. **My elder son is married.** *(Büyük oğlum evlidir.)*

elect *(i'lekt) f.* seçmek, oyla seçmek. **I was elected to represent them.** *(Onları temsil etmek için seçildim.)*

election *(i'lekşın) i.* seçim. **Representatives are determined by election.** *(Temsilciler seçimle belirlenir.)*

electric *(i'lektrik) s.* elektrikli, elektriksel. **I need an electric heater in this room.** *(Bu odada bir elektrikli ısıtıcıya ihtiyacım var.)*

electrician *(ilek'trişın) i.* elektrikçi. **My neighbor is a very talented electrician.** *(Komşum çok yetenekli bir elektrikçidir.)*

electricity *(ilek'trisiti) i.* elektrik. **There will be no electricity for two days.** *(İki gün boyunca elektrik olmayacak.)*

elegant *('elıgınt) s.* şık, zarif, kibar. **I bought an elegant suit.** *(Şık bir takım satın aldım.)*

elementary *(elı'mentıri) s.* temel, basit, sade, başlangıç. **This is an elementary level reading passage.** *(Bu, temel seviyede bir okuma parçasıdır.)*

elephant *('elıfınt) i. fil.* **Elephants are the largest land animals now existing.** *(Filler hâlen var olan en büyük kara hayvanlarıdır.)*

elevator *('elıveytır) i.* asansör. **Do you take the stairs or the elevator more?** *(Merdivenleri mi yoksa asansörü mü daha çok kullanırsınız?)*

eleven *(i'levın) s.* on bir. **My daughter is eleven years old.** *(Kızım on bir yaşındadır.)*

eliminate *(i'limıneyt) f.* elemek, yok etmek. **She was eliminated in the semifinals.** *(Yarı finallerde elendi.)*

embarrass *(im'berıs) f.* utandırmak, yüzünü kızartmak. **His clumsiness embarrassed him.** *(Sakarlığı onu utandırdı.)*

embarrassed *(im'berısd) s.* utanmış. **She looked embarrassed.** *(Utanmış görünüyordu.)*

embarrassing *(im'berısing) s.* utanç verici. **That was an embarrassing situation for me.** *(Benim için utanç verici bir durumdu.)*

emergency *(i'mö:rcınsi) i.* acil durum. **Ring the bell in an emergency.** *(Acil bir durumda zili çalın.)*

employ *(im'ploy) f.* iş vermek, çalıştırmak. **Mr. Smith employs seventy men in his factory.** *(Bay Smith, fabrikasında yetmiş adam çalıştırıyor.)*

employee *(im'ployi:) i.* işçi, çalışan. **He is a hardworking employee.** *(O çalışkan bir işçidir.)*

employer *(im'ployır) i.* işveren. **My boss is a fair employer.** *(Patronum adil bir işverendir.)*

empty *('empti) s.* boş. **The box was empty.** *(Kutu boştu.)*

enclose *(in'klouz) f.* zarf içine koymak, ilişkte göndermek, iliştirmek. **I have enclosed a photograph with this letter.** *(Bu mektupla birlikte bir fotoğraf gönderdim.)*

encourage *(in'karic) f.* cesaretlendirmek, teşvik etmek. **I encouraged him to cook the meal.** *(Yemeği yapması için onu teşvik ettim.)*

encyclopedia *(in'sayklı'pi:dii) i.* ansiklopedi. **My parents bought me an encyclopedia for my birthday.** *(Doğum günüm için annem ve babam bana bir ansiklopedi aldılar.)*

end¹ *(end) f.* bitmek, bitirmek, sonlandırmak. **I ended our partnership.** *(Ortaklığımızı bitirdim.)*

end² *(end) i.* son, uç. **I will quit this job at the end of the year.** *(Yıl sonunda bu işi bırakacağım.)*

enemy *('enımi) i.* düşman, hasım. **I try not to make any enemies.** *(Düşman kazanmamaya çalışırım.)*

energetic *(enır'cetik) s.* enerjik, faal. **She is a very energetic basketball player.** *(O çok enerjik bir basketbol oyuncusudur.)*

energy *('enırci) i.* enerji, kuvvet, güç. **I had no energy to go to the concert.** *(Konsere gitmeye enerjim yoktu.)*

engine *('encin) i.* motor; makine, cihaz; lokomotif. **This plane has an engine problem.** *(Bu uçağın bir motor sorunu var.)*

engineer *(enci'niir) i.* mühendis; makinist. **I am a chemical engineer.** *(Ben bir kimya mühendisiyim.)*

England *('inglınd) ö.i.* İngiltere. **England is located in the southern part of the island of Great Britain.** *(İngiltere, Büyük Britanya adasının güney kısmında yer alır.)*

English *('inliş) ö.i.* İngilizce, İngiliz. **How long have you been learning English?** *(Ne kadar süredir İngilizce öğreniyorsunuz?)*

enjoy *(in'coy) f.* zevk almak, hoşlanmak, eğlenmek. **I enjoyed the movie.** *(Filmden hoşlandım.)*

enjoyable *(in'coyıbıl) s.* hoş, zevkli, eğlenceli. **It was an enjoyable holiday.** *(Eğlenceli bir tatildi.)*

enormous *(i'normıs) s.* kocaman, muazzam. **We had an enormous meal.** *(Muazzam bir yemek yedik.)*

enough *(i'naf) s.* yeteri kadar, yeterli, kâfi. **I don't have enough time to finish the report on time.** *(Raporu vaktinde bitirmek için yeterli vaktim yok.)*

enter *('entır) e.* girmek, katılmak. **I entered the building.** *(Binaya girdim.)*

entertain *(entır'teyn) f.* eğlendirmek, avutmak. **She entertained the children all day long.** *(Çocukları bütün gün eğlendirdi.)*

entertainment *(entır'teynmınt)* i. eğlence. **My brother works in the entertainment industry.** *(Erkek kardeşim eğlence sektöründe çalışır.)*

entrance *('entrıns)* i. giriş, giriş kapısı, içeriye girme. **We must pay an entrance fee.** *(Giriş ücreti ödemek zorundayız.)*

entrust *(in'trast)* f. emanet etmek. **I entrusted money to my mother.** *(Parayı anneme emanet ettim.)*

envelop *(in'velıp)* f. sarmak, tamamıyla kaplamak. **The building was soon enveloped in flames.** *(Bina kısa sürede alevlerle kaplanmıştı.)*

envelope *('envıloup)* i. zarf, mektup zarfı. **You need to stick a stamp onto that envelope.** *(O zarfın üstüne bir pul yapıştırman gerekir.)*

environment *(in'vayrnmınt)* i. çevre, civar, ortam. **We should protect the environment.** *(Çevreyi korumalıyız.)*

equal *('i:kwıl)* s. eşit, aynı, eşdeğer. **Cut the cake into eight equal pieces.** *(Pastayı sekiz eşit parçaya böl.)*

eraser *(i'reyzır)* i. silgi. **Can I borrow your eraser?** *(Silgini ödünç alabilir miyim?)*

erosion *(i'roujın)* i. erozyon, aşınma. **You can plant trees to**

prevent erosion. *(Erozyonu önlemek için ağaç dikebilirsiniz.)*

error *('erır) i.* hata, yanlış. **I made some errors.** *(Bazı hatalar yaptım.)*

escalator *('eskıleytır) i.* yürüyen merdiven. **I prefer the stairs over escalators.** *(Merdivenleri yürüyen merdivene tercih ederim.)*

escape *(is'keyp) f.* kaçmak, firar etmek. **You should not escape from your responsibilities.** *(Sorumluluklarından kaçmamalısın.)*

especially *(is'peşıli) z.* özellikle. **I like all of Dostoevsky's novels but especially 'Crime and Punishment'.** *(Dostoyevski'nin bütün romanlarını ama özellikle 'Suç ve Ceza'yı severim.)*

essay *('esey) i.* makale, deneme. **I asked my students to write essays about the importance of education.** *(Öğrencilerimden eğitimin önemi hakkında deneme yazmalarını istedim.)*

establish *(ıs'täbliş) f.* kurmak, tesis etmek. **He established a new school.** *(Yeni bir okul kurdu.)*

estimate *('estimeyt) f.* tahmin etmek, yaklaşık olarak hesaplamak. **Can you estimate the cost of this shoe?** *(Bu ayakkabının maliyetini tahmin edebilir misin?)*

Europe *('yurıp) ö.i.* Avrupa. **Europe is the second smallest continent on earth.** *(Avrupa, yeryüzündeki en küçük ikinci kıtadır.)*

evening *('i:vning) i.* akşam. **We will meet in the evening.** *(Akşam buluşacağız.)*

event *(i'vent) i.* olay, sonuç. **Recent events in China concerns us all.** *(Çin'deki son olaylar hepimizi ilgilendirir.)*

ever *('evır) z.* hiç; asla, durmadan. **Have you ever been to England?** *(Hiç İngiltere'de bulundun mu?)*

every *('evri) s.* her, her bir. **I love every kind of animal.** *(Her tür hayvanı severim.)*

everybody *('evribadi) zam.* herkes. **Everybody loves her.** *(Herkes onu sever.)*

everyday *('evridey) s.* her günkü, günlük, olağan. **Exams have become a part of my everyday life.** *(Sınavlar günlük yaşantımın bir parçası hâline geldi.)*

everything *('evrithing) zam.* her şey. **Everything was in order.** *(Her şey yolundaydı.)*

exactly *(ig'zäktli) z.* tam, tastamam, tıpatıp. **He looks exactly like his father.** *(Tıpatıp babasına benziyor.)*

exam *(ig'zäm) i.* sınav. **I did not pass the math exam.** *(Matematik sınavını geçemedim.)*

examination *(igzämi'neyşın) i.* sınav, yoklama, inceleme. **The students were having an examination at that time.** *(Öğrenciler o sırada sınav oluyordu.)*

examine *(ig'zämin) f.* incelemek, gözden geçirmek, sorguya çekmek. **The customs agent examined the baggage.** *(Gümrük memuru bagajı inceledi.)*

example *(ig'zämpıl) i.* örnek. **This building is an example of medieval architecture.** *(Bu bina ortaçağ mimarisine bir örnektir.)*

excavation *(ekskı'veyşın) i.* kazı. **The excavation continues.** *(Kazı devam ediyor.)*

excellent *('eksılınt) s.* mükemmel, çok iyi. **It was an excellent dinner.** *(Mükemmel bir akşam yemeğiydi.)*

except *(ik'sept) e.* -den başka, hariç. **I love all animals except mice.** *(Fareler hariç bütün hayvanları severim.)*

exchange *(iks'çeync) f.* değiş tokuş etmek, değiştirmek. **Two sisters exchanged coats.** *(İki kız kardeş paltolarını değiş tokuş ettiler.)*

excite *(ik'sayt) f.* heyecanlandırmak. **The story excited the little boy very much.** *(Hikâye küçük oğlanı çok heyecanlandırdı.)*

excited *(ik'saytıd) s.* heyecanlı. **I am very excited.** *(Çok heyecanlıyım.)*

excitement *(ik'saytmınt) i.* heyecan. **You need some excitement in your life.** *(Yaşamında biraz heyecana ihtiyacın var.)*

exciting *(ik'sayting) s.* heyecan verici, heyecanlı. **Parachuting is an exciting sport.** *(Paraşütle atlama heyecan verici bir spordur.)*

exclamation *(eksklı'meyşın) i.* ünlem. **exclamation mark** *(ünlem işareti.)*

excuse¹ *(ik'skyuz) f.* affetmek. **He did not excuse me for being late.** *(Geç kaldığım için beni affetmedi.)*

excuse² *(ik'skyuz) i.* mazeret, özür, neden. **What's your excuse?** *(Mazeretin nedir?)*

exercise¹ *('eksırsayz) f.* idman yapmak, antrenman yapmak, egzersiz yapmak, alıştırma yapmak. **You should exercise more.** *(Daha çok alıştırma yapmalısın.)*

exercise² *('eksırsayz) i.* idman, antrenman, egzersiz, alıştırma. **I will show you some special neck and shoulder exercises.** *(Sana bazı özel boyun ve omuz egzersizleri göstereceğim.)*

exhaust *(ig'zost) f.* tüketmek, bitirmek, bitap düşürmek, yormak. **The race has exhausted me.** *(Yarış beni bitap düşürdü.)*

exhausted *(ig'zostıd) s.* yorgun, bitkin, tükenmiş. **The exhausted man was resting on the armchair.** *(Yorgun adam koltukta dinleniyordu.)*

exhibition *(eksı'bişın) i.* sergi, sergileme. **There was an exhibition at the museum.** *(Müzede bir sergi vardı.)*

exist *(ig'zist) f.* var olmak, mevcut olmak, yaşamak. **Dinosaurs do not exist any more.** *(Dinozorlar artık yoklar.)*

exit *('eksıt) i.* çıkma, çıkış. **Where is the exit?** *(Çıkış nerede?)*

expect *(iks'pekt) f.* tahmin etmek, ummak, beklemek. **We expect an apology.** *(Bir özür bekliyoruz.)*

expectation *(ekspek'teyşın) i.* beklenti, umut, ümit. **I had great expectations this time.** *(Bu defa büyük umutlarım vardı.)*

expedition *(ekspı'dişın) i.* sefer, yolculuk. **They went to an expedition to the North Pole.** *(Kuzey Kutbu'na bir yolculuğa çıktılar.)*

expense *(ik'spens) i.* masraf, gider, fiyat. **Please keep a record of your expenses.** *(Lütfen masraflarının bir kaydını tut.)*

expensive *(iks'pensiv) s.* pahalı, masraflı. **I bought myself an expensive ring.** *(Kendime pahalı bir yüzük satın aldım.)*

experience *(iks'piriıns) i.* tecrübe, deneyim. **Experience is the best teacher.** *(Tecrübe en iyi öğretmendir.)*

experienced *(iks'piriınst) s.* tecrübeli, deneyimli. **She is an experienced teacher.** *(O deneyimli bir öğretmendir.)*

experiment *(iks'perimınt) i.* deney, tecrübe. **The students are doing experiments in the lab.** *(Öğrenciler laboratuvarda deneyler yapıyorlar.)*

explain *(iks'pleyn) f.* anlatmak, açıklamak. **Will you explain this to me?** *(Bunu bana açıklar mısın?)*

explanation *(ekspli'neyşın)* i. açıklama, izahat. **His explanation was not satisfactory.** *(Açıklaması tatmin edici değildi.)*

explode *(iks'ploud)* f. patlamak, infilak etmek. **This volcano is waiting to explode.** *(Bu yanardağ patlamayı bekliyor.)*

explore *(iks'plor)* f. keşfe çıkmak, keşfetmek, incelemek, araştırmak. **Europeans explored the continent of Africa in the 19th century.** *(Avrupalılar 19. yüzyılda Afrika kıtasını keşfe çıktılar.)*

explosion *(iks'ploujın)* i. patlama. **The explosion of the fireworks awoke the children.** *(Havai fişeklerin patlaması çocukları uyandırdı.)*

export *(iks'port)* f. ihraç etmek, dışarı mal göndermek. **Turkey exports textiles.** *(Türkiye tekstil ürünleri ihraç eder.)*

express[1] *(iks'pres)* f. anlatmak, ifade etmek, dile getirmek. **I can't express how grateful I am.** *(Ne kadar minnettar olduğumu anlatamam.)*

express[2] *(iks'pres)* s. hızla giden, süratli, ekspres. **We travelled by the express train.** *(Hızlı trenle yolculuk ettik.)*

expression *(iks'preşın)* i. anlatım, ifade, deyim. **Tears are an expression of grief.** *(Gözyaşları üzüntünün bir ifadesidir.)*

extend *(iks'tend) f.* uzatmak, sürmek, genişletmek. **I need to extend my visa.** *(Vizemin süresini uzatmam gerekiyor.)*

extra *('ekstrı) s.* fazla, fazladan, eklenilen, ekstra. **I need some extra money this month.** *(Bu ay biraz fazladan paraya ihtiyacım var.)*

extreme *(iks'tri:m) s.* son derece, çok şiddetli, aşırı, en uç. **Schools were closed because of the extreme cold.** *(Aşırı soğuk yüzünden okullar kapandı.)*

eye *(ay) i.* göz. **I have dark eyes.** *(Koyu renk gözlerim vardır.)*

eyebrow *('aybrau) i.* kaş. **Cem has very thick eyebrows.** *(Cem'in çok kalın kaşları vardır.)*

eyeglasses *('aygläsiz) i.* gözlük. **I started wearing eye-glasses.** *(Gözlük takmaya başladım.)*

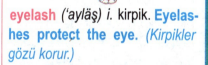

eyelash *('ayläş) i.* kirpik. **Eyelashes protect the eye.** *(Kirpikler gözü korur.)*

eyelid *('aylid) i.* göz kapağı. **My eyelids were half closed.** *(Göz kapaklarım yarı kapalıydı.)*

F, f *(ef)* İngiliz alfabesinin altıncı harfi.

face *(feys) i.* yüz, surat, çehre. **He had a sad expression on his face.** *(Yüzünde üzgün bir ifade vardı.)*

fact *(fäkt) i.* hakikat, gerçek. **The fact is that I don't have enough money to go on holiday this year.** *(Gerçek şu ki bu yıl tatile gitmek için yeterli param yok.)*

factor *('fäktır) i.* etken, faktör. **Her family was an important factor in her success.** *(Başarısında ailesi önemli bir etkendi.)*

factory *('fäktırı) i.* fabrika. **I work in a factory.** *(Bir fabrikada çalışıyorum.)*

fade *(feyd) f.* solmak, soldurmak, kurumak. **My shirt faded in the sun.** *(Gömleğim güneşte soldu.)*

fail *(feyl) f.* başarısız olmak, becerememek, sınıfta kalmak, sınıfta bırakmak. **The teacher failed four students.** *(Öğretmen dört öğrenciyi sınıfta bıraktı.)*

failure *('feylyır) i.* başarısızlık, yıkım, fiyasko. **His plans ended in**

failure. *(Planları başarısızlıkla sonuçlandı.)*

fair *(feır) s.* adil, doğru, dürüst. **This was a fair decision.** *(Bu adil bir karardı.)*

fairy *('feıri) i.* peri. **I saw a fairy in my dream.** *(Rüyamda bir peri gördüm.)*

fairy tale *('feıri teyl) i.* peri masalı. **"Cinderella" is a fairy tale.** *("Sinderella" bir peri masalıdır.)*

fall *(fo:l) f.* düşmek, inmek, dökülmek, yağmak. **Snow was falling.** *(Kar yağıyordu.)* **fall asleep** uykuya dalmak, uyuya kalmak. **She fell asleep in front of the TV.** *(Televizyonun karşısında uyuyakaldı.)*

false *(fols) s.* yanlış, yalan, sahte. **He gave the police false information.** *(Polise yanlış bilgi verdi.)*

fame *(feym) i.* şöhret, ün, nam. **This film earned him international fame.** *(Bu film ona uluslararası ün kazandırdı.)*

family *('fämıli) i.* aile. **I love my family.** *(Ailemi seviyorum.)*

famous *('feymıs) s.* ünlü, meşhur. **Madonna is a famous singer.** *(Madonna ünlü bir şarkıcıdır.)*

fan *(fän) i.* taraftar, hayran; yelpaze, pervane. **I have always been a great fan of the Beatles.** *(Her zaman Beatles'in büyük bir hayranı oldum.)*

fancy *('fänsi) f.* arzu etmek, istemek, hoşlanmak. **Do you fancy for a walk?** *(Yürüyüş yapmak ister misin?)*

fantastic *(fän'tästik) s.* garip, gerçekte var olmayan, fantastik; harika, şahane. **I had a fantastic dream last night.** *(Geçen gece fantastik bir rüya gördüm.)*

far *(far) z.* uzak, uzakta, uzağa. **Is the school far to your house?** *(Okul evinize uzak mı?)*

fare *(feır) i.* bilet ücreti. **Bus fares have gone up again.** *(Otobüs bilet ücretleri yine arttı.)*

farm *(farm) i.* çiftlik. **I work on the farm.** *(Çiftlikte çalışıyorum.)*

farmer *('farmır) i.* çiftçi. **The farmer was ploughing his field.** *(Çiftçi, tarlasını sürüyordu.)*

farther *('fardhır) z.* daha ileri, daha uzağa. **We don't need to drive any farther.** *(Daha uzağa gitmemize gerek yok.)*

farthest *('fardhıst) z.* en uzak, en uzağa, en ileri. **Who can swim the farthest?** *(Kim en uzağa yüzebilir?)*

fascinating *('fäsineyting) s.* büyüleyici, cazip. **It was a fascinating story.** *(Büyüleyici bir öyküydü.)*

fashion *('fäşın) i.* moda. **I don't follow fashion.** *(Modayı takip etmem.)*

fast[1] *(fäst) f.* oruç tutmak, perhiz etmek. **Muslims fast in Ramadan.** *(Müslümanlar Ramazan ayında oruç tutarlar.)*

fast² *(fäst) s.* hızlı, çabuk, süratli. **This is a very fast car.** *(Bu çok hızlı bir arabadır.)*

fat¹ *(fät) i.* yağ. **Fry the eggs in some fat.** *(Yumurtaları biraz yağda kızart.)*

fat² *(fät) s.* şişman. **My mother is a fat woman.** *(Annem şişman bir kadındır.)*

father *('fadhır) i.* baba. **Where is your father?** *(Baban nerede?)*

father-in-law *('fathırinlow) i.* kayınpeder. **My father-in-law lives with us.** *(Kayınpederim bizimle yaşıyor.)*

fatty *('fäti) s.* yağlı; şişman. **I don't eat fatty food.** *(Yağlı yiyecekler yemem.)*

favorite *('feyvırıt) s.* gözde, en sevilen, en çok beğenilen. **This is one of my favorite songs.** *(Bu en çok beğendiğim şarkılardan biridir.)*

fear *(fıır) f.* korkmak. **I always feared the dentist.** *(Her zaman dişçiden korktum.)*

feast *(fist) i.* ziyafet, bayram. **They cooked so much that as if there was a feast.** *(O kadar fazla yemek yapmışlar ki sanırsınız ziyafet var.)*

feather *('fedhır) i.* kuş tüyü, tüy. **I am allergic to feather.** *(Kuş tüyüne alerjim var.)*

feature *('fi:çır) i.* nitelik, özellik. **This television has a lot of new**

features. *(Bu televizyonun birçok yeni özelliği var.)*
February *('februıri) i.* şubat. **February is the second month of the year.** *(Şubat, yılın ikinci ayıdır.)*
feed *(fi:d) f.* beslemek, yedirmek. **Have you fed the cat?** *(Kediyi besledin mi?)*

feel *(fiıl) f.* hissetmek, duymak, dokunmak. **I feel ill.** *(Hasta hissediyorum.)*
feeling *('fiıling) i.* duygu, his. **Don't hide your feelings.** *(Duygularını saklama.)*

female *('fi:meyl) i.,s.* kadın, dişi, kadınlara ait. **This is an female elephant.** *(Bu, dişi bir fildir.)*

fence *(fens) i.* çit, parmaklık. **The fence around our house is very high.** *(Evimizin çevresindeki çit çok yüksektir.)*

ferry *('feri) i.* feribot. **You can cross the river by ferry.** *(Nehri feribotla geçebilirsiniz.)*
festival *('festivıl) i.* festival, bayram. **The Cannes Film Festival is one of the most prestigious film festivals.** *(Cannes Film Festivali en saygın film festivallerinden biridir.)*
fetch *(feç) f.* gidip almak, alıp getirmek. **Run and fetch the doctor!** *(Koş ve doktoru getir!)*
few *(fyu:) s., z.* az, az miktar. **I have very few friends.** *(Çok az arkadaşım vardır.)*

field *(fiıld) i.* alan, saha, meydan; tarla, çayır. **He is very famous in his own field.** *(Kendi alanında çok ünlüdür.)*

fifteen *(fif'ti:n) s.* on beş. **My daughter is fifteen years old.** *(Kızım on beş yaşındadır.)*

fifty *('fifti) s.* elli. **My dad is fifty years old.** *(Babam elli yaşındadır.)*

fig *(fig) i.* incir. **The fig is a small fruit.** *(İncir, küçük bir meyvedir.)*

fight¹ *(fayt) f.* kavga etmek, dövüşmek. **The two boys fought each other.** *(İki oğlan birbirleriyle dövüştüler.)*

fight² *(fayt) i.* kavga, dövüş, mücadele. **The police continues the fight against crime.** *(Polis suça karşı mücadeleyi sürdürüyor.)*

figure *('figyır) i.* rakam, sayı; şekil, suret. **Write the amount in words and in figures.** *(Tutarı yazıyla ve rakamla yazınız.)*

file *(fayl) i.* dosya, klasör. **Let's open a new file for this project.** *(Bu proje için yeni bir dosya açalım.)*

fill *(fil) f.* dolmak, doldurmak. **My eyes filled with tears.** *(Gözlerim yaşla doldu.)*

film *(film) i.* sinema filmi, fotoğraf filmi; zar, ince tabaka. **Have you seen any good films recently?** *(Son zamanlarda iyi bir film izledin mi?)*

final *('faynıl) s.* son; kesin. **The final scene of the film disappointed me.** *(Filmin son sahnesi beni hayal kırıklığına uğrattı.)*

finally *('faynıli) z.* sonunda, nihayet, son olarak. **Winter is finally over.** *(Kış nihayet bitti.)*

find *(faynd) f.* bulmak, keşfetmek. **I can't find my skirt!** *(Eteğimi bulamıyorum!)*

fine *(fayn) s.* iyi, güzel, hoş, narin, ince; para cezası. **I have very fine hair.** *(Çok ince saçlarım vardır.)*

finger *('fingır) i.* parmak. **I cut my finger when I was chopping onions.** *(Soğan kıyarken parmağımı kestim.)*

finish *('finiş) f.* bitirmek, bitmek, tamamlamak. **Have you finished reading that book?** *(O kitabı okumayı bitirdin mi?)*

fire *('fayır) i.* ateş, yangın. **The campers lit a fire.** *(Kampçılar bir ateş yaktılar.)*

fire engine *('fayır 'encin) i.* itfaiye arabası. **The fire engine had its sirens on.** *(İtfaiye arabasının sirenleri açıktı.)*

fireman *('fayırmın) i.* itfaiyeci. **The fireman was very brave.** *(İtfaiyeci çok cesurdu.)*

first *(först)* s. ilk, birinci, baş. **Is this your first visit to London?** *(Bu Londra'ya ilk ziyaretiniz mi?)*

first aid *(först eyd)* i. ilk yardım. **Get me the first aid box!** *(Bana ilk yardım kutusunu getir!)*

fish *(fiş)* i. balık, balıklar. **We only caught three fish all day.** *(Bütün gün sadece üç balık yakaladık.)*

fisherman *('fişırmen)* i. balıkçı, balık avlayan kimse. **My uncle was a fisherman.** *(Amcam bir balıkçıydı.)*

fishing *('fişing)* i. balık tutma, balıkçılık. **Fishing is a very popular pastime in Istanbul.** *(Balık tutma İstanbul'da çok yaygın bir uğraştır.)*

fist *(fist)* i. yumruk. **He shook his fist angrily.** *(Yumruğunu öfkeyle salladı.)*

fit¹ *(fit)* f. uymak, uydurmak, sığmak; yakışmak. **This dress doesn't fit me.** *(Bu elbise bana uymuyor.)*

fit² *(fit)* s. formda, zinde, sağlıklı; uygun, yakışır. **He felt fit after the holiday.** *(Tatilden sonra kendini zinde hissediyordu.)*

five *(fayv)* s. beş. **There were five candles on the cake.** *(Pastanın üstünde beş mum vardı.)*

fix *(fiks)* f. yerleştirmek, sabitlemek; tamir etmek, onarmak; saptamak. **I fixed the mirror onto the wall.** *(Aynayı duvara sabitledim.)*

flag *(fläg)* i. bayrak, sancak. **The flag of Turkey consists of a white crescent moon and a star on a red background.** *(Türk bayrağı, kırmızı zemin üzerinde beyaz bir hilal ve yıldızdan oluşur.)*

flame *(fleym) i.* alev, ateş. **Why is candle flame yellow?** *(Mum alevi neden sarıdır?)*

flat *(flät) i.* daire, apartman dairesi. **I will let my flat.** *(Dairemi kiraya vereceğim.)*

flat *(flät) s.* düz, yassı; mat, donuk, durgun. **I need a flat surface to write on.** *(Üzerinde yazmak için düz bir yüzeye ihtiyacım var.)*

flavor *('fleyvır) i.* tat, çeşni, lezzet. **The addition of cinnamon improves the flavor of broth.** *(Tarçın eklenmesi et suyunun lezzetini arttırır.)*

flight *(flayt) i.* uçuş, uçma, hareket. **The flight will take four hours.** *(Uçuş dört saat sürecek.)*

flood¹ *(flad) f.* sel basmak, taşmak. **The river has flooded.** *(Nehir taştı.)*

flood² *(flad) i.* sel, taşkın. **The flood destroyed the town.** *(Sel, şehri harap etti.)*

floor *(flo:r) i.* taban, döşeme, zemin, yerler; kat. **The office is on the fifth floor.** *(Ofis beşinci kattadır.)*

florist *('florist) i.* çiçekçi, çiçek satan kimse. **My grandmother was a florist.** *(Büyükannem çiçekçiydi.)*

flour *(flaur) i.* un. **I need flour to make bread.** *(Ekmek yapmak için una ihtiyacım var.)*

flower *('flauır)* i. çiçek. **Roses are my favorite flowers.** *(Güller en sevdiğim çiçeklerdir.)*

flu *(flu)* i. grip. **I got flu.** *(Grip oldum.)*

fluent *('fluınt)* s. akıcı, düzgün. **Mine speaks fluent English.** *(Mine, akıcı İngilizce konuşur.)*

fluently *('fluıntli)* z. akıcı olarak, akıcı bir şekilde. **Mine speaks English fluently.** *(Mine İngilizceyi akıcı bir şekilde konuşur.)*

flute *(flu:t)* i. flüt. **Flute is a musical instrument.** *(Flüt, bir müzik aletidir.)*

fly¹ *(flay)* f. uçmak, uçurmak. **Men can not fly.** *(İnsanlar uçamaz.)*

fly² *(flay)* i. sinek. **Flies can walk on the ceiling.** *(Sinekler tavanda yürüyebilir.)*

focus *('foukıs)* i. odak, merkez, mihrak. **Your focus is customers.** *(Senin odağın müşteriler.)*

foe *(fou)* i. düşman, hasım. **He never has a foe.** *(Hiç düşmanı yoktur.)*

fog *(fog)* i. sis, duman. **I hate driving in fog.** *(Siste araba kullanmaktan nefret ederim.)*

foggy *('fogi)* s. sisli. **Yesterday was a foggy day.** *(Dün sisli bir gündü.)*

fold *(fould)* f. katlamak, bükmek, sarmak. **I folded up the letter and put it in the envelope.** *(Mektubu katladım ve zarfa koydum.)*

follow *('falou) f.* takip etmek, izlemek; uymak, riayet etmek; anlamak. **The hunters were following a lion.** *(Avcılar bir aslanı takip ediyordu.)*

following *('falouing) s.* aşağıdaki, takip eden, izleyen. **Read the following examples.** *(Aşağıdaki örnekleri okuyun.)*

food *(fu:d) i.* yemek, yiyecek, gıda. **I like Chinese food.** *(Çin yemeği severim.)*

fool¹ *(fu:l) f.* aldatmak, kandırmak, aptal yerine koymak. **You can't fool me!** *(Beni kandıramazsın!)*

fool² *(fu:l) i.* aptal kimse, ahmak. **You are such a fool!** *(Çok ahmaksın!)*

foot *(fut) i.* ayak; etek, dip. **You stepped on my foot.** *(Ayağıma bastın.)*

football *('futbo:l) i.* ayaktopu, futbol. **The boys were playing football.** *(Çocuklar futbol oynuyordu.)*

footballer *('futbo:lır) i.* futbol oyuncusu. **My brother is a professional footballer.** *(Erkek kardeşim profesyonel bir futbol oyuncusudur.)*

footprint *('futprint) i.* ayak izi. **These footprints don't belong to me.** *(Bu ayak izleri bana ait değil.)*

for *(for) e.* için, nedeniyle, -den dolayı; uğruna. **Is there anything I can do for you?** *(Senin için yapabileceğim bir şey var mı?)*

forbid *(fır'bid) f.* yasaklamak. **I forbade her use my comb.** *(Ona tarağımı kullanmayı yasakladım.)*

forbidden *(fır'bidın) s.* yasaklanmış, yasak. **This area is forbidden for foreigners.** *(Bu bölge yabancılar için yasaktır.)*

force¹ *(fors) f.* mecbur etmek, zorlamak. **I can't force you to help me.** *(Bana yardım etmen için seni zorlayamam.)*

force² *(fors) i.* güç, kuvvet, şiddet, baskı. **He hit with all his force.** *(Bütün gücüyle vurdu.)*

forecast¹ *('forkäst) f.* tahminde bulunmak, belirtisi olmak. **Heavy rain is being forecast for tomorrow.** *(Yarın için şiddetli yağmur tahmin ediliyor.)*

forecast² *('forkäst) i.* tahmin, hava tahmini. **What's your weather forecast?** *(Hava tahmininiz nedir?)*

forehead *('forhed) i.* alın. **I have wrinkles on my forehead.** *(Alnımda kırışıklıklar var.)*

foreign *('forin) s.* yabancı, dış. **Do you know any foreign languages?** *(Hiç yabancı dil biliyor musun?)*

foreigner *('forinır) i.* yabancı, başka ülkeden olan kimse. **Sometimes I feel like a foreigner in my own country.** *(Bazen kendi ülkemde yabancı gibi hissediyorum.)*

forest *('forist) i.* orman. **Let's have a picnic in the forest tomorrow.** *(Yarın ormanda piknik yapalım.)*

forever *(fır'evır)* z. hep, daima, sonsuza kadar. **I want to stay here forever.** *(Sonsuza kadar burada kalmak istiyorum.)*

form² *(form)* i. şekil, biçim; çeşit, tür. **I made a cake in the form of a heart.** *(Kalp şeklinde bir pasta yaptım.)*

forget *(fır'get)* f. unutmak, hatırlamamak. **I have forgotten your name.** *(Sizin isminizi unuttum.)*

forgive *(fır'giv)* f. affetmek, bağışlamak. **I'll never forgive you.** *(Seni hiçbir zaman affetmeyeceğim.)*

formal *('formıl)* s. resmî. **No formal announcement has been made.** *(Resmî duyuru yapılmadı.)*

fortunate *('forçınıt)* s. talihli, şanslı. **He was extremely fortunate to survive the accident.** *(Kazadan sağ kurtulduğu için son derece şanslıydı.)*

fork *(fork)* i. çatal. **This fork is not clean.** *(Bu çatal temiz değil.)*

form¹ *(form)* f. şekil almak, şekil vermek, biçimlendirmek, oluşmak, oluşturmak. **A plan began to form in his mind.** *(Kafasında bir plan oluşmaya başladı.)*

fortune *('forçın)* i. talih, şans, baht, kısmet; servet. **They started to wonder how long their good fortune will last.** *(İyi talihlerinin ne kadar süreceğini merak etmeye başladılar.)*

forty *('forti)* s. kırk. **My mother is forty years old.** *(Annem kırk yaşındadır.)*

forward *(s) ('forwırd(z))* z. öne, ileriye. **We must look forwards, not backwards.** *(İleriye bakmalıyız, geriye değil.)*

found *(faund)* f. kurmak, temelini atmak. **The company was founded in 1972.** *(Şirket 1972'de kuruldu.)*

four *(for)* s. dört. **There were four candles on the cake.** *(Pastanın üstünde dört mum vardı.)*

fourteen *(for'ti:n)* s. on dört. **My son is fourteen years old.** *(Oğlum on dört yaşındadır.)*

fox *(foks)* i. tilki. **A fox is a wild animal with reddish fur.** *(Tilki kırmızımtırak kürklü vahşi bir hayvandır.)*

frame *(freym)* i. çerçeve; çatı, iskelet. **She was keeping the photograph of her family in a silver frame.** *(Ailesinin fotoğrafını gümüş bir çerçevede saklıyordu.)*

France *(fräns)* ö.i. Fransa. **Paris is the capital of France.** *(Paris Fransa'nın başkentidir.)*

freckle *(firekıl)* i. çil, benek. **The girl had freckles.** *(Kızıl çilleri vardı.)*

free *(fri:)* s. serbest, özgür, boş, uygun; bedava, ücretsiz. **I'm free this afternoon.** *(Bu öğleden sonra boşum.)*

freeze *(fri:z) f.* donmak, dondurmak. **The cold weather might freeze the water in the pipes.** *(Soğuk hava borulardaki suyu dondurabilir.)*

freezing *('fri:zing) s.* dondurucu. **It was freezing cold outside.** *(Dışarısı dondurucu soğuktu.)*

frequent *('frikwınt) s.* sık sık görülen, sık. **He made frequent visits to the hospital.** *(Hastaneye sık ziyaretlerde bulundu.)*

frequently *('frikwıntli) z.* sık sık. **I visit my grandfather frequently.** *(Büyükbabamı sık sık ziyaret ederim.)*

fresh *(freş) s.* taze, yeni; canlı; serin, temiz. **The milk doesn't smell very fresh.** *(Süt pek taze kokmuyor.)*

Friday *('fraydey) i.* cuma. **Is it Friday today?** *(Bugün Cuma mı?)*

fridge *(fric) i.* buzdolabı. **The fridge was empty.** *(Buzdolabı boştu.)*

friend *(frend) i.* arkadaş, dost. **She is a close friend of mine.** *(O yakın bir arkadaşımdır.)*

friendly *('frendli) s.* arkadaş canlısı, samimi, cana yakın. **Everyone at the party was friendly.** *(Partideki herkes cana yakındı.)*

friendship *('frendşip) i.* arkadaşlık, dostluk. **Our friendship will last forever.** *(Arkadaşlığımız sonsuza kadar sürecek.)*

frighten *('fraytın) f.* korkmak, korkutmak. **The snake frightened me.** *(Yılan beni korkuttu.)*

frightened *('fraytınd) s.* korkmuş, ürkmüş. **I've always been frightened of going to the dentist.** *(Her zaman dişçiye gitmekten korkmuşumdur.)*

frog *(frog) i.* kurbağa. **Frogs jump.** *(Kurbağalar zıplar.)*

from *(from) e.* -den, -dan. **I'll get a book from the library.** *(Kütüphaneden bir kitap alacağım.)*

front *(front) i.* ön, ön taraf. **I was sitting in the front of the car.** *(Arabanın önünde oturuyordum.)*

fruit *(frut) i.* meyve. **There was a bowl of fruit on the table.** *(Masada bir kâse meyve vardı.)*

fry *(fray) f.* yağda kızartmak, kızarmak. **Fry the eggs in some fat.** *(Yumurtaları biraz yağda kızart.)*

fuel *('fyuıl) i.* yakıt. **The fuel consumption of this car is very high.** *(Bu arabanın yakıt tüketimi çok yüksektir.)*

full *(ful) s.* dolu, tam; meşgul. **I fell down while I was carrying a full pail of milk.** *(Süt dolu bir kova taşırken yere düştüm.)*

fun *(fan) i.* eğlence, zevk. **Have fun!** *(İyi eğlenceler!)*

funny *('fani) s.* komik; tuhaf. **He told funny stories that made everybody laugh.** *(Herkesi güldüren komik hikâyeler anlattı.)*

furious *('fyuriyıs) s.* kızgın, öfkeli. **Who was that furious man?** *(O öfkeli adam kimdi?)*

furniture *('förniçır) i.* mobilya. **I have bought furniture for my house.** *(Evim için mobilya aldım.)*

further *('fördhır) z.* daha ileriye, daha fazla, daha, ilaveten. **I have one further question.** *(Bir sorum daha var.)*

future *('fyuçır) i.* gelecek, istikbal. **You have to save money for the future.** *(Gelecek için para biriktirmek zorundasın.)*

G - g

G, g *(ci:)* İngiliz alfabesinin yedinci harfi.

gallery *('gälıri) i.* galeri; koridor, tünel. **The art galleries of Paris are very famous.** *(Paris'in sanat galerileri çok ünlüdür.)*

game *(geym) i.* oyun; spor. **Do you want to play a different game?** *(Başka bir oyun oynamak ister misin?)*

garage *(gı'ra:j) i.* garaj. **The car was in the garage.** *(Araba garajdaydı.)*

garden *('gardın) i.* bahçe. **The children are playing in the garden.** *(Çocuklar bahçede oynuyorlar.)*

gardener *('gardnır) i.* bahçıvan. **A gardener works in a garden.** *(Bir bahçıvan bahçede çalışır.)*

garlic *('garlik) i.* sarımsak. **Garlic has a very strong smell.** *(Sarımsağın çok keskin bir kokusu vardır.)*

gas *(gäs) i.* gaz; benzin. **Helium is a gas.** *(Helyum bir gazdır.)*

gasoline *('gäsılin) i.* benzin. **We ran out of gasoline.** *(Benzinimiz bitti.)*

gate *(geyt) i.* kapı, geçit, dış kapı. **The gate was closed.** *(Kapı kapalıydı.)*

gather *('gädhır) f.* toplamak, toplanmak, yığmak. **The children gathered in the schoolyard.** *(Çocuklar okul bahçesinde toplandılar.)*

general *('cenırıl) s.* yaygın, genel. **There is a general concern about global warming.** *(Küresel ısınmayla ilgili yaygın bir endişe vardır.)*

generation *(cenı'reyşın) i.* nesil, kuşak. **Grandmothers, mothers and daughters belong to three different generations.** *(Büyük anneler, anneler ve kız çocukları üç farklı kuşağa aittirler.)*

generous *('cenırıs) s.* cömert, eli açık. **He was a generous father.** *(Eli açık bir babaydı.)*

genius *('cinyıs) s.* dâhi, üstün zekalı. **Einstein was a genius.** *(Einstein bir dâhiydi.)*

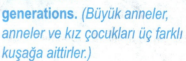

gentle *('centıl) s.* kibar, nazik, yumuşak. **Her gentle manner was comforting.** *(Onun yumuşak tavrı rahatlatıcıydı.)*

gentleman *('centılmen) i.* saygılı ve kibar erkek, beyefendi. **Please sit down, gentlemen.** *(Lütfen oturun beyler.)*
geography *(ci'ogrıfi) i.* coğrafya. **We need a map to study geography.** *(Coğrafya çalışabilmek için haritaya ihtiyacımız var.)*

Germany *('cörmıni) ö.i.* Almanya. **Germany is in Europe.** *(Almanya Avrupa'dadır.)*
get *(get) f.* elde etmek, almak, satın almak; getirmek; öğrenmek, anlamak; hazırlamak. **She has gone to get some bread.** *(Biraz ekmek almaya gitti.)* **get off** inmek; işten çıkmak, ayrılıp gitmek. **I got off the bus.** *(Otobüsten indim.)* **get up** yataktan kalkmak, ayağa kalkmak. **I got up very early.** *(Çok erken kalktım.)*

ghost *(goust) i.* hayalet. **I am afraid of ghosts.** *(Hayaletlerden korkarım.)*
giant *('cayınt) s.* koca, iri, kocaman, dev gibi. **I ate a giant cake by myself.** *(Koca bir keki kendi başıma yedim.)*

gift *(gift) i.* armağan, hediye. **This book is a gift.** *(Bu kitap bir hediyedir.)*
giraffe *(ci'räf) i.* zürafa. **A giraffe is an animal with a very long neck and legs.** *(Zürafa çok uzun boynu ve bacakları olan bir hayvandır.)*

girl *(görl) i.* kız. **All my children are girls.** *(Bütün çocuklarım kızdır.)*

girlfriend *('görlfrend) i.* kız arkadaş. **He seems to have a new girlfriend.** *(Yeni bir kız arkadaşı var gibi görünüyor.)*

give *(giv) f.* vermek, hediye etmek. **Please give me another chance.** *(Lütfen bana bir şans daha ver.)* **give up** vazgeçmek, bırakmak. **I am trying to give up smoking.** *(Sigarayı bırakmaya çalışıyorum.)*

glad *(gläd) s.* memnun, hoşnut, sevinçli. **I am glad you got the job.** *(İşi aldığına memnun oldum.)*

glass *(gläs) i.* cam; bardak, kadeh. **Will you give me a glass of water?** *(Bana bir bardak su verir misin?)*

glasses *('gläsıs) i.* gözlük. **I must put on my glasses while reading.** *(Okurken gözlüklerimi takmak zorundayım.)*

glove *(glav) i.* eldiven. **These gloves keep my hands warm.** *(Bu eldivenler ellerimi sıcak tutuyorlar.)*

glue *(glu:) i.* tutkal, zamk. **I used glue to repair the chair.** *(Sandalyeyi onarmak için tutkal kullandım.)*

go *(gou) f.* gitmek. **I went from Istanbul to London.** *(İstanbul'dan*

Londra'ya gittim.) **go back** geri dönmek, geçmişe dönmek. **I left London ten years ago and I don't think I'll ever go back.** *(Londra'dan on yıl önce ayrıldım ve hiç geri döneceğimi sanmıyorum.)* **go on** devam etmek, ileri gitmek. **The concert went on for hours.** *(Konser saatlerce devam etti.)* **go up** artmak, yükselmek. **Taxes will go up next year.** *(Gelecek yıl vergiler artacak.)*

goal *(goul) i.* gol; hedef, amaç, gaye. **They scored a goal in the first minute.**

(İlk dakikada bir gol attılar.)

goat *(gout) i.* keçi. **Goats have horns.** *(Keçilerin boynuzu vardır.)*

gold *(gould) i.* altın. **This ring is made of gold.** *(Bu yüzük altından yapılmıştır.)*

golf *(golf) i.* golf. **Let's play golf before tea.** *(Çaydan önce golf oynayalım.)*

good *(gu:d) s.* iyi, uslu, saygın, uygun, doğru, faydalı, hoş. **Be a good person.** *(İyi bir insan ol.)*
good afternoon *(gu:d aftır'nu:n) ü.* tünaydın. **Good afternoon, children!** *(Tünaydın çocuklar!)*

goodbye *(gud'bay) ü.* hoşça kal. **Goodbye, mum!** *(Hoşça kal anne!)*

good evening *(gud 'i:vning) ü.* iyi akşamlar. **Good evening, Mr. Jackson!** *(İyi akşamlar Bay Jackson!)*

good morning *(gud 'morning)* ü. günaydın. **Good morning, daddy!** *(Günaydın babacığım!)*

good night *(gud nayt)* ü. iyi geceler! **Goodnight, grandma!** *(İyi geceler büyükanne!)*

goose *(gu:s)* i. kaz. **A goose is a large bird that has a long neck.** *(Kaz, uzun boynu olan büyük bir kuştur.)*

gorilla *(gı'rili)* i. goril. **A gorilla is a very large ape.** *(Goril çok büyük bir maymundur.)*

gossip *('gasip)* i. dedikodu. **Have you heard the latest gossip?** *(Son dedikoduyu duydun mu?)*

government *('gavırnmınt)* i. devlet idaresi, yönetim, hükûmet. **The government is planning new tax increases.** *(Hükûmet yeni vergi artışları planlıyor.)*

grab *(gräb)* f. elleriyle tutmak, yakalamak, kapmak. **He grabbed the money and ran off.** *(Parayı kaptı ve kaçtı.)*

grade *(greyd)* i. sınıf, kalite, derece; ders notu. **All my grades were high.** *(Bütün ders notlarım yüksekti.)*

graduate[1] *('gräcueyt)* f. mezun olmak. **Did you graduate from university?** *(Üniversiteden mezun oldun mu?)*

graduate[2] *('gräcuıt)* i. mezun, üniversite mezunu. **I am a graduate of Oxford University.** *(Oxford Üniversitesi'nden mezunum.)*

graduation *(gräcu'eyşın) i.* mezun olma, mezuniyet töreni. Are your parents coming to your graduation? *(Anne ve baban mezuniyet törenine geliyor mu?)*

gram *(gräm) i.* gram. Gram is a unit of weight. *(Gram bir ağırlık birimidir.)*

grand *(gränd) s.* büyük, önemli, görkemli, kibar. They live in a grand house. *(Büyük bir evde yaşıyorlar.)*

grandchild *('gränçayld) i.* torun. My grandma has eleven grandchildren. *(Büyükannemin on bir torunu vardır.)*

granddaughter *('grändo:tır) i.* kız torun. I am the eldest granddaughter of my grandparents. *(Büyükanne ve büyükbabamın en büyük kız torunu benim.)*

grandfather *('grändfa:dhır) i.* büyükbaba, dede. My grandfather passed away last year. *(Büyükbabam geçen yıl vefat etti.)*

grandmother *('grändmadır) i.* büyükanne, anneanne, babaanne, nine. My grandmother is 87 years old. *(Büyükannem 87 yaşındadır.)*

grandson *('grändsan) i.* erkek torun. I have two grandsons. *(İki tane erkek torunum vardır.)*

grape *(greyp) i.* üzüm. Grapes are used for making vinegar. *(Üzüm, sirke yapımında kullanılır.)*

grapefruit *('greypfrut) i.* greyfurt. A grapefruit is a fruit similar to an orange. *(Greyfurt portakala benzeyen bir meyvedir.)*

grass *(gräs) i.* ot, çimen; çayır. Cattle eat grass. *(Sığırlar ot yer.)*

grasshopper *('gräshopır) i.* çekirge. **Grasshoppers can jump high in the air.** *(Çekirgeler havada yükseğe sıçrayabilirler.)*

gray *(grey) s.* gri. **The sky was gray yesterday.** *(Dün gökyüzü griydi.)*

great *(greyt) s.* büyük, muazzam, çok; mükemmel, harika. **Istanbul is a great city.** *(İstanbul harika bir şehirdir.)*

green *(gri:n) s.* yeşil. **She was wearing a green dress.** *(Üzerinde yeşil bir elbise vardı.)*

greengrocer *('gri:ngrousır) i.* manav, sebze ve meyve satan kimse. **I bought some apples from the greengrocer.** *(Manavdan biraz elma satın aldım.)*

grill *(gril) f.* ızgarada pişmek, ızgarada pişirmek. **For breakfast we grilled some sausages.** *(Kahvaltı için ızgarada biraz sucuk, sosis kızarttık.)*

grocer *('grousır) i.* bakkal. **My husband is a grocer.** *(Eşim bakkaldır.)*

grocery *('grousıri) i.* bakkal dükkânı. **I bought flour at the grocery.** *(Bakkaldan un aldım.)*

groom *(gru:m) i.* damat. **I am the groom's mother.** *(Ben damadın annesiyim.)*

ground *(graund) i.* toprak, yer, zemin, meydan, saha. **I fell to the ground.** *(Yere düştüm.)*

group *(gru:p) i.* grup, küme. **The students are working in groups.** *(Öğrenciler gruplar hâlinde çalışıyorlar.)*

grow *(grou) f.* yetişmek, büyümek, yetiştirmek, büyütmek. **The farmers here grow corn.** *(Buradaki çiftçiler mısır yetiştirir.)* **grow up** büyümek, olgunlaşmak. **When you grow up, you will earn money, too.** *(Büyüdüğünde sen de para kazanacaksın.)*

growth *(grouth) i.* büyüme, gelişme; mahsul. **In Turkey, the growth of population is high.** *(Türkiye'de nüfus büyümesi fazladır.)*

guard *(gard) f.* korumak. **A mother always guards her children.** *(Bir anne, çocuklarını her zaman korur.)*

guess¹ *(ges) f.* tahmin etmek, zannetmek. **Can you guess my age?** *(Yaşımı tahmin edebilir misin?)*

guess² *(ges) i.* tahmin, varsayım. **She made a guess at my age.** *(Yaşım hakkında tahminde bulundu.)*

guest *(gest) i.* misafir, konuk. **She is a guest at our house.** *(O, evimizde misafirdir.)*

guilty *('gyılti) s.* suçlu. **He had a guilty look on his face.** *(Yüzünde suçlu bir bakış vardı.)*

guitar *(gi'ta:r) i.* gitar. **Do you also play the guitar?** *(Gitar da çalıyor musun?)*

gun *(gan) i.* tabanca, tüfek. **Guns are dangerous.** *(Tabancalar tehlikelidir.)*

gymnasium *(cim'neyzıım) i.* spor salonu. **We don't have a gymnasium in our school.** *(Okulumuzda spor salonu yoktur.)*

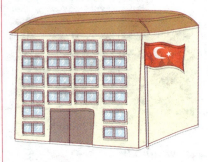

gymnastics *(cim'nestiks) i.* beden eğitimi, jimnastik. **I love doing gymnastics.** *(Jimnastik yapmaya bayılırım.)*

H - h

H, h *(eyç)* İngiliz alfabesinin sekizinci harfi.

habit *('hebit) i.* alışkanlık, âdet. **It's not a good habit to eat fast.** *(Hızlı yemek iyi bir alışkanlık değildir.)*

hair *(heır) i.* saç, kıl. **I dyed my hair.** *(Saçımı boyadım.)*

haircut *('heırkat) i.* saç tıraşı. **I must get a haircut.** *(Saç tıraşı olmam gerekiyor.)*

hairdresser *('heırdresır) i.* berber, kuaför. **The hairdresser changed my image totally.** *(Kuaför imajımı tamamıyla değiştirdi.)*

hairy *('heıri) s.* kıllı, tüylü. **Dogs are hairy animals.** *(Köpekler tüylü hayvanlardır.)*

half *(häf) s., z.* yarı, yarım, yarısı, kısmen. **I cut the apple into half.** *(Elmayı yarıya kestim.)*

hall *(ho:l) i.* büyük salon; koridor, hol. **I'm playing in a concert at the school sports hall next weekend.** *(Gelecek hafta sonu okulun spor salonunda bir konserde çalacağım.)*

hamburger *('hämbörgır) i.* hamburger. **We went out to eat hamburgers.** *(Hamburger yemek için dışarı çıktık.)*

hammer *('hämır) i.* çekiç, tokmak. **The hammer is one of my dad's most precious hand tools.** *(Çekiç, babamın en kıymetli el aletlerinden biridir.)*

hand *(händ) i.* el; taraf, yan. **She had a book in his hand.** *(Elinde bir kitap vardı.)*

handbag *('händbäg) i.* el çantası. **I lost my handbag.** *(El çantamı kaybettim.)*

handball *('händbol) i.* hentbol. **I play handball.** *(Hentbol oynarım.)*

handcuff¹ *('händkaf) f.* kelepçelemek. **The policeman handcuffed the thief.** *(Polis hırsızı kelepçeledi.)*

handcuff² *('händkaf) i.* kelepçe. **The policeman put handcuffs on the thief.** *(Polis hırsıza kelepçe taktı.)*

handkerchief *('hänkırçif) i.* mendil. **You should always use your handkerchief to blow your nose.** *(Burnunu silmek için her zaman mendilini kullanmalısın.)*

handle *('händıl) f.* ele almak, idare etmek. **I will handle this matter.** *(Bu konuyu ben ele alacağım.)*

handmade *('händmeyd) s.* el yapımı, el işi. **I gave her a handmade necklace.** *(Ona el yapımı bir kolye verdim.)*

handsome *('hänsım) s.* yakışıklı, çekici, güzel. **My husband is very handsome.** *(Eşim çok yakışıklıdır.)*

handwriting *('händrayting) i.* el yazısı. **Can you read my handwriting?** *(El yazımı okuyabiliyor musun?)*

hang *(häng) f.* asılı durmak, asılı olmak, sarkmak, asmak. **I hung a painting on the wall.** *(Duvara bir resim astım.)*

happen *('häpın) f.* olmak, meydana gelmek. **What happened to you?** *(Ne oldu sana?)*

happiness *('häpinıs) i.* mutluluk. **What is happiness to you?** *(Sizce mutluluk nedir?)*

happy *('häpi) s.* mutlu, sevinçli. **We have a very happy marriage.** *(Çok mutlu bir evliliğimiz var.)*

hard *(hard) s.* sert, katı; zor, güç; ağır; kötü. **The seats in the waiting room were hard and uncomfortable.** *(Bekleme odasındaki oturacak yerler sert ve rahatsızdı.)*

hardworking *('hardwörking) s.* çalışkan. **Zehra is a hardworking student.** *(Zehra, çalışkan bir öğrencidir.)*

harm[1] *(harm) f.* zarar vermek. **Smoking harms your health.** *(Sigara içmek sağlığınıza zarar verir.)*

harm² *(harm) i.* zarar, ziyan, hasar. **Smoking can cause serious harm to the lungs.** *(Sigara içmek akciğerlerde ciddi hasara neden olabilir.)*

harmful *('harmfıl) s.* zararlı. **This movie can have harmful effects on children.** *(Bu filmin çocuklar üzerinde zararlı etkileri olabilir.)*

hat *(hät) i.* şapka. **The man who is wearing a brown hat is my dad.** *(Kahverengi şapka takan adam benim babamdır.)*

hate¹ *(heyt) f.* nefret etmek, hoşlanmamak. **I hate lazy people.** *(Tembel insanlardan nefret ederim.)*

hate² *(heyt) i.* nefret, kin. **There was hate in his eyes.** *(Gözlerinde nefret vardı.)*

have *(häv) f.* sahip olmak; olmak; etmek, yapmak; almak. **I had breakfast at nine o'clock.** *(Saat dokuzda kahvaltı ettim.)*

hay *(hey) i.* saman, kuru ot. **Horses eat hay.** *(Atlar saman yer.)*

hazardous *('häzırdıs) s.* tehlikeli. **Many types of businesses generate hazardous waste.** *(Bir çok iş türü tehlikeli atık üretir.)*

hazelnut *('heyzılnat) i.* fındık. **Hazelnuts are rich in vitamin E.** *(Fındık E vitamini açısından zengindir.)*

he *(hi) zam. (erkek)* o. **He is my brother.** *(O, benim erkek kardeşimdir.)*

head *(hed) i.* kafa, baş; tepe, reis. **My father is the head of an oil company.** *(Babam bir petrol şirketinin başıdır.)*

headache *('hedeyk) i.* baş ağrısı. **I have a constant headache.** *(Devamlı bir baş ağrım var.)*

headphone *('hedfoun) i.* kulaklık. **May I borrow your headphone?** *(Kulaklığını ödünç alabilir miyim?)*

health *(helth) i.* sağlık, sıhhat. **Caffeine is bad for your health.** *(Kafein sağlığınız için kötüdür.)*

healthy *('helthi) s.* sağlıklı, sıhhatli, sağlığa yararlı. **Ali is a healthy child.** *(Ali sağlıklı bir çocuktur.)*

hear *(hiır) f.* duymak, işitmek, haber almak, öğrenmek. **I didn't hear the doorbell.** *(Kapı zilini duymadım.)*

heart *(hart) i.* kalp, yürek, gönül; merkez, orta. **I love you with all my heart.** *(Seni bütün kalbimle seviyorum.)*

heat¹ *(hi:t) f.* ısıtmak, ısınmak. **I heated some milk for the coffee.** *(Kahve için biraz süt ısıttım.)*

heat² *(hi:t) i.* sıcaklık, ısı. **You should melt the chocolate over low heat.** *(Çikolatayı düşük ısıda eritmelisiniz.)*

heaven *('hevın) i.* cennet. **This place is like heaven!** *(Burası cennet gibi!)*

heavy *('hevi) s.* ağır, şiddetli. **Will you help me to carry this heavy boxes?** *(Bu ağır kutuları taşımama yardım eder misin?)*

heel *(hi:l) i.* topuk. **My mother always wears high-heeled shoes.** *(Annem her zaman yüksek topuklu ayakkabılar giyer.)*

height *(hayt) i.* yükseklik, boy. **Our teacher was a woman of medium height.** *(Öğretmenimiz orta boylu bir kadındı.)*

helicopter *('helika:ptır) i.* helikopter. **The helicopter crashed into a tree.** *(Helikopter bir ağaca çarptı.)*

hell *(hel) i.* cehennem. **According to many religious beliefs, hell is a place where the wicked souls are punished.** *(Birçok dinî inanışa göre cehennem kötü ruhların cezalandırıldığı bir yerdir.)*

hello *(he'lou) ü.* merhaba; alo. **Hello, John!** *(Merhaba John!)*

help¹ *(help) f.* yardım etmek, yararlı olmak, -e fayda etmek. **I help my mother in the kitchen.** *(Anneme mutfakta yardım ederim.)*

help² *(help) i.* yardım, çare. **I need your help.** *(Yardımına ihtiyacım var.)*

helpful *('helpfıl) s.* yardımsever, işe yarar, faydalı. **Sam is so kind and helpful.** *(Sam çok kibar ve yardımseverdir.)*

hen *(hen) i.* tavuk. **Brown hens lay brown eggs and white hens lay white eggs.** *(Kahverengi tavuklar kahverengi yumurta yumurtlar, beyaz tavuklar beyaz yumurta yumurtlar.)*

her *(hör) zam. (kadın)* onu, ona, onun. **I was preparing her tea.** *(Ona çay hazırlıyordum.)*

here *(hiır) z.* burada, buraya. **I live here.** *(Burada yaşıyorum.)*

hero *('hirou) i.* erkek kahraman, idol. **My father is my hero.** *(Babam benim kahramanımdır.)*

hi *(hay) ü.* merhaba, selam. **Hi, mum!** *(Merhaba anne!)*

hide *(hayd) f.* gizlemek, saklamak, gizlenmek, saklanmak. **You shouldn't hide your feelings.** *(Hislerini gizlememelisin.)* **hide-and-seek** saklambaç oyunu.

high *(hay) s.* yüksek, yüce. **Erciyes is a high mountain.** *(Erciyes yüksek bir dağdır.)* **high school** lise.

highway *('haywey) i.* otoyol, otoban. **There is a gas station at the end of this highway.** *(Bu otoyolun sonunda bir benzin istasyonu vardır.)*

hill *(hil) i.* tepe; bayır, yokuş. **Our house is behind that hill.** *(Evimiz şu tepenin arkasındadır.)*

him *(him) zam. (erkek)* onu, ona. **What did you tell him?** *(Ona ne söyledin?)*

hire *('hayır) f.* kiralamak, işe almak, tutmak. **We will have to hire a lawyer.** *(Bir avukat tutmamız gerekecek.)*

his *(his) zam. (erkek)* onun, onunki, onunkiler. **My dad was drinking his coffee.** *(Babam kahvesini içiyordu.)*

historian *(his'toriın) i.* tarihçi. **I have read many books of that historian.** *(O tarihçinin birçok kitabını okudum.)*

historical *(his'torikıl) s.* tarihî. **I am writing a historical novel.** *(Tarihî bir roman yazıyorum.)*

history *('histıri) i.* tarih. **I am reading a book about Medieval history.** *(Orta Çağ tarihi ile ilgili bir kitap okuyorum.)*

hit¹ *(hit) f.* vurmak, çarpmak. **He fell and hit his head on the table.** *(Düştü ve başını masaya çarptı.)*

hit² *(hit) i.* çarpma, vuruş, darbe; liste başı, hit. **That was a good hit.** *(İyi bir vuruştu.)*

hold *(hould) f.* tutmak; zapt etmek; içine almak; durmak. **Hold my hand while crossing the street, please.** *(Caddeden karşıya geçerken elimi tut lütfen.)*

hole *(houl) i.* delik, çukur. **There is a hole in the roof.** *(Çatıda bir delik var.)*

hole punch *(houl panç) i.* delgeç. **A hole punch is a commonly used office tool.** *(Delgeç yaygın olarak kullanılan bir ofis aletidir.)*

holiday *('holidey) i.* tatil, bayram, tatil günü. **When are you going on holiday?** *(Ne zaman tatile çıkıyorsun?)*

home *(houm) i.* ev, yuva, aile. **Last night we stayed at home and watched TV.** *(Geçen akşam evde kalıp televizyon izledik.)*

homeland *('houmländ) i.* anayurt, memleket. **They are planning to return to their homeland.** *(Onlar memleketlerine dönmeyi planlıyorlar.)*

homeless *('houmlıs) s.* evsiz, barksız. **I want to help homeless people.** *(Evsiz insanlara yardım etmek isterim.)*

homemade *('hoummeyd) s.* evde yapılmış, ev yapımı. **These homemade biscuits are delicious.** *(Bu ev yapımı bisküviler nefistir.)*

homework *('houmwö:rk) i.* ev ödevi, ödev. **I have got a lot of homeworks to do.** *(Yapacak çok ödevim var.)*

honest *('anıst) s.* dürüst, namuslu. **He is an honest employee.** *(O, dürüst bir çalışandır.)*

honey *('hani) i.* bal. **Honey is made by bees.** *(Bal arılar tarafından yapılır.)*

hook *(huk)*
i. kanca, çengel, olta iğnesi. **Captain Hook is the villain of J. M. Barrie's novel Peter Pan.** *(Kaptan Kanca, J. M. Barrie'nin romanı Peter Pan'ın kötü adamıdır.)*

hop *(hop)* *f.* zıplamak, sıçramak, sekmek. **The bird hopped onto my finger.** *(Kuş parmağıma zıpladı.)*

hope¹ *(houp)* *f.* ümit etmek, ummak. **I hope Paul comes tomorrow.** *(Umarım Paul yarın gelir.)*

hope² *(houp)* *i.* ümit, umut. **I've got hope.** *(Benim ümidim var.)*

horn *(horn)* *i.* boynuz; korna. **The goat has two horns.** *(Keçinin iki boynuzu vardır.)*

horrible *('horıbıl)* *s.* dehşet verici, korkunç, berbat. **It was a horrible accident.** *(Korkunç bir kazaydı.)*

horrified *('horifayd)* *s.* korkmuş, dehşete düşmüş. **The horrified woman could do nothing but watch the fire.** *(Dehşete düşmüş kadın yangını izlemekten başka bir şey yapamadı.)*

horse *(hors)* *i.* at. **Have you ever ridden a horse?** *(Hiç ata bindin mi?)*

hose *(hous)* *i.* hortum. **Where is our garden hose?** *(Bizim bahçe hortumumuz nerede?)*

hospital *('hospitıl)* *i.* hastane. **My mother spent a week in the hospital last year.** *(Annem geçen yıl hastanede bir hafta geçirdi.)*

hospitality *(hospi'täliti) i.* konukseverlik, misafirperverlik. **Turkish people are known with their hospitality.** *(Türk insanı misafirperverliğiyle tanınır.)*

hot *(hat) s.* sıcak, acı. **I dislike hot weather.** *(Sıcak havadan hoşlanmam.)*

hotel *(hou'tel) i.* otel. **We will stay in a hotel tonight.** *(Bu gece bir otelde kalacağız.)*

hour *(auır) i.* saat. **There are 24 hours in a day.** *(Bir günde 24 saat vardır.)*

house *(haus) i.* ev, hane, konut. **The young couple bought a new house.** *(Genç çift yeni bir ev aldı.)*

housewife *('hauswayf) i.* ev hanımı. **My mother is a housewife.** *(Annem ev hanımıdır.)*

housework *('hauswörk) i.* ev işi. **There was a lot of housework to do.** *(Yapacak çok ev işi vardı.)*

how *(hau) z.* nasıl, ne şekilde; kaç, ne kadar. **How do you spell this word?** *(Bu kelimeyi nasıl harflersin?)*

huge *(hyuc) s.* dev gibi, kocaman. **They live in a huge house.** *(Onlar kocaman bir evde yaşıyorlar.)*

human *('hyumın) i.* insan. **Compared to other living organisms on Earth, humans have a highly developed brain.** *(Dünya üzerinde yaşayan diğer canlı organizmalarla karşılaştırıldığında, insanlar son derece gelişmiş bir beyne sahiptirler.)*

hundred *('handrıd) s.* yüz (100). **My grandma is hundred years old.** *(Büyükannem yüz yaşındadır.)*

hungry *('hangri) s.* aç, acıkmış. **The world is full of hungry people.** *(Dünya aç insanlarla doludur.)*

hunt *(hant) f.* avlamak, avlanmak. **Owls prefer to hunt at night.** *(Baykuşlar gece avlanmayı tercih eder.)*

hunter *('hantır) i.* avcı. **My father is a duck hunter.** *(Babam bir ördek avcısıdır.)*

hurry¹ *('hari) f.* acele etmek, çabuk olmak, acele ettirmek, aceleyle gitmek. **I hurried the children to school.** *(Çocukları aceleyle okula götürdüm.)*

hurry² *('hari) i.* acele, telaş. **Are you in a hurry?** *(Acelen mi var?)*

hurt *(hört) f.* acıtmak, incitmek, yaralamak, ağrımak. **He hurt my feelings.** *(Duygularımı incitti.)*

husband *('hazbınd) i.* koca, eş. **My husband is a photographer.** *(Eşim fotoğrafçıdır.)*

hut *(hat) i.* kulübe. **This hut is very old.** *(Bu kulübe çok eskidir.)*

I - i

I, i *(ay)* İngiliz alfabesinin dokuzuncu harfi.

I *(ay) zam.* ben. **I am tall.** *(Ben uzun boyluyumdur.)*

ice *(ays) i.* buz. **In winter the lake is covered with ice.** *(Kışın göl buzla kaplıdır.)*

iceberg *('aysbörg) i.* buz dağı. **Why did the Titanic crash into the iceberg?** *(Titanik buz dağına neden çarptı?)*

ice cream *(ays kri:m) i.* dondurma. **I love chocolate ice cream.** *(Çikolatalı dondurmaya bayılırım.)*

idea *(ay'dıı) i.* fikir, düşünce. **Whose idea was this?** *(Bu kimin fikriydi?)*

ideal *(ay'diıl) s.* ideal, kusursuz. **This is an ideal place for a holiday with children.** *(Burası çocuklarla tatil yapmak için ideal bir yerdir.)*

idiot *('idiyıt) i.* aptal, geri zekâlı. **I must be an idiot to stay here.** *(Burada kalmak için aptal olmalıyım.)*

idle *('aydıl) s.* işsiz, aylak, tembel, boş. **I have ever seen such an idle boy before.** *(Daha önce böylesine aylak bir çocuk görmemiştim.)*

if *(if)* b. eğer, -se, -sa. **I'm very sorry if I have offended you.** *(Eğer seni kırdıysam çok özür dilerim.)*

ignore *(ig'nor)* f. bilmezlikten gelmek, görmezden gelmek, aldırmamak, yok saymak. **Some people ignore the global warming.** *(Bazı insanlar küresel ısınmayı yok sayıyor.)*

ill *(il)* s. hasta, rahatsız; fena, kötü. **Do you feel yourself ill?** *(Kendini hasta mı hissediyorsun?)*

imaginary *(i'mäcıneri)* s. hayali, hayal ürünü. **Lots of children have imaginary friends.** *(Birçok çocuğun hayali arkadaşı vardır.)*

imagine *(i'mäcın)* f. hayal etmek, zihinde canlandırmak. **Imagine you're lying on a beach.** *(Bir kumsalda uzandığını hayal et.)*

impatient *(im'peyşınt)* s. sabırsız, tez canlı. **Peter is an impatient boy.** *(Peter sabırsız bir oğlandır.)*

impolite *(impı'layt)* s. kaba, terbiyesiz. **She is a very impolite girl.** *(O, çok kaba bir kızdır.)*

import *(im'port)* f. ithal etmek. **Our company imports books from England.** *(Şirketimiz İngiltere'den kitap ithal eder.)*

importance *(im'portıns)* i. önem, ehemmiyet. **What is the importance of education?** *(Eğitimin önemi nedir?)*

important *(im'portınt)* s. önemli, mühim. **I have a very important meeting tomorrow.** *(Yarın çok önemli bir toplantım var.)*

impossible *(im'pasibıl)* s. imkânsız, olanaksız, güç, dayanılmaz. **I am in an impossible situation.** *(Güç bir durumdayım.)*

impressive *(im'presiv)* s. etkileyici. **It was an impressive book.** *(Etkileyici bir kitaptı.)*

in *(in)* e. içine, içinde, -de, -da. **The cups are in the cupboard.** *(Fincanlar dolaptadır.)*

include *(in'klu:d)* f. kapsamak, içermek, katmak. **The book includes four chapters.** *(Kitap dört bölümden oluşuyor.)*

increase¹ *(in'kri:s)* f. artmak, artırmak. **The number of people living in Istanbul is increasing rapidly.** *(İstanbul'da yaşayan insanların sayısı hızla artıyor.)*

increase² *('inkri:s)* i. artış. **There has been an increase in the taxes.** *(Vergilerde bir artış oldu.)*

incredible *(in'kredibıl)* s. inanılmaz. **He told me an incredible story.** *(Bana inanılmaz bir hikâye anlattı.)*

industrious *(in'dastrus)* s. çalışkan. **Jane is an industrious pupil.** *(Jane çalışkan bir öğrencidir.)*

industry *('indıstri)* i. çalışkanlık, iş, gayret; endüstri, sanayi. **A country's greatest wealth is the industry of its people.** *(Bir ülkenin en büyük serveti insanlarının çalışkanlığıdır.)*

infection *(in'fekşın) i.* enfeksiyon. **You should bandage the wound to reduce the risk of infection.** *(Enfeksiyon riskini azaltmak için yarayı bandajlamalısın.)*

influence *('influıns) i.* etki, tesir. **Nick has a good influence on her.** *(Nick'in onun üzerinde iyi bir etkisi var.)*

inform *(in'form) f.* bilgi vermek, haber vermek, bildirmek. **I informed him of my decision.** *(Ona kararımı bildirdim.)*

information *(infır'meyşın) i.* bilgi, haber. **Do you have any information on train times?** *(Tren saatleri konusunda hiç bilginiz var mı?)*

informative *(in'fo:rmıtiv) s.* öğretici. **This book is very informative.** *(Bu kitap çok öğreticidir.)*

ingredient *(in'gridiınt) i.* içerik, bileşen, malzeme. **The list of ingredients included two eggs.** *(Malzeme listesi iki adet yumurta içeriyordu.)*

injection *(in'cekşın) i.* enjeksiyon, iğne. **Daily insulin injections are necessary for some diabetics.** *(Bazı şeker hastaları için her gün insülin iğnesi gereklidir.)*

injure *('incır) f.* yaralamak, incitmek. **I injured my leg when I fell.** *(Düştüğümde bacağımı incittim.)*

ink *(ink) i.* mürekkep. **My pen is out of ink.** *(Dolma kalemimin mürekkebi bitti.)*

innocent *('ınısınt)* s. masum, suçsuz, günahsız. She has a very innocent look. *(Susan'ın çok masum bir bakışı vardır.)*

insect *('insekt)* i. böcek. Insects have no bones. *(Böceklerin kemikleri yoktur.)*

insecure *(insi'kyur)* s. emniyetsiz, güvensiz, tehlikeli. I think here is an insecure place. *(Sanırım burası emniyetsiz bir yer.)*

inside¹ *(in'sayd)* e. içeride, içeriye. There was a lady inside. *(İçeride bir hanım vardı.)*

inside² *('insayd)* s. iç, içteki, dahili. The inside pages of the book are colored. *(Kitabın iç sayfaları renklidir.)*

insist *(in'sist)* f. ısrar etmek, üstelemek. She insisted on coming with us. *(Bizimle gelmekte ısrar etti.)*

instead *(in'sted)* z. onun yerine. There was no chicken left so we had fish instead. *(Tavuk kalmamıştı, onun yerine balık yedik.)*
instead of -ın yerine. You can go instead of me, if you want. *(Eğer istersen benim yerime sen gidebilirsin.)*

instruction *(in'strakşın)* i. öğretim, öğrenim, eğitim; talimat, yönerge. Each student is given instruction in first aid. *(Her öğrenciye ilk yardım konusunda eğitim verilir.)*

instrument *('instrumınt)* i. alet, aygıt; araç, vasıta; enstrüman, müzik aleti. **The compass is an instrument that indicates direction.** *(Pusula, yönleri gösteren bir alettir.)*

intelligence *(in'teliceıns)* i. zekâ, akıl. **This child is of very high intelligence.** *(Bu çocuğun zekâsı çok yüksektir.)*

intelligent *(in'teliceınt)* s. zeki, akıllı. **He is an intelligent man.** *(O zeki bir adamdır.)*

Internet *('intenet)* internet, genel ağ. **The internet was being indispensable nowadays.** *(Günümüzde internet vazgeçilmez oldu.)*

intend *(in'tend)* f. niyetinde olmak, kastetmek. **We intend to go to London next month.** *(Önümüzdeki ay Londra'ya gitmek niyetindeyiz.)*

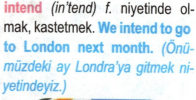

interest *('intırest)* i. ilgi, merak. **He is showing an interest in science.** *(Bilime ilgi gösteriyor.)*

interesting *('intrısting)* s. ilginç. **This was a very interesting story.** *(Bu çok ilginç bir öyküydü.)*

international *(intır'neyşınıl)* s. uluslararası. **She has achieved international fame.** *(Uluslararası ün elde etti.)*

interview *('intırvyu:)* i. görüşme, röportaj, mülakat. **I have an**

interview tomorrow. *(Yarın bir görüşmem var.)*

into *('intu) e.* -e, -a, -in içine. **I dived into the water.** *(Suya daldım.)*

introduce *(intrı'dyus) f.* tanıtmak, sunmak, tanıştırmak. **He introduced me to his parents.** *(Beni anne babasıyla tanıştırdı.)*

introduction *(intrı'dakşın) i.* giriş, sunum, tanıtım, tanıştırma. **Tomorrow there will be the introduction of a new product.** *(Yarın yeni bir ürünün tanıtımı olacak.)*

invent *(in'vent) f.* icat etmek. **Alexander Graham Bell invented the telephone in 1876.** *(Alexander Graham Bell telefonu 1876'da icat etti.)*

invitation *(invi'teyşın) i.* davet, çağrı, davetiye. **Did you receive my invitation?** *(Davetiyemi aldınız mı?)*

invite *(in'vayt) f.* davet etmek, çağırmak. **I invited him to my wedding.** *(Onu düğünüme çağırdım.)*

iron¹ *('ayırn) f.* ütülemek. **Would you like me to iron your shirt?** *(Gömleğini ütülememi ister misin?)*

iron² *('ayırn) i.* ütü; demir. **Iron rusts easily.** *(Demir kolayca paslanır.)*

irritable *('iritıbıl) s.* çabuk kızan, sinirli. **I'm a very irritable person.** *(Çok çabuk kızan bir insanımdır.)*

is *(iz) f.* "be" fiilinin şimdiki zamanda üçüncü tekil kişi biçimi (-dir, -dır). **She is my sister.** *(O benim kız kardeşimdir.)*

island *('aylınd) i.* ada. **Britain is an island.** *(Britanya bir adadır.)*

it *(it) zam.* (eşya, hayvan, bitki ve cinsiyeti belli olmayan bebekler için kullanılır) o, onu, ona. **I picked up the letter and put it in my pocket.** *(Mektubu aldım ve (onu) cebime koydum.)*

Italy *('itıli) ö.i.* İtalya. **Italy is located in Southern Europe.** *(İtalya, Güney Avrupa'da yer alır.)*

itself *(it'self) zam.* kendini, kendisi. **The cat has hurt itself.** *(Kedi kendini yaraladı.)*

J, j *(cey)* İngiliz alfabesinin onuncu harfi.

jacket *('cäkıt) i.* ceket. **The keys are in my jacket pocket.** *(Anahtarlar, ceketimin cebindeler.)*

jail *(ceyl) i.* hapishane. **Tim spent ten years in jail for fraud.** *(Tim dolandırıcılık suçundan hapishanede on yıl geçirdi.)*

jam *(cäm) i.* reçel, marmelat. **I love strawberry jam.** *(Çilek reçeline bayılırım.)*

janitor *('cänitır) i.* kapıcı, bina bakıcısı. **My father is a janitor.** *(Babam kapıcıdır.)*

January *('cänyueri) i.* Ocak ayı. **January is the first month of the year.** *(Ocak yılın ilk ayıdır.)*

Japan *(cı'pän) ö.i.* Japonya. **Japan is an island country located in the Pacific Ocean.** *(Japonya, Pasifik Okyanusu'nda bulunan bir ada ülkesidir.)*

jar *(ca:r) i.* kavanoz. **Where is the jar of jam?** *(Reçel kavanozu nerede?)*

jaw *(cou) i.* çene. **He broke my jaw with a punch.** *(Bir yumrukla çenemi kırdı.)*

jazz *(cäz) i.* caz. **Do you listen to jazz?** *(Caz dinler misin?)*

jealous *('celıs) s.* kıskanç. **She has a very jealous husband.** *(Çok kıskanç bir kocası vardır.)*

jealousy *('celısi) i.* kıskançlık. **Victoria's beauty causes envy and jealousy.** *(Victoria'nın güzelliği imrenme ve kıskançlığa neden oluyor.)*

jeans *(ci:nz) i.* kot pantolon. **I don't usually wear blue jeans to work.** *(Genelde işe giderken kot pantolon giymem.)*

jeep *(ci:p) i.* cip. **He made an accident with his new jeep.** *(Yeni cipiyle kaza yaptı.)*

Jellyfish *(celyfiş) i.* denizanası. **The are lots of jellyfish in Aegean Sea.** *(Ege Denizi'nde çok denizanası vardır.)*

jersey *('cörzi) i.* kazak, süveter. **My jersey got dirty.** *(Süveterim kirlendi.)*

jet *(cet) i.* jet, jet uçağı. **Henry owns a private jet.** *(Henry'nin özel jet uçağı var.)*

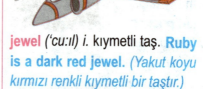

jewel *('cu:ıl) i.* kıymetli taş. **Ruby is a dark red jewel.** *(Yakut koyu kırmızı renkli kıymetli bir taştır.)*

jewelry *('cu:ulri) i.* mücevherat, takı. **I don't like golden jewelry.** *(Altın takı sevmem.)*

job *(cab) i.* iş, görev, meslek. **Why don't you apply for a new job?** *(Neden yeni bir işe başvurmuyorsun?)*

jockey *('coki) i.* jokey. **The jockey lost his balance.** *(Jokey dengesini kaybetti.)*

join *(coyn) f.* katılmak, birleşmek, birleştirmek, bağlamak. **Would you like to join us for dinner?** *(Akşam yemeği için bize katılmak ister miydiniz?)*

joke¹ *(couk) f.* şaka yapmak, takılmak, dalga geçmek. **She always jokes about her husband's cooking.** *(Her zaman kocasının aşçılığıyla dalga geçer.)*

joke² *(couk) i.* şaka, fıkra. **We laughed at her jokes.** *(Onun fıkralarına güldük.)*

journalist *('cörnılist) i.* gazeteci, muhabir. **I wish to become a successful journalist one day.** *(Bir gün başarılı bir gazeteci olmayı umuyorum.)*

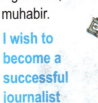

journey *('cörni) i.* seyahat, yolculuk. **Did you have a good journey?** *(Seyahatin iyi geçti mi?)*

joy *(coy) i.* keyif, neşe, sevinç. **My mother wept for joy.** *(Annem sevinçten ağladı.)*

judge¹ *(cac) f.* yargılamak, hüküm vermek, karara varmak, kanısında olmak. **You shouldn't judge people on their appearances.** *(İnsanları görünüşlerine göre yargılamamalısın.)*

judge² *(cac) i.* yargıç, hâkim, hakem. **The judge will give his decision tomorrow.** *(Yargıç kararını yarın verecek.)*

judo *(cudo) i.* judo. **Judo is a Japanese sport.** *(Judo bir Japon sporudur.)*

jug *(cag)* i. sürahi, testi. **Will you bring me a jug of water?** *(Bana bir sürahi su getirir misin?)*

juice *(cu:s)* i. meyve veya sebze suyu. **Would you like a glass of orange juice?** *(Bir bardak portakal suyu ister miydin?)*

juicy *('cu:si)* s. sulu, özlü, ağız sulandırıcı. **I bought juicy oranges.** *(Sulu portakallar aldım.)*

July *(cu'lay)* i. Temmuz. **Fourth of July is a national holiday in USA.** *(4 Temmuz, Amerika Birleşik Devletleri'nde ulusal bayramdır.)*

jump *(camp)* f. zıplamak, atlamak. **The children were jumping up and down with excitement.** *(Çocuklar heyecanla aşağı yukarı zıplıyorlardı.)*

jumper *('campır)* i. kazak, süveter. **My jumper got wet.** *(Kazağım ıslandı.)*

June *(cu:n)* i. Haziran. **June is the sixth month of the year.** *(Haziran, yılın altıncı ayıdır.)*

jungle *('cangıl)* i. vahşi orman. **The lion is often called the king of the jungle.** *(Aslan çoğu zaman ormanın kralı olarak adlandırılır.)*

just *(cast)* z. sadece, yalnızca; az önce, şimdi; ancak, neredeyse, hemen hemen; tam, tıpkı. **The film is not just about love.** *(Film sadece aşk hakkında değil.)*

K, k *(key)* İngiliz alfabesinin on birinci harfi.

kangaroo *(kängı'ru:) i.* kanguru. **Female kangaroos carry their babies in a pouch on their stomach.** *(Dişi kangurular bebeklerini karınlarının üstündeki bir kesede taşırlar.)*

keep *(ki:p) f.* tutmak, saklamak. **I think he keeps his keys in the desk drawer.** *(Sanırım anahtarlarını masanın çekmecesinde tutuyor.)*

kennel *('kenıl) i.* köpek kulübesi. **Is the dog in his kennel?** *(Köpek, kulübesinde mi?)*

ketchup *('keçap) i.* ketçap. **Do you want some ketchup with your hamburger?** *(Hamburgerinize biraz ketçap ister misiniz?)*

kettle *('ketıl) i.* çaydanlık; tencere, kazan. **Is there any tea left in the kettle?** *(Çaydanlıkta hiç çay kaldı mı?)*

key *(ki:) i.* anahtar. **Have you seen my car keys?** *(Arabamın anahtarlarını gördün mü?)*

kick¹ *(kik) f.* tekmelemek, tekme atmak. **I kicked the ball as hard as I could.** *(Topa elimden geldiğince sert bir tekme attım.)*

kick² *(kik) i.* tekme; şikâyet, yakınma. **I felt my baby's first kick today.** *(Bugün bebeğimin ilk tekmesini hissettim.)*

kid *(kid) i.* çocuk. **I took the kids to the park.** *(Çocukları parka götürdüm.)*

kidnap *('kidnäp) f.* adam kaçırmak. **The wife of a businessman has been kidnapped.** *(Bir iş adamının karısı kaçırıldı.)*

kidney *('kidni) i.* böbrek. **Kidneys clean the blood.** *(Böbrekler kanı temizler.)*

kill *(kil) f.* öldürmek, yok etmek, mahvetmek. **Smoking can kill.** *(Sigara içmek öldürebilir.)*

kilogram *('kılıgrem) i.* kilogram. **A kilogram is equal to 1000 grams.** *(Bir kilogram 1000 grama eşittir.)*

kilometer *('kilımi:tır) i.* kilometre. **A kilometer is equal to 1000 meters.** *(Bir kilometre 1000 metreye eşittir.)*

kind¹ *(kaynd) i.* tür, çeşit. **What kind of a job are you looking for?** *(Ne tür bir iş arıyorsun?)*

kind² *(kaynd) s.* nazik, kibar, iyi huylu. **She's a very kind person.** *(O çok nazik bir insandır.)*

kindly *('kayndli) z.* kibarca, nazikçe. **She kindly offered to help.** *(Nazikçe yardım etmeyi teklif etti.)*

king *(king) i.* kral. **The lion is often called the king of the jungle.** *(Aslan sık sık ormanların kralı olarak adlandırılır.)*

kingdom *('kingdım) i.* krallık. **Are you a citizen of the United Kingdom?** *(Birleşik Krallık vatandaşı mısınız?)*

kiss¹ *(kis) f.* öpmek. **He kissed me on the cheek.** *(Beni yanağımdan öptü.)*

kiss² *(kis) i.* öpücük. **Give your grandma a kiss.** *(Büyükannene bir öpücük ver.)*

kitchen *('kiçın) i.* mutfak. **We usually eat breakfast in the kitchen.** *(Kahvaltıyı genelde mutfakta ederiz.)*

kite *(kayt) i.* uçurtma. **The children were flying kites.** *(Çocuklar uçurtma uçuruyordu.)*

kitten *('kitın) i.* yavru kedi. **Our cat had eight kittens.** *(Kedimizin sekiz tane yavrusu oldu.)*

knee *(ni:) i.* diz. **She took the child and sat it on her knee.** *(Çocuğu aldı ve dizine oturttu.)*

knife *(nayf) i.* bıçak. **Will you put the plastic knives and forks into the picnic basket, please?** *(Plastik çatal ve bıçakları piknik sepetine koyar mısın lütfen?)*

knight *(nayt) i.* şövalye, asilzade. **I'm reading a book about King Arthur and his knights.** *(Kral Arthur ve şövalyeleri hakkında bir kitap okuyorum.)*

knit *(nit) f.* örmek. **My granny knitted me gloves.** *(Büyük annem bana eldiven ördü.)*

knock *(nak) f.* vurmak, çarpmak. **There's someone knocking on the door.** *(Birisi kapıya vuruyor.)*

knot *(na:t) i.* düğüm, bağ; budak; küme. **Wrap this ribbon around the package and then tie a knot.** *(Bu kurdeleyi paketin etrafına sar ve sonra bir düğüm at.)*

know *(nou) f.* bilmek, farkında olmak, tanımak. **She knew that something was wrong.** *(Bir şeylerin ters gittiğinin farkındaydı.)*

koala *(kou'alı) i.* koala, keseli ayı. **Koalas live in Australia.** *(Koalalar Avustralya'da yaşar.)*

L, l *(el)* İngiliz alfabesinin on ikinci harfi.

label *('leybıl) i.* etiket. **There should be washing instructions on the label.** *(Etiketin üstünde yıkama talimatları olmalıdır.)*

labor *('leybır) i.* çalışma, iş; işçilik. **The labor conditions are good.** *(Çalışma koşulları uygun.)*

laboratory *('läbrıtori) i.* laboratuvar. **The students are doing experiments in the lab.** *(Öğrenciler laboratuvarda deneyler yapıyorlar.)*

lack *(läk) i.* eksiklik, gereksinim, ihtiyaç. **Please tell me whatever your lack is.** *(İhtiyacınız neyse lütfen bana söyleyin.)*

ladder *('lädır) i.* merdiven. **I climbed up a ladder to clean the windows.** *(Pencereleri silmek için merdivene tırmandım.)*

ladle *('leydıl) i.* kepçe. **Bring a ladle for soup, please.** *(Çorba için bir kepçe getir lütfen.)*

lady *('leydi) i.* hanımefendi, bayan. **Charlotte is a real lady.** *(Charlotte tam bir hanımefendidir.)*

ladybird *('leydibörd) i.* hanım böceği, uğur böceği. **Many people believe**

that a ladybird brings good luck if it lands on them. *(Birçok insan, uğur böceği üstlerine konarsa onun iyi şans getireceğine inanır.)*

lake *(leyk) i.* göl. **He was swimming in the lake.** *(Gölde yüzüyordu.)*

lamb *(läm) i.* kuzu, kuzu eti. **The little lamb was drinking milk from its mother.** *(Küçük kuzu annesinin sütünü içiyordu.)*

lamp *(lämp) i.* lamba. **There was an old oil lamp in my grandpa's house.** *(Büyük babamın evinde eski bir gaz lambası vardı.)*

land *(länd) i.* toprak, kara, arazi, arsa; ülke, diyar. **Who owns this land?** *(Bu arazi kime ait?)*

language *('längwic) i.* lisan, dil. **How many languages do you speak?** *(Kaç lisan konuşabiliyorsun?)*

lantern *('läntırn) i.* fener. **We will string up a lot of lanterns here for tonight.** *(Akşam için buralara bir sürü fener asacağız.)*

large *(larc) s.* geniş, büyük. **I come from quite a large family.** *(Oldukça geniş bir aileden geliyorum.)*

last¹ *(last) f.* sürmek, devam etmek. **The hot weather lasted until September.** *(Sıcak hava eylüle kadar sürdü.)*

last² *(last)* s. son, en son, sonuncu; geçen, evvelki. What was the last film you saw? *(Gördüğün son film neydi?)* **last name** soyadı

late *(leyt)* s., z. geç; gecikmiş; merhum, rahmetli. I was late for work this morning. *(Bu sabah işe geç kaldım.)*

later *('leytır)* z. daha sonra, sonraları. Can I call you later? *(Seni daha sonra arayabilir miyim?)*

latest *('leytıst)* s. en son, son. Have you heard the latest news? *(Son haberleri duydun mu?)*

laugh *(läf)* f. gülmek. We laughed at her jokes. *(Onun fıkralarına güldük.)*

laughter *('läftır)* i. kahkaha, gülüş. His laughter could be heard everywhere. *(Kahkahası her yerden duyulabiliyordu.)*

laundry *('londri)* i. çamaşır. I've got to do my laundry. *(Çamaşır yıkamam gerekiyor.)*

lavatory *('lävıtori)* i. tuvalet. I need to go to the lavatory. *(Tuvalete gitmem gerekiyor.)*

law *(lo:)* i. hukuk, kanun, yasa. It's against the law not to wear seat belts. *(Emniyet kemeri takmamak yasalara aykırıdır.)*

lawyer *('lo:yır)* i. avukat. I want to see my lawyer before I say anything. *(Bir şey söylemeden önce avukatımı görmek istiyorum.)*

lay *(ley) f.* yatırmak, sermek, yaymak; koymak, bırakmak; yumurtlamak. **I laid the cup on the table.** *(Fincanı masanın üzerine koydum.)*

layout *('leyaut) i.* yerleşim, düzen; plan; mizanpaj. **Do you like the layout of the kitchen?** *(Mutfağın düzeni hoşuna gidiyor mu?)*

lazy *('leyzi) s.* tembel, aylak, miskin. **Selim comes to work by car because he is too lazy to walk.** *(Selim işe arabayla gelir çünkü yürümeyecek kadar tembeldir.)*

lead *(li:d) f.* liderlik etmek, yol göstermek, yönetmek. **This road leads you to the beach.** *(Bu yol sizi kumsala götürür.)*

leader *('li:dır) i.* lider, önder, rehber. **He is the leader of a political party.** *(O, siyasi bir partinin lideridir.)*

leading *('li:ding) s.* en önemli, ana, başlıca, yol gösteren. **Emily will play the leading role in the film.** *(Emily filmde başrolü oynayacak.)*

leaf *(li:f) i.* yaprak; ince tabaka. **The leaves are falling.** *(Yapraklar dökülüyor.)*

leap *(lip) f.* sıçramak, zıplamak, atlamak. **The horse leaped over the fence.** *(At çitin üzerinden atladı.)*

learn *(lörn) f.* öğrenmek. **She has to learn that she can't have everything she wants.** *(İstediği her şeye sahip olamayacağını öğrenmesi gerek.)*

least *(li:st) s., z.* en az, en küçük, asgari. **You'll have to wait at least an hour.** *(En az bir saat beklemek zorunda kalacaksınız.)*

leather *('ledhır) i.* deri. **I want a leather jacket.** *(Deri bir ceket istiyorum.)*

leave *(li:v) f.* ayrılmak, terketmek, bırakmak. **Someone has left the door open.** *(Birisi kapıyı açık bırakmış.)*

leek *(li:k) i.* pırasa. **Leeks belong to the same family as the garlic and onion.** *(Pırasa, sarımsak ve soğanla aynı aileye mensuptur.)*

left *(left) i., s., z.* sol, solda, sola, sol taraf; kalan, artık. **Turn left at the next corner.** *(Sonraki köşeden sola dön.)* **left-handed** solak.

leg *(leg) i.* bacak. **My legs are tired after so much walking.** *(O kadar yürümeden sonra bacaklarım yoruldu.)*

lemon *('lemın) i.* limon. **Lemon has a sour taste.** *(Limonun ekşi bir tadı vardır.)*

lemonade *(lemın'eyd) i.* limonata. **My mother makes the most delicious lemonade.** *(En nefis limonatayı annem yapar.)*

lend *(lend) f.* ödünç vermek, borç vermek. **She lent me her car for the weekend.** *(Hafta sonu için bana arabasını ödünç verdi.)*

length *(length) i.* uzunluk. **The length of this room is 4 meters.** *(Bu odanın uzunluğu 4 metredir.)*

lentil *('lentil) i.* mercimek. **I had lentil soup for dinner.** *(Akşam yemeği olarak mercimek çorbası yedim.)*

leopard *('lepırd) i.* leopar, pars. **The leopard is a wild animal of the cat family.** *(Leopar, kedi ailesine ait vahşi bir hayvandır.)*

less *(les) s.* daha az, daha küçük. **The next bus should be less crowded than this.** *(Sonraki otobüs bundan daha az kalabalık olmalı.)*

lesson *('lesın) i.* ders. **Lessons start at 9 a.m.** *(Dersler sabah saat 9'da başlar.)*

let *(let) f.* izin vermek, bırakmak. **My mother wouldn't let me cook dinner.** *(Annem akşam yemeği pişirmeme izin vermezdi.)*

letter *('letır) i.* mektup; harf. **I got a letter from him this morning.** *(Bu sabah ondan bir mektup aldım.)*

lettuce *('letis) i.* yeşil salata, kıvırcık, marul. **Lettuce is eaten raw.** *(Marul, çiğ yenir.)*

level *('levıl) i.* düzey, seviye. **We are now at 2500 meters above sea level.** *(Şu anda deniz seviyesinden 2500 metre yüksekteyiz.)*

liberty *('libırti) i.* özgürlük, hürriyet. **The Statue of Liberty was presented to USA by France in 1886.** *(Özgürlük Anıtı 1886'da Fransa tarafından ABD'ye hediye edilmiştir.)*

librarian *(lay'breriyın) i.* kütüphaneci, kitaplıkta görevli kimse. **Do you enjoy working as a librarian?** *(Kütüphaneci olarak çalışmak hoşuna gidiyor mu?)*

library *('laybreri) i.* kütüphane. **Does your school have a library?** *(Okulunuzun kütüphanesi var mı?)*

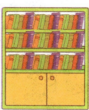

lid *(lid) i.* kapak. **This medicine bottle has a childproof lid.** *(Bu ilaç şişesinin çocuk korumalı kapağı vardır.)*

lie¹ *(lay) f.* yalan söylemek; uzanmak, yatmak; bulunmak, durmak. **I was lying on the beach.** *(Kumsalda uzanıyordum.)*

lie² *(lay) i.* yalan. **Everyone tells little white lies from time to time.** *(Herkes zaman zaman küçük beyaz yalanlar söyler.)*

life *(layf) i.* yaşam, hayat, ömür. **Is there life in outer space?** *(Uzayda hayat var mıdır?)*

lift *(lift) f.* kaldırmak, yukarı kaldırmak. **I can't lift this heavy box.** *(Bu ağır kutuyu kaldıramıyorum.)*

light¹ *(layt) f.* yakmak, yanmak, tutuşturmak; aydınlatmak, ışık vermek. **This lamp doesn't light the room well.** *(Bu lamba odayı iyi aydınlatmıyor.)*

light² *(layt) i.* ışık, ışık veren şey, aydınlık. **Could you please turn the lights off?** *(Işıkları söndürebilir misin lütfen?)*

light³ *(layt) s.* aydınlık; açık; hafif, ince. **I can't find my light green pullover.** *(Açık yeşil kazağımı bulamıyorum.)*

lightning *('laytning) i.* şimşek, yıldırım. **Lightning is usually followed by thunder.** *(Yıldırımı genellikle gök gürültüsü takip eder.)*

like¹ *(layk) f.* hoşlanmak, sevmek, beğenmek; istemek. **Did you like the film?** *(Filmi beğendin mi?)*

like² *(layk) e.* gibi, benzer. **I've got a shirt just like that.** *(Tıpkı bunun gibi bir gömleğim var.)*

lily *('lili) i.* zambak. **I bought my mother a bunch of lilies.** *(Anneme bir demet zambak aldım.)*

limit¹ *('limit) f.* sınırlandırmak, kısıtlamak. **I try to limit the amount of fat that I eat.** *(Yediğim yağ miktarını kısıtlamaya çalışıyorum.)*

limit² *('limit) i.* sınır, limit. **You shouldn't break the speed limit.** *(Hız sınırını aşmamalısın.)*

line *(layn) i.* çizgi, hat, yol; sıra, satır; dize, mısra. **Draw a straight line.** *(Düz bir çizgi çizin.)*

lion *(layın) i.* aslan. **The lion is a wild animal.** *(Aslan vahşi bir hayvandır.)*

lip *(lip) i.* dudak. **Her lips were cracked from the cold.** *(Soğuktan dudakları çatlamıştı.)*

liquid *('likvıd) i.* sıvı, akışkan şey. **Water is a liquid.** *(Su bir sıvıdır.)*

list¹ *(list) f.* listelemek, listeye geçirmek. **All names are listed alphabetically.** *(Bütün isimler alfabetik olarak listelenmiştir.)*

list² *(list) i.* liste, dizin. **Is your name on the list?** *(Adınız listede var mı?)*

listen *('lisın) f.* dinlemek, kulak vermek. **I listen to the radio while I have breakfast.** *(Kahvaltı ederken radyo dinlerim.)*

listener *('lisınır) i.* dinleyici. **Mary is a good listener.** *(Mary iyi bir dinleyicidir.)*

liter *('litır) i.* litre. **The liter is a unit of volume.** *(Litre bir hacim birimidir.)*

literature *('litrıçır) i.* edebiyat, yazın, kaynak. **I have studied English literature.** *(İngiliz Edebiyatı öğrenimi gördüm.)*

litter *('litır) i.* çöp, döküntü. **Always place your litter in a litter bin.** *(Çöpünüzü her zaman çöp tenekesine atınız.)*

little *('litıl) i., s.* küçük, ufak, az, biraz, yetersiz, genç. **May I have a little sugar?** *(Biraz şeker alabilir miyim?)*

live¹ *(liv) f.* yaşamak, geçinmek; oturmak, ikamet etmek. **Many people are living in poverty.** *(Birçok insan fakirlik içinde yaşıyor.)* **living room** oturma odası.

live² *(layv) s.* canlı, yaşayan; diri, zinde. **The cat was playing with a live mouse.** *(Kedi, canlı bir fareyle oynuyordu.)*

lively *('layvli) s.* hayat dolu, neşeli, canlı. **Ege is a lively child.** *(Ege, hayat dolu bir çocuktur.)*

liver *('lıvır) i.* karaciğer. **The liver cleans your blood.** *(Karaciğer kanınızı temizler.)*

load *(loud) f.* yüklemek, doldurmak. **Have you loaded the dishwasher?** *(Bulaşık makinesini doldurdun mu?)*

loaf *(louf) i.* somun. **I bought two loaves white bread.** *(İki somun beyaz ekmek aldım.)*

lobster *('lobstır) i.* yengeç, yengeç eti. **A lobster is a sea animal with a shell.** *(Yengeç, kabuklu bir deniz hayvanıdır.)*

lock *(lok) f.* kilitlemek, kilitlenmek. **Did you lock the door?** *(Kapıyı kilitledin mi?)*

lonely *('lounli) s.* yalnız, kimsesiz. **Sometimes I feel myself so lonely.** *(Bazen kendimi çok yalnız hissediyorum.)*

long *(long) s.* uzun. **It has been a long day.** *(Uzun bir gün oldu.)*

look *(luk) f.* bakmak; görünmek. You look tired. *(Yorgun görünüyorsun.)* **look after** *(luk 'aftır) f.* bakmak, göz kulak olmak. My mother is looking after the children. *(Çocuklara annem göz kulak oluyor.)* **look like** *(luk layk) f.* gibi görünmek. It looks like it's going to snow. *(Kar yağacakmış gibi görünüyor.)* **look out** *(luk aut) f.* dikkat etmek, sakınmak. Look out! There's a car coming! *(Dikkat et! Araba geliyor!)*

loose *(lu:s) s.* gevşek, serbest, başıboş. This screw is loose. *(Bu vida gevşek.)*

loosen *('lu:sın) f.* gevşetmek, gevşemek. He loosened his tie. *(Kravatını gevşetti.)*

lose *(lu:z) f.* kaybetmek, yitirmek, yenilmek. I hope he doesn't lose his job. *(Umarım işini kaybetmez.)* **lose weight** *(lu:z weyt) f.* kilo vermek. She has lost a lot of weight. *(Çok kilo verdi.)*

loss *(los) i.* kayıp. His loss of credibility led to his resignation. *(İtibar kaybı onu istifaya götürdü.)*

lost *(lost) s.* kayıp, kaybolmuş. Will you help me find my lost cat? *(Kayıp kedimi bulmama yardım eder misin?)*

lot *(lot) i.* büyük miktar, yığın; kısmet, talih, kura; hisse, pay. Miley has already deserved the lot. *(Miley bu hisseyi çoktan haketti.)* **lots of** *(lats of) i.* çok, birçok.

loud *(laud) s.* yüksek (ses), yüksek sesli, gürültülü. **There was a group of loud children in the yard.** *(Bahçede bir grup gürültülü çocuk vardı.)*

loudspeaker *('laudspi:kır) i.* hoparlör. **A loudspeaker is an electromechanical transducer that converts an electrical signal to sound.** *(Hoparlör, elektrik dalgalarını sese çeviren elektromanyetik bir dönüştürücüdür.)*

love¹ *(lav) f.* sevmek, aşık olmak. **I've only ever loved one woman.** *(Bugüne kadar sadece tek bir kadını sevdim.)*

love² *(lav) i.* sevgi, aşk; sevgili. **He was my first love.** *(O benim ilk aşkımdı.)*

lovely *('lavli) s.* zevkli, eğlenceli, sevimli, hoş, çekici. **We had a lovely day together.** *(Birlikte eğlenceli bir gün geçirdik.)*

low *(lou) s.* alçak, düşük, aşağıdaki. **I bought these shoes at a low price.** *(Bu ayakkabıları düşük bir fiyata aldım.)*

lower¹ *('louır) f.* alçaltmak, indirmek. **Lower your voice, please.** *(Sesini alçalt lütfen.)*

lower² *('louır) s.* daha alçak, alt. **The cups are on the lower shelf.** *(Fincanlar alttaki raftadır.)*

luck *(lak) i.* şans, uğur. **Good luck with your exam!** *(Sınavda iyi şanslar!)*

luckily *('lakili) z.* şans eseri. **Luckily I had some money with me.** *(Şans eseri yanımda biraz para vardır.)*

lucky *('laki) s.* şanslı, uğurlu. **He was lucky that he wasn't fired.** *(Kovulmadığı için şanslıydı.)*

luggage *('lagic) i.* bagaj, yolcu eşyası. **My luggage is too heavy.** *(Bagajım fazla ağır.)*

lunch *(lanç) i.* öğle yemeği. **What's for lunch?** *(Öğle yemeğinde ne var?)*

lung *(lang) i.* akciğer. **Smoking can cause serious harm to the lungs.** *(Sigara içmek akciğerlerde ciddi hasara neden olabilir.)*

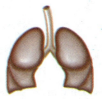

luxury *('lakşıri) i.* lüks. **They live in luxury.** *(Lüks içinde yaşıyorlar.)*

luxurious *(lık'şuriıs) s.* lüks. **They have a very luxurious house.** *(Çok lüks bir evleri var.)*

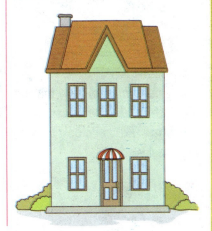

M, m *(em)* İngiliz alfabesinin on üçüncü harfi.

macaroni *(mäkı'rouni) i.* makarna. **I had macaroni for lunch.** *(Öğle yemeğinde makarna yedim.)*

machine *(mı'şi:n) i.* makine. **My father had an old sewing machine.** *(Babamın eski bir dikiş makinesi vardı.)*

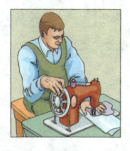

mad *(mäd) s.* çılgın, deli. **He must be mad spending all that money on a coat.** *(O kadar parayı bir paltoya harcamak için deli olması lazım.)*

madam *('mädım) i.* bayan, hanımefendi. **May I help you, madam?** *(Yardımcı olabilir miyim hanımefendi?)*

magazine *(mägı'zi:n) i.* dergi, magazin. **I've written articles for several women's magazines.** *(Birkaç kadın dergisi için makaleler yazdım.)*

magic *('mäcik) i.* büyü, sihir; sihirbazlık, hokkabazlık. **Do you believe in magic?** *(Sihre inanır mısın?)*

magician *(mı'cişın) i.* sihirbaz, büyücü. **Houdini was a famous magician.** *(Houdini ünlü bir sihirbazdı.)*

magnet *('mägnıt) i.* mıknatıs. **We use a refrigerator magnet to hang our shopping list.** *(Alışveriş listemizi asmak için buzdolabı mıknatısı kullanıyoruz.)*

maid *(meyd) i.* bayan hizmetçi; genç kız, kız çocuk. **In California many illegal immigrants work as maids.** *(Kaliforniya'da birçok yasa dışı göçmen bayan hizmetçi olarak çalışmaktadır.)*

mail *(meyl) i.* posta, mektup. **I spent the morning writing my mails.** *(Sabahı mektuplarımı yazarak geçirdim.)*

main *(meyn) s.* ana, başlıca, temel. **What's the main reason for the start of World War I?** *(I. Dünya Savaşı'nın başlamasındaki başlıca sebep nedir?)*

major *('meycır) s.* ana, büyük, esas. **Sugar is the major cause of tooth decay.** *(Şeker, diş çürüklerinin ana sebebidir.)*

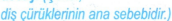

make *(meyk) f.* yapmak, etmek; hazırlamak; tutmak; neden olmak, mecbur etmek; kazanmak. **Your behavior made me angry.** *(Davranışın beni kızdırdı.)* **make-up** *('meykap) i.* makyaj, yapılış; mizanpaj. **I put on a little eye make-up.** *(Biraz göz makyajı yaptım.)*

male *(meyl) i., s.* erkek. **What percentage of the adult male population is unemployed?** *(Yetişkin erkek nüfusunun yüzde kaçı işsiz?)*

man *(män) i.* adam. **My father is a tall man.** *(Babam uzun boylu bir adamdır.)*

manage *('mänıc) f.* başarmak, idare etmek, yönetmek. **He's not very good at managing people.** *(İnsanları idare etmek konusunda pek iyi değildir.)*

manager *('mänıcır) i.* müdür, yönetici, yönetmen. **I wish to speak to the manager.** *(Müdürle görüşmek istiyorum.)*

manufacture *(mänyu'fäkçır) f.* üretmek, imal etmek. **He works for a company that manufactures car parts.** *(Araba parçaları üreten bir şirkette çalışıyor.)*

manufacturer *(mänyu'fäkçırır) i.* üretici, fabrikatör. **Germany is a major manufacturer of cars.** *(Almanya, büyük bir araba üreticisidir.)*

many *('meni) s.* çok, birçok, çok sayıda. **I have made many mistakes.** *(Birçok hata yaptım.)*

map *(mäp) i.* harita. **This is a map of France.** *(Bu bir Fransa haritasıdır.)*

marble *('marbıl) i.* mermer; misket, bilye. **Our bathroom has a marble floor.** *(Banyomuzun mermer zemini vardır.)*

march¹ *(març) f.* uygun adım yürümek. **The soldiers marched along the road.** *(Askerler yol boyunca yürüdüler.)*

march² *(març) i.* yürüyüş, resmi yürüyüş, ilerleme; marş. The soldiers had a long march ahead of them. *(Askerlerin önünde uzun bir yürüyüş vardı.)*

March *(març) i.* Mart. My mother retired last March. *(Annem, geçen Mart ayında emekli oldu.)*

mark¹ *(ma:rk) f.* leke yapmak; işaretlemek, damgalamak; yazmak, çizmek; not vermek. The hot coffee cup has marked the table. *(Sıcak kahve fincanı masada leke yaptı.)*

mark² *(mark) i.* leke, iz; alamet; işaret, marka; not, puan. Put a mark on the boxes that belong to you. *(Sana ait olan kutulara bir işaret koy.)*

market *('markit) i.* çarşı, pazar; piyasa. The traders are looking for new markets. *(Tüccarlar, yeni pazarlar arıyorlar.)*

marmalade *(marmı'leyd) i.* marmelat, reçel. My mother spread marmalade on my toast. *(Annem kızarmış ekmeğime marmelat sürdü.)*

marriage *('merıc) i.* evlilik. There used to be nothing about marriage contract before. *(Önceden evlilik sözleşmesi diye bir şey yoktu.)*

married *('merid) s.* evli. We got married two years ago. *(İki yıl önce evlendik.)*

marry *('meri)* f. evlenmek. **Will you marry me?** *(Benimle evlenir misin?)*

marvelous *('marvılıs)* s. harika, olağanüstü. **What a marvelous idea!** *(Ne harika bir fikir!)*

mask[1] *(mäsk)* f. maskelemek. **I had to put some flowers in the room to mask the smell.** *(Kokuyu maskelemek için odaya birkaç çiçek koymak zorunda kaldım.)*

mask[2] *(mäsk)* i. maske. **The bank robbers were wearing masks.** *(Banka soyguncuları maske takıyorlardı.)*

master *('mästır)* i., s. usta, üstat; efendi, amir, yönetici, patron. **My dad is a master plumber.** *(Babam usta bir tesisatçıdır.)*

masterpiece *('mästırpi:s)* i. şaheser, baş yapıt. **"Mona Lisa" is widely regarded as Leonardo da Vinci's masterpiece.** *("Mona Lisa" yaygın olarak Leonardo da Vinci'nin baş yapıtı kabul edilir.)*

mat *(mät)* i. paspas, hasır. **Wipe your feet on the mat by the door.** *(Ayaklarını kapının yanındaki paspasa sil.)*

match[1] *(mäç)* f. eşleştirmek, eşleşmek, yakışmak, uymak, uydurmak. **Does this t-shirt match this trousers?** *(Bu tişört bu pantolona uyuyor mu?)*

match² *(mäç) i.* kibrit; karşılaşma, maç; eş. **Can I have a box of matches?** *(Bir kutu kibrit alabilir miyim?)*

material *(mı'tiriıl) i.* materyal, madde, malzeme. **Her dress was made of a soft material.** *(Elbisesi yumuşak bir malzemeden yapılmıştı.)*

mathematics *(mäthı'mätiks) i.* matematik. **Mathematics is my favorite subject.** *(Matematik en sevdiğim derstir.)*

matter *('mätır) f.* önemi olmak, önem taşımak. **It doesn't matter to me whether you come or not.** *(Senin gelip gelmemen benim için önem taşımıyor.)*

May *(mey) i.* mayıs. **May is the fifth month of the year.** *(Mayıs yılın beşinci ayıdır.)*

may *(mey) f.* -ebilmek. **I may see you tomorrow before the conference.** *(Yarın konferanstan önce seni görebilirim.)*

maybe *('meybi) z.* belki. **Maybe he'll come tomorrow.** *(Belki yarın gelir.)*

mayonnaise *(meyı'neyz) i.* mayonez. **I prefer mustard to mayonnaise.** *(Hardalı mayoneze tercih ederim.)*

me *(mi:) zam.* ben, beni, bana. **My sister is three years younger than me.** *(Kız kardeşim benden üç yaş daha küçüktür.)*

meadow *('medou) i.* çayır, otlak. **The sheep are in the meadow.** *(Koyunlar çayırdalar.)*

meal *(miıl) i.* yemek, öğün. **Breakfast is my favorite meal.** *(Kahvaltı, en sevdiğim öğündür.)*

mean *(mi:n) f.* anlamına gelmek, kastetmek, demek istemek. **The red light means stop.** *(Kırmızı ışık, dur anlamına gelir.)*

meaning *('mi:ning) i.* anlam, mana. **One word can have several different meanings.** *(Bir kelimenin birkaç farklı anlamı olabilir.)*

meaningful *('mi:ningfıl) s.* anlamlı. **She gave me a meaningful look.** *(Bana anlamlı bir bakış attı.)*

measles *('mizılz) i.* kızamık. **Measles is an infectious illness.** *(Kızamık, bulaşıcı bir hastalıktır.)*

measure[1] *('mejır) f.* ölçmek, tartmak. **I measured the length of the room.** *(Kumaşın uzunluğunu ölçtüm.)*

measure[2] *('mejır) i.* ölçü, miktar, derece; önlem, tedbir, girişim. **The basic units of measure we use are distance, time and mass.** *(Kullandığımız temel ölçü birimleri uzaklık, zaman ve kütledir.)*

measurement *('mejırmınt) i.* ölçüm, ölçü. **Does this device make accurate measurements?** *(Bu cihaz hassas ölçümler yapıyor mu?)*

meat *(mi:t) i.* et. **I don't eat meat.** *(Ben et yemem.)*

meatball *('mi:tbol) i.* köfte. **I ate spaghetti and meatballs.** *(Spagetti ve köfte yedim.)*

mechanic *(mı'känik) i.* teknisyen, tamirci. **My uncle is a car mechanic.** *(Amcam araba tamircisidir.)*

medal *('medıl) i.* madalya. **She has won a gold medal.** *(Bir altın madalya kazandı.)*

medical *('medikıl) s.* tıbbi. **Medical research has led to better treatment for cancer patients.** *(Tıbbi araştırma kanser hastaları için daha iyi tedavi yolları açtı.)*

medicine *('medisın) i.* ilaç; tıp. **Have you taken your medicine today?** *(Bugün ilacını aldın mı?)*

Mediterranean *(meditı'reyniyın) ö.i.* Akdeniz, Akdeniz'e özgü. **Antalya is in the Mediterranean Region.** *(Antalya, Akdeniz Bölgesi'nde bulunur.)*

medium *('midiım) s.* ortanca, orta. **Our teacher was a woman of medium height.** *(Öğretmenimiz orta boylu bir kadındı.)*

meet *(mi:t) f.* karşılaşmak, tanışmak, buluşmak. **We met for coffee last Sunday.** *(Geçen Pazar kahve içmek için buluştuk.)*

meeting *('mi:ting) i.* toplantı, buluşma. **Mr. Brown is in a meeting right now.** *(Bay Brown şu anda bir toplantıdadır.)*

melon *('melın) i.* kavun. **A melon is a large round fruit.** *(Kavun, büyük yuvarlak bir meyvedir.)*

melt *(melt) f.* erimek, eritmek. **The chocolate melted in my pocket.** *(Çikolata cebimde eridi.)*

member *('membır) i.* üye. **She is a new member of our family.** *(O, ailemizin yeni üyesidir.)*

memory *('memıri) i.* hafıza, bellek; anı, hatıra. **After the accident, she lost her memory.** *(Kazadan sonra hafızasını kaybetti.)*

mend *(mend) f.* tamir etmek. **We need to get the TV mended.** *(Televizyonu tamir ettirmeliyiz.)*

mention *('menşın) f.* bahsetmek, söz etmek, değinmek. **He mentioned that he liked diving.** *(Dalmaktan hoşlandığından bahsetmişti.)*

mess *(mes) i.* karışıklık, düzensizlik, dağınıklık. **I can't stand mess.** *(Dağınıklığa katlanamam.)*

message *('mesic) i.* mesaj, haber, bildirim. **Did you get my message?** *(Mesajımı aldın mı?)*

metal *('metıl) i.* metal. **Platinum, gold and silver are precious metals.** *(Platin, altın ve gümüş değerli metallerdir.)*

meter *('mitır) i.* metre. **This garden is fifty meters square.** *(Bu bahçe elli metre karedir.)*

method *('methıd) i.* yol, yöntem, metot. What's the best method of solving this problem? *(Bu problemi çözmenin en iyi yolu nedir?)*

microphone *('maykrıfoun) i.* mikrofon. The interviewer asked me to speak into the microphone. *(Görüşmeyi yapan kişi benden mikrofona konuşmamı istedi.)*

microscope *('maykrıskoup) i.* mikroskop. A microscope makes very small objects look bigger. *(Bir mikroskop çok küçük cisimlerin daha büyük görünmelerini sağlar.)*

midday *('middey) i.* gün ortası, öğle vakti. I usually go for a walk at midday. *(Genelde öğle vakti yürüyüşe çıkarım.)*

middle *('midıl) i., s.* orta, ara. The report should be finished by the middle of next week. *(Rapor, gelecek haftanın ortasına kadar bitmeli.)* **middle-aged** *('midıleycd) s.* orta yaşlı. My mother is a middle-aged woman. *(Annem orta yaşlı bir kadındır.)*

midnight *('midnayt) i.* gece yarısı. She came home after midnight. *(Gece yarısından sonra eve geldi.)*

might *(mayt) f.*-ebilmek. I might visit you in Australia. *(Seni Avustralya'da ziyaret edebilirim.)*

mild *(mayld) s.* yumuşak, ılımlı, hafif, kibar, nazik. Seda has a very mild temperament. *(Seda'nın çok yumuşak bir karakteri vardır.)*

mile *(mayl) i.* mil. **The nearest town is ten miles away.** *(En yakın kasaba on mil uzaktadır.)*

military *('milıteri) s.* askerî. **The band played a military march.** *(Bando askerî bir marş çaldı.)*

milk *(milk) i.* süt. **I bought a carton of milk.** *(Bir karton süt aldım.)*

million *('milyın) i.* milyon. **I've seen that film millions of times.** *(O filmi milyonlarca kez gördüm.)*

millionaire *(milyı'neır) i.* milyoner. **I can't buy you a house. Do you think I'm a millionaire?** *(Sana ev alamam. Beni milyoner mi sanıyorsun?)*

mime *(maym) f.* taklit etmek, pandomim yapmak. **She was miming the movements of a cat.** *(Bir kedinin hareketlerini taklit ediyordu.)*

mince *(mins) f.* kıymak, ince ince doğramak. **Mince the carrot and add it to the onions.** *(Havuçları ince doğra ve soğanlara ekle.)*

mind¹ *(maynd) f.* dikkat etmek, bakmak, göz kulak olmak; sakıncası olmak; rahatsız olmak. **Do you mind if I open the window?** *(Pencereyi açsam rahatsız olur musunuz?)*

mind² *(maynd) i.* akıl, zihin, hatır; düşünce, fikir. **I haven't changed my mind.** *(Fikrimi değiştirmedim.)*

mine¹ *(mayn) zam.* benim, benimki. **Your shirt looks very similar to mine.** *(Gömleğin benimkine çok benziyor.)*

mine² *(mayn) i.* maden, maden ocağı. **Oswald works at a coal mine.** *(Oswald, kömür madeninde çalışır.)*

miner *('maynır) i.* madenci. **He is a coal miner.** *(O bir kömür madencisidir.)*

mint *(mint) i.* nane; naneli şeker. **Do you have any mints?** *(Hiç naneli şekerin var mı?)*

minus *('maynıs) i., s.* eksi. **Five minus three equals two.** *(Beş eksi üç ikiye eşittir.)*

minute *('minıt) i.* dakika, an. **It will take you thirty minutes to get to the airport.** *(Havaalanına gitmek otuz dakikanızı alacaktır.)*

mirror *('mirır) i.* ayna. **I looked myself in the mirror.** *(Aynada kendime baktım.)*

miserable *('mizırıbıl) s.* sefil, perişan, zavallı, mutsuz. **Some families are living in miserable conditions.** *(Bazı aileler sefil koşullarda yaşıyor.)*

miss *(mis) f.* özlemek; kaçırmak. **I missed my class this morning.** *(Bu sabah dersimi kaçırdım.)*

Miss *(mis) i.* evli olmayan bayan. **Good evening, Miss Dawson.** *(İyi akşamlar Bayan Dawson.)*

mission *('mişın) i.* görev, hizmet, misyon; memuriyet. **Our mission is education of these children.** *(Görevimiz bu çocukların eğitimi.)*

mistake *(mis'teyk) i.* hata, yanlış, yanılma. **It would be a big mistake to leave school.** *(Okuldan ayrılmak büyük bir hata olurdu.)*

mix *(miks) f.* karışmak, karıştırmak. **Oil and water don't mix.** *(Yağ ve su karışmaz.)*

mixture *('miksçır) i.* karışım. **Add milk to the mixture and beat it.** *(Karışıma süt ekleyin ve çırpın.)*

mobile *('moubil) s.* hareketli, gezici, seyyar, portatif. **A mobile home can be attached to a vehicle and moved.** *(Portatif bir ev bir araca bağlanıp taşınabilir.)*

model *('modıl) i.* model, maket, örnek, kalıp; manken. **You can draw upon the model.** *(Örnekten yararlanabilirsiniz.)*

modern *('madırn) s.* modern, çağdaş, yeni. **Meditation can help in dealing with the stress of modern life.** *(Meditasyon modern hayatın stresiyle başa çıkmaya yardım edebilir.)*

modernize *('madırnayz) f.* modernleşmek, modernleştirmek, yenileştirmek. **We should modernize our business methods.** *(Ticaret yöntemlerimizi modernleştirmeliyiz.)*

mold *(mould) f.* şekil vermek, biçim vermek, biçimlendirmek. **Parents help mold a child's character.** *(Anne babalar bir çocuğun karakterini şekillendirmeye yardımcı olurlar.)*

mom *(mam)* i. anne. **I went to market with my mom.** *(Annemle markete gittim.)*

moment *('moumınt)* i. an, çok kısa bir süre, saniye. **Can you wait a moment?** *(Bir saniye bekleyebilir misin?)*

mommy *('mami)* i. anne. **I want my mommy!** *(Annemi istiyorum!)*

Monday *('mandey)* i. Pazartesi. **Is it Monday today?** *(Bugün Pazartesi mi?)*

money *('mani)* i. para. **How much money have you got?** *(Ne kadar paran var?)*

monkey *('manki)* i. maymun. **Monkeys climb trees.** *(Maymunlar ağaçlara tırmanır.)*

monster *('manstır)* i. canavar. **Most of the children are afraid of monsters.** *(Çocukların çoğu canavarlardan korkar.)*

month *(manth)* i. ay. **Is your birthday this month?** *(Doğum günün bu ay mı?)*

monument *('monyumınt)* i. anıt, abide. **India's Taj Mahal is one of the world's most famous monuments.** *(Hindistan'ın Tac Mahal'i dünyanın en ünlü anıtlarından biridir.)*

moon *(mu:n) i.* ay. **The Moon is Earth's only natural satellite.** *(Ay, Dünya'nın tek doğal uydusudur.)*

more *(mo:r) s.* daha, daha çok, daha fazla. **This cake is more delicious than my aunt's.** *(Bu kek teyzeminkinden daha lezzetli.)*

morning *('morning) i.* sabah. **I got up very early this morning.** *(Bu sabah çok erken kalktım.)*

mosque *(mosk) i.* cami. **Muslims worship in mosques.** *(Müslümanlar camide ibadet ederler.)*

mosquito *(mıs'ki:tou) i.* sivrisinek. **Some mosquitoes cause malaria.** *(Bazı sivrisinekler sıtmaya neden olur.)*

most *(moust) s.* en, en çok, en fazla. **This is the most comfortable hotel in the town.** *(Burası şehrin en rahat otelidir.)*

mother *('madır) i.* anne. **My mother and father are divorced.** *(Annem ve babam boşandılar.)*

motor *('moutır) i.* motor. **Get into the car and start the motor.** *(Arabaya binin ve motoru çalıştırın.)*

motorcycle *('moutırsaykıl) i.* motosiklet. **Have you ever ridden a motorcycle?** *(Hiç motosiklete bindin mi?)*

mountain *('mauntın) i.* dağ. **Erciyes is a high mountain.** *(Erciyes, yüksek bir dağdır.)*

mouse *(maus) i.* fare. **I'm afraid of mice.** *(Fareden korkarım.)*

mouth *(mauth) i.* ağız. **Open your mouth wide and say "A".** *(Ağzını iyice aç ve "A" de.)*

move *(mu:v) f.* hareket etmek, hareket ettirmek, kımıldamak, taşımak. **I'm so cold I can't move my fingers.** *(O kadar üşüyorum ki parmaklarımı hareket ettiremiyorum.)*

move *(mu:v) i.* hareket, kımıldama. **My boss watches my every move.** *(Patronum her hareketimi izliyor.)*

movement *('mu:vmınt) i.* hareket, kımıldama. **He made a sudden movement and frightened the bird.** *(Ani bir hareket yaptı ve kuşu korkuttu.)*

movie *(mu:vi) i.* sinema filmi. **My favourite movie is 'Casablanca'.** *(En sevdiğim film 'Casablanca'dır.)*

Mr. *('mistır) i.* bay. **Good evening, Mr. Dawson.** *(İyi akşamlar Bay Dawson.)*

Mrs. *('misiz) i.* evli bayan. **Good evening, Mrs. Dawson.** *(İyi akşamlar Bayan Dawson.)*

Ms. *(miz) i.* evli veya bekâr bayan. **Good evening, Ms. Dawson.** *(İyi akşamlar Bayan Dawson.)*

much *(maç) s., z.* çok, çok fazla; çokça, aşırı bir biçimde. **You are much younger than I thought.** *(Düşündüğümden çok daha gençsiniz.)*

mud *(mad) i.* çamur. **You've got mud on your shoes.** *(Ayakkabılarında çamur var.)*

mule *(myul) i.* katır. **A mule's parents are a horse and a donkey.** *(Bir katırın anne babası bir at ve bir eşektir.)*

multiply *('maltiplay) f.* çarpmak, çoğaltmak, artırmak. **If you multiply 3 by 5, you get 15.** *(3 ile 5'i çarparsan 15'i elde edersin.)*

mummy *('mami) i.* mumya. **Have you ever seen a mummy before?** *(Daha önce hiç mumya gördün mü?)*

municipality *(myunisi'pälıti) i.* belediye. **The municipality provides services such as electricity, water and rubbish collection.** *(Belediye; elektrik, su ve çöp toplama gibi servisler verir.)*

murder¹ *('mördır)* f. cinayet işlemek, öldürmek. **Terrorists have murdered several local journalists.** *(Teröristler birkaç gazeteciyi öldürdü.)*

murder² *('mördır)* i. cinayet. **He has been charged with murder.** *(Cinayetle suçlandı.)*

murderer *('mördırır)* i. katil. **The police have caught the murderer.** *(Polis, katili yakaladı.)*

muscle *('masıl)* i. kas. **These exercises build muscle.** *(Bu egzersizler kas yapar.)*

museum *(myu'ziım)* i. müze. **Have you ever visited the Istanbul Archeology Museum?** *(Hiç İstanbul Arkeoloji Müzesi'ni görmeye gittiniz mi?)*

mushroom *('maşru:m)* i. mantar. **Do you like mushroom soup?** *(Mantar çorbası sever misin?)*

music *('myuzik)* i. müzik. **What sort of music do you listen to?** *(Ne tür müzik dinlersin?)*

musician *(myu'zişın)* i. müzisyen. **Louis Armstrong was one of the most notable jazz musicians.** *(Louis Armstrong, en dikkate değer caz müzisyenlerinden biriydi.)*

Muslim *('mazlım)* i., s. **Bangladesh is a Muslim country.** *(Bangladeş, Müslüman bir ülkedir.)*

mussel *('masıl)* i. midye. **Mussels live inside a shell.** *(Midyeler bir kabuğun içinde yaşar.)*

must *(mast)* f. -meli, -malı. **You mustn't tell anyone about this.** *(Bundan hiç kimseye bahsetmemelisin.)*

mustache *(mıs'täş)* i. bıyık. **My dad had a thick mustache.** *(Babamın kalın bir bıyığı vardı.)*

mustard *('mastırd)* i. hardal. **Mustard tastes hot.** *(Hardalın tadı acıdır.)*

my *(may)* zam. benim. **I was drinking my tea when the door was knocked.** *(Kapı çalındığında çayımı içiyordum.)*

myself *(may'self)* zam. ben, kendim, kendimi, kendime. **I cooked the dinner myself.** *(Akşam yemeğini kendim pişirdim.)*

N, n (en) İngiliz alfabesinin on dördüncü harfi.

nail *(neyl) i.* tırnak; çivi. **You shouldn't bite your nails.** *(Tırnaklarını yememelisin.)*

name¹ *(neym) f.* isimlendirmek, ad vermek. **We named our cat 'Zeus'.** *(Kedimize 'Zeus' adını verdik.)*

name² *(neym) i.* isim, ad. **What's your name?** *(İsmin nedir?)*

napkin *('näpkin) i.* peçete. **Have you placed the napkins on the dining table?** *(Peçeteleri yemek masasına yerleştirdin mi?)*

narrow *('nerou) s.* dar, ensiz; sınırlı. **This little village has very narrow streets.** *(Bu küçük köyün çok dar sokakları vardır.)*

nation *('neyşın) i.* ulus, millet. **All the nations of the world will be represented at the conference.** *(Konferansta dünyadaki bütün uluslar temsil edilecek.)*

national *('näşınıl) s.* ulusal, millî. **Britain has more than ten national newspapers.** *(Britanya'nın ondan fazla ulusal gazetesi vardır.)*

nationality *(näşın'älıti) i.* milliyet, vatandaşlık. **What nationality are you?** *(Milliyetiniz nedir?)*

natural *('näçırıl) s.* doğal, tabii. **It's quite natural to experience a few doubts just before you get married.** *(Evlenmeden hemen önce bazı tereddütler yaşamak son derece doğaldır.)*

naturally *('näçırıli) z.* doğal olarak, tabii, yapmacıksız, sade. **Organic vegetables are grown naturally without chemical fertilizers.** *(Organik sebzeler kimyasal gübre kullanılmadan doğal olarak yetişirler.)*

nature *('neyçır) i.* doğa, tabiat; yaradılış, mizaç. **Trabzon is known for its Sumela Monastery and magnificent nature.** *(Trabzon, Sümela Manastırı ve görkemli doğasıyla tanınır.)*

naughty *('no:ti) s.* yaramaz, haylaz. **My son is a very naughty boy.** *(Oğlum çok yaramaz bir çocuktur.)*

navy *('neyvi) i.* donanma, deniz filosu. **Gerry joined the navy in 2001.** *(Gerry, 2001 yılında donanmaya katıldı.)*

near¹ *(niır) z.* yakında, yakınına, yanında. **We live quite near to the park.** *(Parkın oldukça yakınında oturuyoruz.)*

near² *(niır) s.* yakın. **Where's the nearest library?** *(En yakın kütüphane nerede?)*

nearby *('niırbay) z.* yakın, yakında, civarda. **Are there any schools nearby?** *(Civarda hiç okul var mı?)*

nearly *('niırli)* z. hemen hemen, neredeyse, yaklaşık. **It's nearly seven o'clock.** *(Saat neredeyse yedi.)*

necessary *('nesıseri)* s. gerekli, lüzumlu. **He lacks the necessary skills for this job.** *(O, bu iş için gerekli yeteneklere sahip değil.)*

neck *(nek)* i. boyun. **He had the thickest neck I'd ever seen.** *(Gördüğüm en kalın boyna sahipti.)*

necklace *('neklıs)* i. kolye. **I lost my golden necklace.** *(Altın kolyemi kaybettim.)*

necktie *('nektay)* i. kravat. **He always wears a jacket and necktie to work.** *(İşe giderken her zaman ceket giyer ve kravat takar.)*

need *(ni:d)* f. ihtiyacı olmak, gerekmek. **Do you need help?** *(Yardıma ihtiyacın var mı?)*

needle *('nidıl)* i. iğne, dikiş iğnesi, şırınga iğnesi. **I am afraid of needles.** *(İğneden korkarım.)*

negative *('negıtiv)* i., s. eksi, olumsuz, negatif. **We received a negative answer to our request.** *(Ricamıza olumsuz yanıt aldık.)*

neighbor *('neybır)* i. komşu. **Patricia is my next-door neighbor.** *(Patricia benim kapı komşumdur.)*

neighborhood *('neybırhud) i.* semt, mahalle, muhit; komşuluk. **There were lots of kids in the neighborhood when I was growing up.** *(Ben büyürken mahallede bir sürü çocuk vardı.)*

neither *('nidhır) b., z.* ikisinden hiçbiri, ne bu ne öteki, ne ... ne de. **She can't go, neither can I.** *(Ne o gidebiliyor, ne de ben.)*

nephew *('nefyu) i.* erkek yeğen. **I have a nephew named Ege.** *(Ege adında bir yeğenim var.)*

nervous *('nörvıs) s.* sinirli, gergin, heyecanlı, endişeli. **Do you get nervous during exams?** *(Sınavlar esnasında heyecanlanıyor musun?)*

nest *(nest) i.* yuva, kuş yuvası. **Cuckoos are famous for laying their eggs in the nests of other birds.** *(Guguk kuşları yumurtalarını başka kuşların yuvalarına bırakmalarıyla ünlüdür.)*

net¹ *(net) i.* file, ağ; şebeke. **These fishing nets are hand sewn.** *(Bu balık ağları elde örülmüştür.)*

net² *(net) s.* kesintisiz, net. **What's your net income?** *(Net geliriniz nedir?)*

neutral *('nutrıl) s.* tarafsız, yansız. **The moderator should be a neutral person.** *(Başkanın tarafsız biri olması gerekir.)*

never *('nevır) z.* asla, hiç, hiçbir zaman, hiçbir biçimde. **I've never been to Australia.** *(Hiç Avustralya'da bulunmadım.)*

new *(nyu) s.* yeni. **We bought a new car.** *(Yeni bir araba aldık.)*

news *(nyuz) i.* haber.**Have you heard the news?** *(Haberi duydun mu?)*

newspaper *('nyuzpeypır) i.* gazete.**Which newspaper do you read regularly?** *(Hangi gazeteyi düzenli olarak okuyorsun?)*

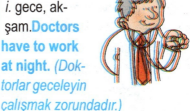

next¹ *(nekst) s.* en yakın, yanıbaşındaki, gelecek, bir sonraki, yandaki.**We are planning to go to Ireland next summer.** *(Gelecek yaz İrlanda'ya gitmeyi planlıyoruz.)*

next² *(nekst) z.* sonra, daha sonra. **Where will you go next?** *(Daha sonra nereye gideceksin?)*

next to *(nekst tu) e.* bitişiğinde, yanında.**He was sitting next to me.** *(Yanımda oturuyordu.)*

nice *(nays) s.* hoş, iyi, güzel, kibar. **This milk doesn't smell very nice.** *(Bu süt pek iyi kokmuyor.)*

niece *(ni:s) i.* kız yeğen.**I have a niece named Caroline.** *(Caroline adında bir yeğenim var.)*

night *(nayt) i.* gece, akşam.**Doctors have to work at night.** *(Doktorlar geceleyin çalışmak zorundadır.)*

nightgown *('naytgaun) i.* gecelik. **Women wear nightgowns.** *(Kadınlar gecelik giyer.)*

nine *(nayn) s.* dokuz. **There were nine candles on the cake.** *(Pastanın üstünde dokuz mum vardı.)*

nineteen *(nayn'ti:n) s.* on dokuz. **My daughter is nineteen years old.** *(Kızım on dokuz yaşındadır.)*

ninety *('naynti) s.* doksan. **My grandad is ninety years old.** *(Dedem doksan yaşındadır.)*

no *(nou) z.* hayır, yok, değil, olmaz; hiç, hiçbir. **There is no water in the bottle.** *(Şişede hiç su yok.)*

nobody *('noubadi) zam.* hiç kimse, kimse. **Nobody came with me.** *(Hiç kimse benimle gelmedi.)*

nod *(nad) f.* kafa sallamak, onaylamak, doğrulamak. **When I asked if anyone wanted an ice cream, all the children nodded.** *(Dondurma isteyen var mı diye sorduğumda bütün çocuklar kafalarını salladı.)*

noise *(noyz) i.* gürültü, ses. **Can you try to make less noise?** *(Daha az gürültü çıkarmayı dener misin?)*

noisy *('noyzi) s.* gürültülü, sesli. **It's very noisy in this classrom.** *(Bu sınıf çok gürültülüdür.)*

noon *(nu:n) i.* öğle, öğlen. **I left school at noon.** *(Okuldan öğlende ayrıldım.)*

normal *('normıl) s.* normal, genel, olağan. **The temperature is above normal today.** *(Sıcaklık bugün normalden daha yüksek.)*

normally *('normıli) z.* normal olarak, normalde, genelde. **Is the TV working normally again?** *(Televizyon tekrar normal olarak çalışmaya başladı mı?)*

north *(north) i.,s.* kuzey. **Scandinavia is located in the north of Europe.** *(İskandinavya Avrupa'nın kuzeyinde yer alır.)* **northeast** kuzeydoğu. **northwest** kuzeybatı.

nose *(nouz) i.* burun. **My nose is running.** *(Burnum akıyor.)*

not *(nat) z.* değil, yok. **I'm not hungry.** *(Aç değilim.)* **I won't (will not) tell him.** *(Ona söylemem.)* **not at all** hiç, asla; bir şey değil. **"Thank you for your help." "Not at all."** *("Yardımın için teşekkür ederim." "Bir şey değil.")*

note *(nout) i.* kısa yazı, not. **Did you get my note?** *(Notumu aldın mı?)*

notebook *('noutbuk) i.* defter. **I need a notebook and a pencil.** *(Bir defter ve bir kaleme ihtiyacım var.)*

nothing *('nathing) i.* hiçbir şey. **I have nothing to tell you.** *(Sana söyleyecek hiçbir şeyim yok.)*

notice¹ *('noutis) f.* dikkat etmek, görmek, fark etmek. **I noticed a crack in the ceiling.** *(Tavanda bir çatlak gördüm.)*

notice² *('noutis) i.* dikkat; uyarı; ilan, duyuru, bildirim. **These rules may be changed without notice.** *(Bu kurallar duyuru yapılmadan değiştirilebilir.)*

noun *(naun) i.* isim, ad. **An adjective comes before a noun.** *(Sıfat, ismin önüne gelir.)*

nourish *('nıriş) f.* beslemek, büyütmek. **Stephen nourishes false hopes against her.** *(Stephen, ona karşı boş ümitler besliyor.)*

novel *('navıl) i.* roman. **His latest novel is selling really well.** *(Son romanı gerçekten iyi satıyor.)*

November *(nou'vembır) i.* Kasım ayı. **The factory opened last November.** *(Fabrika geçen Kasım ayında açıldı.)*

now *(nau) z.* şimdi, şu anda. **I may eat something later, but I'm not hungry now.** *(Daha sonra bir şeyler yiyebilirim fakat şu anda aç değilim.)*

nowadays *('nauwıdeyz) z.* bugünlerde, şimdilerde. **Most women work nowadays.** *(Bugünlerde çoğu kadın çalışıyor.)*

nowhere *('nouwer) z.* hiçbir yer, hiçbir yere, hiçbir yerde. **They had nowhere to live.** *(Yaşayacak hiçbir yerleri yoktu.)*

number *('nambır) i.* rakam, sayı. **The number of cinema audiences have declined.** *(Sinema izleyicilerinin sayısı azaldı.)*

nurse *(nörs) i.* hemşire, hastabakıcı. **Lily works as a nurse.** *(Lily hemşire olarak çalışıyor.)*

nursery *('nörsıri) i.* çocuk odası; fidanlık. **The nursery is downstairs.** *(Çocuk odası aşağıdadır.)*

nut *(nat) i.* kabuklu yemiş. **I'm allergic to nuts.** *(Fındığa alerjim vardır.)*

nylon *('naylon) i.* naylon. **This T-shirt is 80% nylon.** *(Bu tişört %80 naylondur.)*

O, o *(ou)* İngiliz alfabesinin on beşinci harfi.

oak *(ouk) i.* meşe, meşe ağacı, meşe odunu. **This desk is made of oak.** *(Bu masa meşeden yapılmıştır.)*

obey *(ou'bey) f.* itaat etmek, söz dinlemek, denileni yapmak. **Everyone has to obey the law.** *(Herkes yasalara itaat etmek zorundadır.)*

object¹ *(ıb'cekt) f.* itiraz etmek, karşı çıkmak. **I don't think anyone will object.** *(Kimsenin itiraz edeceğini sanmıyorum.)*

object² *('abcıkt) i.* nesne, cisim, eşya; amaç, hedef. **Look, there's a strange object in the sky!** *(Bak, gökyüzünde tuhaf bir cisim var!)*

obstinate *('abstinıt) s.* inatçı, dik kafalı. **My son is a very obstinate child.** *(Oğlum çok inatçı bir çocuktur.)*

occupation *(okyu'peyşın) i.* iş, uğraş, meslek, meşguliyet; işgal, ele geçirme. **The German occupation of France occurred during the period between 1940 to 1944.** *(Almanya'nın Fransa'yı işgali 1940 ile 1944 arasındaki dönemde meydana gelmiştir.)*

occupy *('okyupay) f.* ele geçirmek, işgal etmek; meşgul etmek; bir yerde yaşamak, oturmak. **We occupy the second floor of the building.** *(Binanın ikinci katında oturuyoruz.)*

occur *(ı'kö:r) f.* olmak, meydana gelmek; bulunmak; hatırına gelmek. **That sound doesn't occur in our language.** *(O ses bizim lisanımızda bulunmuyor.)*

ocean *('ouşın) i.* okyanus. **The Atlantic Ocean is the world's second largest ocean.** *(Atlas Okyanus'u, dünyanın ikinci en büyük okyanusudur.)*

o'clock *(ı'klak) z.* saat ..., saat ...'de. **I'll meet him at 10 o'clock.** *(Onunla saat 10'da buluşacağım.)*

October *(ok'toubır) i.* Ekim. **October is the 10th month of the year.** *(Ekim, yılın onuncu ayıdır.)*

octopus *('aktıpıs) i.* ahtapot. **An octopus has eight arms.** *(Bir ahtapotun sekiz kolu vardır.)*

odd *(ad) s.* tuhaf, garip, alışılmadık; tek sayı; küsür. **They lived abroad some twenty odd years.** *(Yirmi küsur yıl yurtdışında yaşadılar.)*

of *(av) e.* -ın/-in, -nın/-nin, -den/-dan. **They died of hunger.** *(Açlıktan öldüler.)*

off[1] *(of) z.* uzağa, uzakta, öteye, ileriye, ötede, ileride; -den/-dan. **He lives two miles off.** *(İki mil ötede oturuyor.)*

off² *(of)* s. kapalı. **The TV is off.** *(Televizyon kapalı.)*

offer¹ *('ofır)* f. teklif etmek, sunmak, ikram etmek. **They offered me a job in Australia.** *(Bana Avustralya'da bir iş teklif ettiler.)*

offer² *('ofır)* i. teklif. **Thank you for your offer of help.** *(Yardım teklifin için teşekkür ederim.)*

office *('ofis)* i. işyeri, büro, ofis. **I work in an office.** *(Bir büroda çalışıyorum.)*

officer *('ofisır)* i. subay, memur. **My father is an officer in the army.** *(Babam orduda subaydır.)*

official *(ı'fişıl)* s. resmî. **The official language of Turkey is Turkish.** *(Türkiye'nin resmî dili Türkçedir.)*

often *('o:fın)* be. sık, sık sık, çoğu kez. **I don't often see my parents.** *(Anne ve babamı sık görmüyorum.)*

oil *(oyl)* i. yağ, sıvı yağ; petrol. **We use vegetable oil for frying food.** *(Biz yiyecekleri kızartmak için bitkisel sıvı yağ kullanırız.)*

okay¹ *(ou'key)* f. onaylamak. **The boss okayed this.** *(Patron bunu onayladı.)*

okay² *(ou'key)* i. onay, tasdik, izin. **I got Dan's okay.** *(Dan'in onayını aldım.)*

okay³ *(ou'key)* s. iyi, güzel. **Are you okay?** *(İyi misin?)*

okay⁴ *(ou'key)* z. iyi, uygun şekilde, istenildiği gibi. **The car goes okay now.** *(Araba şimdi iyi gidiyor.)*

old *('ould)* s. eski, eskimiş; yaşlı, ihtiyar; ... yaşında. **I miss my old friends.** *(Eski arkadaşlarımı özlüyorum.)*

old-fashioned *(ould 'fäşınd)* s. modası geçmiş, eski moda. **She always wears old-fashioned clothes.** *(O her zaman modası geçmiş kıyafetler giyer.)*

olive *('a:lıv)* i. zeytin, zeytin ağacı. **Olive oil is healthy.** *(Zeytinyağı sağlıklıdır.)*

omelet *('amlit)* i. omlet. **I had omelet for breakfast.** *(Kahvaltıda omlet yedim.)*

omission *(o'mişın)* i. ihmal, boşlama. **The manager never accepts an omission.** *(Müdür asla ihmal kabul etmez.)*

on *(on)* e. üzerinde, üstünde. **There was a lamp on the table.** *(Masanın üstünde bir lamba vardı.)*

once *(wans)* z. bir kez, bir defa; bir zamanlar, eskiden. **We have dinner together once a month.** *(Ayda bir kez birlikte akşam yemeği yeriz.)* **once upon a time** bir zamanlar; bir varmış bir yokmuş. **Once upon a time there was a beautiful princess with long golden hair.** *(Bir varmış bir yokmuş, uzun sarı saçlı güzel bir prenses varmış.)*

one *(wan) s.* bir, tek; belirli biri, bir tane. **Is that book the one that I lent you?** *(O kitap benim sana ödünç verdiğim mi?)*

onion *('anyın) i.* soğan. **Have you chopped the onions?** *(Soğanları ince ince kıydın mı?)*

only¹ *('ounli) s.* tek, bir tane. **This could be our only chance.** *(Bu bizim tek şansımız olabilir.)*

only² *('ounli) z.* sadece, yalnızca. **It'll only take a few minutes.** *(Sadece birkaç dakika sürecek.)*

open¹ *('oupın) f.* açmak, açılmak. **She opened the door.** *(Kapıyı açtı.)*

open² *('oupın) s.* açık; serbest. **I left the door open.** *(Kapıyı açık bıraktım.)*

open-air *('oupıneyr) s.* açık hava, açık havada yapılan. **We went to the open-air theatre.** *(Açık hava tiyatrosuna gittik.)*

opening *('oupıning) i.* açılış, başlangıç; boşluk, delik. **I've been invited to the opening of the new exhibition.** *(Yeni serginin açılışına davet edildim.)*

opera *('apırı) i.* opera. Shall we go to the opera next week? *(Gelecek hafta operaya gidelim mi?)*

operate *('apıreyt) f.* çalışmak, çalıştırmak, işletmek; ameliyat etmek. Who operates that machine? *(O makineyi kim çalıştırıyor?)*

operation *(apı'reyşın) i.* çalışma, işleme, faaliyet; ameliyat. Heart operations are always difficult. *(Kalp ameliyatları her zaman zordur.)*

operator *('apıreytır) i.* makinist, işletmen, operatör, telefon operatörü. I work as a tour operator. *(Tur operatörü olarak çalışıyorum.)*

opinion *(ı'pinyın) i.* düşünce, fikir, görüş, tahmin, zan. You should respect other people's opinions. *(Diğer insanların görüşlerine saygı göstermelisin.)*

opportunity *(apır'tunıti) i.* fırsat, imkân. This job offers the opportunity to work abroad. *(Bu iş yurtdışında çalışma imkânı sunuyor.)*

oppose *(ı'pouz) f.* karşı çıkmak, itiraz etmek; karşılaştırmak. Local residents opposed the building of a new road. *(Mahalle sakinleri yeni bir yol inşasına karşı çıktılar.)*

opposite *('apızit) s.* karşı, karşıda; karşıt, zıt, aksi.

We live on the opposite side of the street. *(Sokağın karşı tarafında oturuyoruz.)*

optician *(op'tişın) i.* gözlükçü. **I bought new eyeglasses from the optician.** *(Gözlükçüden yeni gözlük aldım.)*

optimistic *(optı'mistik) s.* iyimser. **I am optimistic about the future.** *(Gelecekle ilgili iyimserim.)*

or *(or) b.* ya da, veya, yoksa. **Is today Thursday or Friday?** *(Bugün Perşembe mi yoksa Cuma mı?)*

oral *('o:rıl) s.* sözlü; ağızla ilgili. **I have an oral examination tomorrow.** *(Yarın sözlü sınavım var.)*

orange¹ *('orınc) i.* portakal. **Orange is a fruit.** *(Portakal bir meyvedir.)*

orange² *('orınc) s.* turuncu, portakal rengi. **Where's my orange pullover?** *(Turuncu kazağım nerde?)*

orchestra *('orkistrı) i.* orkestra. **This chamber orchestra consists of six musicians.** *(Bu oda orkestrası altı müzisyenden oluşmaktadır.)*

order¹ *('ordır) f.* ısmarlamak, sipariş etmek; düzenlemek, dizmek; söylemek, buyurmak. **The doctor ordered me to rest for a week.** *(Doktor bana bir hafta dinlenmemi söyledi.)*

order² *('ordır) i.* sıra, dizi; emir. **Please arrange the books in alphabetical order.** *(Lütfen kitapları alfabetik sırayla diz.)*

ordinary *('ordıneri)* s. sıradan, alışılmış. **I had an ordinary childhood.** *(Sıradan bir çocukluğum oldu.)*

organ *('orgın)* i. organ, uzuv; org. **The heart is the organ that pumps the blood.** *(Kalp kanı pompalayan organdır.)*

organization *(orgıni'zeyşın)* i. örgüt, kurum, dernek, teşkilat; düzenleme, tertip. **I want to work for a charitable organization.** *(Bir hayır kurumunda çalışmak istiyorum.)*

organize *('orgınayz)* f. kurmak, düzenlemek, organize etmek. **Who's organizing the party?** *(Partiyi kim organize ediyor?)*

original¹ *(ı'rıcınıl)* i. asıl, orijinal. **This painting is a copy, the original is in Paris.** *(Bu resim kopya, aslı Paris'tedir.)*

original² *(ı'rıcınıl)* s. ilk, asıl, orijinal, özgün. **The original plan has been changed.** *(İlk plan değişti.)*

ornament *('ornıment)* i. süs, süs eşyası. **Her room was full of little ornaments.** *(Odası küçük süs eşyalarıyla doluydu.)*

orphan *('orfın)* i. öksüz, yetim. **Mary was an orphan since she was a little girl.** *(Mary küçük bir kız olduğu zamandan beri öksüzdü.)*

orphanage *('orfınıc)* i. öksüzler yurdu, yetimhane. **Mary was raised in an orphanage.** *(Mary, bir yetimhanede büyütüldü.)*

ostrich *('ostriç)* i. deve kuşu. **The ostrich is the fastest animal on two legs.** *(Deve kuşu, iki ayak üstünde en hızlı koşan hayvandır.)*

other¹ *('adhır)* e. ötekisi, diğeri. **One of my children is 6 years old, and the other is 4.** *(Çocuklarımdan biri 6, diğeri 4 yaşındadır.)*

other² *('adhır)* s. öbür, öteki, diğer, başka. **I love to travel to other countries.** *(Başka ülkelere seyahat etmeyi çok severim.)*

our *(auır)* zam. bizim. **Joyce is our youngest daughter.** *(Joyce, bizim en küçük kızımızdır.)*

ours *(auırz)* zam. bizim, bizimki, bizimkiler. **That's their problem, not ours.** *(Bu onların problemi, bizim değil.)*

out *(aut)* z. dışarı, dışarıda, dışarıya. **I'm going out for a while.** *(Bir süreliğine dışarı çıkıyorum.)*

outdoor *('autdo:r)* s. açık hava, dışarıda yapılan. **Are there any outdoor cinemas in your town?** *(Şehrinizde hiç açık hava sineması var mı?)*

outline¹ *('autlayn)* f. genel şeklini çizmek, taslağını çıkarmak. **Jenny helped me with outlining my presentation.** *(Jenny, sunum taslağımı çıkarmamda bana yardım etti.)*

outline² *('autlayn)* i. taslak, kroki, plan, özet, ana hatlar. **He gave us a brief outline of the town's history.** *(Bize şehrin tarihi ile ilgili kısa bir özet sundu.)*

outside¹ *(aut'sayd)* i. dış, dış kısım. **You can see flowers from outside.** *(Çiçekleri dışarıda görebilirsiniz.)*

outside² *(aut'sayd) s.* dış, harici. **We need to paint the outside walls of the house.** *(Evin dış duvarlarını boyamalıyız.)*

outside³ *(aut'sayd) z.* dışarıda, dışarıya. **He opened the door and went outside.** *(Kapıyı açtı ve dışarıya çıktı.)*

oven *('avın) i.* fırın. **Place the cake in a preheated oven and bake for 45 minutes.** *(Keki önceden ısıtılmış fırına koyun ve 45 dakika pişirin.)*

over *('ouvır) e., z.* üstünde, üzerinde, üzerine, üzerinden; üzeri; karşı tarafa, karşı tarafta. **This toy is suitable for children aged 5 and over.** *(Bu oyuncak 5 yaş ve üstü çocuklar için uygundur.)*

overcrowded *(ouvır'kraudıd) s.* çok kalabalık. **I live in an overcrowded city.** *(Çok kalabalık bir şehirde yaşıyorum.)*

overeat *(ouvır'i:t) f.* aşırı yemek, gerektiğinden fazla yemek yemek. **You should not overeat.** *(Gereğinden fazla yememelisin.)*

overtime *('ouvırtaym) i.* fazla mesai. **We are doing overtime to get the job finished on time.** *(İşi zamanında bitirmek için fazla mesai yapıyoruz.)*

overweight *('ouvırweyt) s.* aşırı ağır, fazla kilolu, çok şişman. **My father is an overweight man.** *(Babam çok şişman bir adamdır.)*

owe *(ow) f.* borcu olmak, borçlu olmak. **How much does he owe you?** *(Sana ne kadar borcu var?)*

owl *(aul) i.* baykuş. **Owls hunt small animals at night.** *(Baykuşlar geceleyin küçük hayvanları avlarlar.)*

own¹ *(oun) f.* sahip olmak, -in olmak. **Do you own that car?** *(O araba sana mı ait?)*

own² *(oun) s.* kendi, kendinin, kendisine ait, öz. **She cooks his own food.** *(Yemeğini kendi pişirir.)*

owner *('ounır) i.* sahip. **Are you the owner of this car?** *(Bu arabanın sahibi sen misin?)*

oxygen *('aksicın) i.* oksijen. **Oxygen forms a large part of the air on earth.** *(Oksijen dünyadaki havanın büyük bir kısmını oluşturur.)*

oyster *('oystır) i.* istiridye. **There is one type of oyster that can be eaten and another that produces pearls.** *(Bir yenilebilen bir de inci üreten istiridye çeşidi vardır.)*

ozone *('ouzoun) i.* ozon. **The ozone layer protects the earth from the sun's harmful light.** *(Ozon tabakası dünyayı güneşin zararlı ışınlarından korur.)*

P - p

P, p *(pi:)* İngiliz alfabesinin on altıncı harfi.

pack *(päk) f.* paketlemek, hazırlamak, toplamak; doluşmak. **All of us packed into a small room.** *(Hepimiz küçük bir odaya doluştuk.)*

package *('päkic) i.* paket, küçük koli. **Will you please take this package to the post office?** *(Bu paketi postaneye götürür müsün lütfen?)*

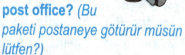

page *(peyc) i.* sayfa. **I've read 30 pages so far.** *(Şimdiye kadar 30 sayfa okudum.)*

pain *(peyn) i.* acı, ağrı, dert, keder. **I felt a pain in my back.** *(Sırtımda bir ağrı hissettim.)*

painful *('peynfıl) s.* ağrılı, acılı, zahmetli, güç, acıklı. **Divorce is a painful process.** *(Boşanma güç bir süreçtir.)*

paint¹ *(peynt) f.* boyamak; resmetmek. **I have nearly finished painting the room.** *(Odayı boyamayı neredeyse bitirdim.)*

paint² *(peynt) i.* boya. **This wall needs another layer of paint.** *(Bu duvarın bir kat daha boyaya ihtiyacı var.)*

painter *('peyntır) i.* boyacı, badanacı; ressam. **Picasso was a great painter.** *(Picasso büyük bir ressamdı.)*

painting *('peynting) i.* resim, tablo. **This painting is a copy, the original is in Spain.** *(Bu resim kopya, aslı İspanya'dadır.)*

pair *(peır) i.* çift, ikili. **I have bought a new pair of shoes.** *(Yeni bir çift ayakkabı aldım.)*

pajamas *(pı'camız) i.* pijama. **I have bought a new pair of pajamas.** *(Yeni bir pijama takımı aldım.)*

palace *('pälıs) i.* saray. **Buckingham Palace is one of the world's most familiar buildings.** *(Buckingham Sarayı, dünyanın en tanınmış binalarından biridir.)*

pale *(peyl) s.* solgun, benzi uçuk. **You look pale.** *(Solgun görünüyorsun.)*

palm *(pam) i.* avuç içi, aya; palmiye. **He put a coin in the beggar's palm.** *(Dilencinin avucuna bozuk para koydu.)*

pan *(pän) i.* tava; tepsi. **Have you washed the pan?** *(Tavayı yıkadın mı?)*

panic[1] *('pänik) f.* paniğe kapılmak, çok korkmak. **Don't panic, we've got enough time.** *(Paniğe kapılma, yeterli vaktimiz var.)*

panic[2] *('pänik) i.* panik, büyük korku. **The fire caused a panic in the theater.** *(Yangın, tiyatroda paniğe neden oldu.)*

pants *(pänts) i.* pantolon. **Wear your pants, Billy.** *(Pantolonunu giy, Billy.)*

paper *('peypır) i.* kâğıt; senet. **Paper tears easily.** *(Kâğıt kolayca yırtılır.)*

parachute *('perışu:t) f.* paraşütle atlamak. **I want to try parachuting.** *(Paraşütle atlamayı denemek istiyorum.)*

paradise *('perıdays) i.* cennet. **This place is like a paradise!** *(Burası cennet gibi!)*

pardon *('pardın) f.* mazur görmek, bağışlamak, affetmek. **Pardon my curiosity.** *(Merakımı mazur görün.)*

parent *('perınt) i.* anne veya baba. **My parents are both doctors.** *(Hem annem hem babam doktordur.)*

park¹ *(park) f.* park etmek. **You shouldn't park your car in the main road.** *(Arabanı ana caddeye park etmemelisin.)*

park² *(park) i.* park. **I took Emily to the park.** *(Emily'yi parka götürdüm.)*

parliament *('parlımınt) i.* parlamento, millet meclisi. **Today, we're going to visit the parliament.** *(Bugün parlamentoyu ziyaret edeceğiz.)*

parrot *('perıt) i.* papağan. **Jessica has got a colorful parrot.** *(Jessica'nın rengârenk bir papağanı var.)*

parsley *('parsli) i.* maydanoz. **Parsley cleans the kidneys.** *(Maydanoz, böbrekleri temizler.)*

part¹ *(part) f.* ayırmak, ayrılmak, bölmek. **We parted after ten years of marriage.** *(On yıllık evlilikten sonra ayrıldık.)*

part² *(part) i.* parça, bölüm, kısım. **Cut the cake into six parts.** *(Pastayı altı parçaya böl.)*

particularly *(pır'tikyılırli) z.* özellikle, bilhassa. **I didn't particularly want to go, but I had to.** *(Gitmeyi özellikle istemedim ama gitmek zorundaydım.)*

partner *('partnır) i.* ortak, eş. **Are partners invited to the office party?** *(Ofis partisine eşler de davetli mi?)*

party *('parti) i.* parti, eğlence; siyasi parti, grup. **I gave a party for my birthday.** *(Yaş günüm için bir parti verdim.)*

pass *(päs) f.* geçmek, ilerlemek, geçip gitmek; vermek, aktarmak. **He waved at me as he passed.** *(Geçerken bana el salladı.)*

passage *('päsıc) i.* geçiş, geçit, koridor, pasaj; bölüm, paragraf. **There was a dark passage between the buildings.** *(Binaların arasında karanlık bir geçit vardı.)*

passenger *('päsıncır) i.* yolcu. **How many passengers were there on the plane?** *(Uçakta kaç yolcu vardı?)*

passport *('päsport) i.* pasaport. **You need a passport to travel abroad.** *(Yurtdışına seyahat etmek için bir pasaporta ihtiyacınız vardır.)*

past¹ *(päst) i.* geçmiş, mazi. **Do you know anything about his past?** *(Onun geçmişi hakkında bir şey biliyor musun?)*

past² *(päst) s.* geçmiş, geride kalmış; önceki, eski. **My undergraduate days are past.** *(Öğrencilik günlerim geride kaldı.)*

pasta *('pastı) i.* makarna. **My favorite pasta is spaghetti with tomato sauce.** *(En sevdiğim makarna domates soslu spagettidir.)*

pastry *('peystri) i.* hamur işi, pasta. **Sandra is good at pastry.** *(Sandra, hamur işlerinde iyidir.)*

path *(päth) i.* patika. **This is the path to the village.** *(Köye giden patika budur.)*

patient¹ *('peyşınt) i.* hasta. **The waiting room was full of patients.** *(Bekleme odası hastalarla doluydu.)*

patient² *('peyşınt) s.* sabırlı. **Be patient!** *(Sabırlı ol!)*

paw *(po:) i.* hayvan pençesi. **Protect yourself its paws.** *(Kendini onun pençelerinden koru.)*

pay *(pey) f.* ödemek. **You have to pay customs duty.** *(Gümrük vergisi ödemelisin.)*

pea *(pi:) i.* bezelye. **Pea is a vegetable.** *(Bezelye bir sebzedir.)*

peace *(pi:s) i.* barış; huzur, sessizlik. **This situation threatens world peace.** *(Bu durum dünya barışını tehdit ediyor.)*

peaceful *('pi:sfıl) s.* barışçı, uysal, sakin, huzurlu. **We have spent a peaceful day in the garden.** *(Bahçede huzurlu bir gün geçirdik.)*

peach *(pi:ç) i.* şeftali. **I like drinking peach juice at breakfast.** *(Kahvaltıda şeftali suyu içmeyi severim.)*

peacock *('pi:kak) i.* tavus kuşu. **I admire peacocks' colors.** *(Tavus kuşlarının renklerine hayranım.)*

pear *(peır) i.* armut. **There are a lot of pears on the tree.** *(Ağaçta çok sayıda armut var.)*

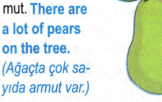

pearl *('pörl) i.* inci; sedef. **There is one type of oyster that can be eaten and another that produces pearls.** *(Bir yenilebilen bir de inci üreten istiridye çeşidi vardır.)*

peel *(pi:l) f.* kabuğunu soymak, soyulmak. **Will you peel the potatoes?** *(Patatesleri soyar mısın?)*

peep *(pi:p) f.* dikizlemek, gözetlemek. **Peeping is not a good behavior, kid.** *(Gözetlemek doğru bir davranış değildir evlat.)*

pen *(pen) i.* dolma kalem. **The teacher gave me a pen as a gift.** *(Hoca bana hediye olarak bir dolma kalem verdi.)*

pencil *('pensıl) i.* kurşun kalem. **You should use a pencil in the exam.** *(Sınavda kurşun kalem kullanmalısınız.)* **pencil case** kalem kutusu. **pencil sharpener** kalemtıraş.

penguin *('penguın) i.* penguen. **Penguins are flightless birds.** *(Penguenler, uçamayan kuşlardır.)*

peninsula *(pı'ninsılı) i.* yarım ada. **Italy is a peninsula.** *(İtalya bir yarımadadır.)*

people *('pi:pıl) i.* insanlar; halk, millet, ulus. **The court was full of people interested in the case.** *(Mahkeme dava ile ilgilenen insanlarla doluydu.)*

pepper *('pepır) i.* biber. **Could you please pass me the pepper?** *(Biberi bana uzatır mısın lütfen?)*

per *(pör) e.* birim başına, her biri için. **The speed limit is 50 kilometers per hour.** *(Hız limiti saatte 50 kilometredir.)*

perfect *('pörfıkt) s.* kusursuz, mükemmel, eksiksiz, tam. **Judy is a perfect mother.** *(Judy mükemmel bir annedir.)*

perform *(pır'form) f.* yapmak, uygulamak, yerine getirmek; bir rolü canlandırmak. **I performed my task.** *(Görevimi yerine getirdim.)*

performance *(pır'formıns) i.* yapma, uygulama; temsil, gösteri;

performans. **The children really enjoyed the performance.** *(Çocuklar gösteriden çok zevk aldılar.)*

perfume *(pır'fyum)* i. parfüm. **My mother's favorite gift is a perfume.** *(Annemin en sevdiği hediye parfümdür.)*

perhaps *(pır'heps)* z. belki, muhtemelen. **Perhaps we can do a deal with our competitors.** *(Belki rakiplerimizle bir anlaşma yapabiliriz.)*

period *('piriıd)* i. süre, devre, dönem; ders saati. **I went through a difficult period after the divorce.** *(Boşanmadan sonra zor bir dönemden geçtim.)*

permanent *('pörmınınt)* s. sürekli, daimi. **Are you looking for a temporary or permanent job?** *(Geçici mi yoksa sürekli mi bir iş arıyorsun?)*

permit *(pır'mit)* f. izin vermek, müsade etmek. **He didn't permit us to leave.** *(Gitmemize izin vermedi.)*

person *('pörsın)* i. kişi, şahıs, kimse, birey. **He is a very odd person.** *(O çok garip bir kimsedir.)*

personal *('pörsınıl)* s. kişisel, şahsi, özel. **What's your personal opinion?** *(Senin şahsi fikrin nedir?)*

persuade *(pır'sueyd) f.* ikna etmek, inandırmak, razı etmek. **He persuaded me that it was the right thing to do.** *(Bunun yapılacak doğru şey olduğuna beni ikna etti.)*

pet *(pet) i.* evde beslenen hayvan. **My favorite pets are dogs.** *(En çok sevdiğim ev hayvanları köpeklerdir.)*

pharmacy *('farmısi) i.* eczane. **I have bought this medicine from the pharmacy.** *(Bu ilacı eczaneden aldım.)*

photograph[1] *('foutıgräf) f.* fotoğraf çekmek. **I photographed the married couple.** *(Evli çifti fotoğrafını çektim.)*

photograph[2] *('foutıgräf) i.* fotoğraf. **Did you take many photos while you were in Prague?** *(Prag'dayken çok fotoğraf çektin mi?)*

photographer *(fı'tagrıfır) i.* fotoğrafçı, fotoğraf çeken kimse. **She is a very good photographer.** *(O çok iyi bir fotoğrafçıdır.)*

physical *('fizikıl) s.* bedensel, vücut ile ilgili, fiziksel. **It is a physical impossibility for a person to fly.** *(Bir insanın uçması fiziksel bir imkânsızlıktır.)*

physics *('fiziks) i.* fizik bilimi. **My favorite subject is physics.** *(En sevdiğim ders fiziktir.)*

piano *(pi'änou) i.* piyano. **I play the piano.** *(Piyano çalarım.)*

pick *(pik) f.* seçmek; koparıp toplamak. **Girls were picking daisies.** *(Kızlar papatya topluyordu.)*

pickle *('pikıl) i.* turşu. **I don't like pickle.** *(Ben turşu sevmem.)*

picnic *('piknik) i.* piknik. **Let's have a picnic in the countryside.** *(Kırda piknik yapalım.)*

picture *('pikçır) i.* resim, fotoğraf. **Did you take many pictures while you were in Prague?** *(Prag'dayken çok fotoğraf çektin mi?)*

pie *(pay) i.* turta, börek. **I love apple pie.** *(Elmalı turtaya bayılırım.)*

piece *(pi:s) i.* parça, bölüm. **Will you give me a piece of paper?** *(Bana bir parça kâğıt verir misin?)*

pigeon *('picın) i.* güvercin. **The pigeons are eating the crumbs.** *(Güvercinler, ekmek kırıntılarını yiyorlar.)*

pile¹ *(payl) f.* yığmak. **I piled the books on the table.** *(Kitapları masaya yığdım.)*

pile² *(payl) i.* yığın, küme. **There was a pile of books on the table.** *(Masada bir kitap yığını vardı.)*

pill *(pil) i.* hap. **Do you take any vitamin pills?** *(Vitamin hapı kullanıyor musun?)*

pillow *('pilou) i.* yastık. This pillow is not comfortable at all. *(Bu yastık hiç rahat değil.)*

pilot *('paylıt) i.* pilot; rehber, kılavuz. The pilot landed the airplane safely. *(Pilot uçağı sağ salim indirdi.)*

pin *(pin) i.* toplu iğne. He popped the balloon with a pin. *(Balonu toplu iğneyle patlattı.)*

pine *(payn) i.* çam, çam ağacı. Pine trees are evergreen trees. *(Çam ağaçları yaprak dökmeyen ağaçlardır.)*

pineapple *('paynäpıl) i.* ananas. George sells pineapple in the bazaar. *(George, pazarda ananas satıyor.)*

pink *(pink) s.* pembe. Her cheeks are naturally pink. *(Onun yanakları doğal pembedir.)*

pipe *(payp) i.* boru; pipo; kaval. The water pipe has burst. *(Su borusu patladı.)*

pirate *('payrıt) i.* korsan. The pirates hid their treasure on a small island. *(Korsanlar hazinelerini küçük bir adaya sakladılar.)*

pity *('piti) i.* acıma, merhamet; acınacak şey, talihsiz durum. I helped her out of pity. *(Ona acıdığım için yardım ettim.)*

pizza *('pitsı) i.* pizza. I love Italian pizza. *(İtalyan pizzasına bayılırım.)*

place¹ *(pleys) f.* koymak, yerleştirmek. **I placed the books on the shelf.** *(Kitapları rafa yerleştirdim.)*

place² *(pleys) i.* yer, mahal, mevki. **This is the place where the accident happened.** *(Burası kazanın olduğu yerdir.)*

plain *(pleyn) s.* kolay anlaşılır, sade, basit, düz. **Use a plain language, please.** *(Basit bir dil kullan lütfen.)*

plan¹ *(plän) f.* planlamak, tasarlamak, niyet etmek, plan çizmek. **I am planning to go on a world cruise.** *(Gemiyle bir dünya gezisine çıkmayı planlıyorum.)*

plan² *(plän) i.* plan, düşünce, tasarı, niyet. **Do you have any plans for tomorrow night?** *(Yarın gece için planın var mı?)*

planet *('plänıt) i.* gezegen. **Venus is the nearest planet to the Earth.** *(Venüs, Dünya'ya en yakın gezegendir.)*

plant¹ *(plänt) f.* ekmek, dikmek, koymak, yerleştirmek. **I have planted red roses.** *(Kırmızı güller diktim.)*

plant² *(plänt) i.* bitki; fabrika. **These plants need water.** *(Bu bitkilerin suya ihtiyacı vardır.)*

plastic *('plästik) i.,s.* plastik, plastik madde. **These chairs are made of plastic.** *(Bu sandalyeler plastikten yapılmadır.)*

plate *(pleyt) i.* tabak. **Will you put the plates on the table?** *(Tabakları masaya koyar mısın?)*

platform *('plätform) i.* platform, kürsü, peron. **Kevin took his place on the platform.** *(Kevin, platformdaki yerini aldı.)*

play *(pley) f.* oynamak, oynatmak, çalmak; rol yapmak, canlandırmak. **Do you play the guitar?** *(Gitar çalar mısın?)*

play *(pley) i.* oyun, tiyatro oyunu. **What Shakespeare plays have you read?** *(Shakespeare'nin hangi oyunlarını okudun?)*

playroom *(pleyrum) i.* çocuk oyun odası. **My brother stayed in the playroom.** *(Kardeşim oyun odasında kaldı.)*

playingcard *(pleyingkard) i.* oyun kardı. **The teacher forbade us to take playingcards to the class.** *(Öğretmen sınıfa oyun kartı getirmemizi yasakladı.)*

player *('pleyır) i.* oyuncu. **Kobe Bryant is a famous basketball player.** *(Kobe Bryant, ünlü bir basketbol oyuncusudur.)*

pleasant *('plezınt) s.* memnuniyet verici, iyi, hoş, sevimli. **What a pleasant surprise!** *(Ne hoş bir sürpriz!)*

please¹ *(pli:z)* f. memnun etmek, hoşnut etmek. **He is trying to please everybody.** *(Herkesi memnun etmeye çalışıyor.)*

please² *(pli:z)* ü. lütfen. **Will you put these flowers in the vase, please?** *(Bu çiçekleri vazoya koyar mısın lütfen?)*

pleased *(pli:zd)* s. memnun, hoşnut. **I am pleased with my new car.** *(Yeni arabamdan memnunum.)*

plug *(plag)* i. elektrik fişi. **My dad changed the plug on the electric kettle.** *(Babam elektrikli su ısıtıcısının fişini değiştirdi.)*

plum *(plam)* i. erik. **I made a juice by rotten plums.** *(Çürümüş eriklerden meyve suyu yaptım.)*

plus *(plas)* i.,s. artı. **Five plus three equals eight.** *(Beş artı üç sekize eşittir.)*

p.m. *(pi em)* z. *(post meridiem)* öğleden sonra (saatlerde kullanılır). **The plane took off at 9:30 p.m.** *(Uçak akşam saat 9:30'da havalandı.)*

pocket *('pakit)* i. cep. **He put the money in his pocket.** *(Parayı cebine koydu.)*

poem *('pouım)* i. şiir. **Sylvia Plath published her first poem when she was eight.** *(Sylvia Plath, ilk şiirini sekiz yaşındayken yayınladı.)*

poet *('pouıt)* i. şair, ozan. **Sylvia Plath became the first poet to win a Pulitzer Prize posthumously.** *(Sylvia Plath ölümünden sonra Pulitzer Ödülü'nü kazanan ilk şair oldu.)*

point¹ *(poynt)* f. işaret etmek, göstermek. **The author points the inequality.** *(Yazar, eşitsizliğe işaret ediyor.)*

point² *(poynt) i.* uç, nokta; amaç, hedef; puan. **North Pole is the northernmost point on Earth.** *(Kuzey Kutbu Dünya'nın en kuzeyindeki noktadır.)*

pole *(poul) i.* kutup. **The North Pole is the northernmost point on Earth.** *(Kuzey Kutbu Dünya'nın en kuzeyindeki noktadır.)*

Poland *('poulınd) ö.i.* Polonya. **The population of Poland is about 38 million.** *(Polonya'nın nüfusu yaklaşık 38 milyondur.)*

police *(pı'li:s) i.* polis, zabıta. **It is the job of the police to prevent crime.** *(Suçu önlemek polisin görevidir.)* **policeman** polis memuru. **Call the policeman.** *(Polis memurunu çağırın.)*

polish *('paliş) f.* parlatmak, cilalamak. **Have you polished your shoes?** *(Ayakkabılarını cilaladın mı?)*

polite *(pı'layt) s.* kibar, nazik, terbiyeli. **She is a very polite child.** *(O, çok kibar bir çocuktur.)*

political *(pı'litikıl) s.* siyasi, politik. **In some democracies, there are only two big political parties.** *(Bazı demokrasilerde sadece iki tane büyük siyasi parti vardır.)*

pollute *(pı'lu:t) f.* kirletmek, pisletmek. **The river has been polluted by chemicals from the factory.** *(Nehir, fabrikanın kimyasal maddeleri ile kirlendi.)*

pool *(pu:l) i.* havuz, gölcük, su birikintisi; Amerikan bilardosu. **They went to the swimming pool.** *(Yüzme havuzuna gittiler.)*

poor *(pu:r) s.* fakir, yoksul; zavallı; zayıf, az, kötü. **The poor dog was limping.** *(Zavallı köpek topallıyordu.)*

pop¹ *(pap) f.* patlamak, pat diye ses çıkarmak, pat diye ortaya çıkmak, şöyle bir uğramak. **The balloon popped.** *(Balon patladı.)*

pop² *(pap) i.* pop müzik; gazoz; patlama sesi. **There is a big difference between jazz and pop.** *(Caz ve pop müzik arasında büyük fark vardır.)*

popular *('papyılır) s.* sevilen, tutulan. **He is a very popular person.** *(O, çok sevilen bir insandır.)*

population *(papyı'leyşın) i.* nüfus. **What is the population of Turkey?** *(Türkiye'nin nüfusu kaçtır?)*

porcelain *('porsılın) i.* porselen. **Kütahya is famous for its porcelain.** *(Kütahya, porseleniyle meşhurdur.)*

port *(port) i.* liman. **The ship entered the port.** *(Gemi limana girdi.)*

portable *('portıbıl) s.* taşınabilir, portatif. **This is a portable typewriter.** *(Bu, taşınabilir bir daktilodur.)*

porter *('portır) i.* hamal; kapıcı. **I couldn't find a porter to carry my suitcase.** *(Bavulumu taşıyacak bir hamal bulamadım.)*

portrait *('portrıt) i.* portre, resim. **I have drawn a portrait of my daughter.** *(Kızımın bir portresini çizdim.)*

position *(pı'zişın) i.* durum, pozisyon, konum. **I'm not in a position to lend you any money.** *(Sana hiç borç para verecek bir durumda değilim.)*

possible *('pasıbıl) s.* yapılabilir, olabilir, mümkün, makul. **Everything is possible.** *(Her şey mümkündür.)*

postpone *(poust'poun) f.* ertelemek. **We have to postpone our holiday.** *(Tatilimizi ertelemek zorundayız.)*

pot *(pat) i.* kap, tencere, çömlek. **The pot is still hot.** *(Tencere hala sıcak.)*

potato *(pı'teytou) i.* patates. **Will you peel the potatoes?** *(Patatesleri soyar mısın?)*

pour *(pur) f.* dökmek, akıtmak, doldurmak; bardaktan boşanırcasına yağmak. **I poured the milk into a jug.** *(Sütü sürahiye doldurdum.)*

pout *(paut) f.* somurtmak, surat asmak. **I don't know why he pouts this time.** *(Bu kez neden surat astığını bilmiyorum.)*

poverty *('pavırti) i.* yoksulluk, fakirlik, sefalet. **They live in poverty.** *(Sefalet içinde yaşıyorlar.)*

powder *('paudır) i.* pudra, toz. **This chocolate contains milk powder.** *(Bu çikolata süt tozu içerir.)*

power *('pauır) i.* güç, kuvvet, yetki, hüküm. **How much power does the Queen have?** *(Kraliçenin ne kadar yetkisi var?)*

powerful *('pauırfıl) s.* güçlü, kuvvetli. **The USA is one of the world's most powerful countries.** *(ABD, dünyanın en güçlü ülkelerinden biridir.)*

practical *('präktikıl) s.* kullanışlı, elverişli, işe yarar, pratik; uygulamalı; sağduyulu. **We must find a practical solution.** *(İşe yarar bir çözüm bulmalıyız.)*

practice *('präktıs) f.* alıştırma yapmak, egzersiz yapmak, çalışmak. **You must practice more if you want to enter the competition.** *(Eğer yarışmaya girmek istiyorsan daha çok alıştırma yapmalısın.)*

precious *('preşıs) s.* çok değerli, kıymetli, az bulunur. **Gold is a precious metal.** *(Altın değerli bir metaldir.)*

predict *(pri'dikt) f.* tahmin etmek, önceden kestirmek. **It's hard to predict the result of the race.** *(Yarışın sonucunu tahmin etmek zor.)*

prediction *(pri'dikşın) i.* tahmin. **I made a prediction about the result of the race.** *(Yarışın*

sonucuyla ilgili bir tahminde bulundum.)
prefer *(pri'för) f.* tercih etmek, yeğlemek. **Would you prefer tea or coffee?** *(Çay mı kahve mi tercih ederdiniz?)*

pregnant *('pregnınt) i.* gebe, hamile. **Susan is six months pregnant.** *(Susan altı aylık hamiledir.)*
prepare *(pri'peır) f.* hazırlamak, hazırlanmak, hazırlık yapmak. **I prepared dinner.** *(Akşam yemeği hazırladım.)*

present¹ *(pri'zent) f.* sunmak, takdim etmek, tanıtmak. **They presented an alternative plan.** *(Alternatif bir plan sundular.)*
present² *('prezınt) i.* hediye, armağan. **I gave him a birthday present.** *(Ona bir doğum günü hediyesi verdim.)*

president *('prezıdınt) i.* cumhurbaşkanı, devlet başkanı. **The president is away this week.** *(Cumhurbaşkanı bu hafta seyahatte.)*
press *(pres) f.* basmak, bastırmak, sıkmak, zorlamak, sıkıştırmak. **Which button should I press to start the engine?** *(Motoru çalıştırmak için hangi düğmeye basmalıyım?)*
pretend *(pri'tend) f.* yapar gibi görünmek, yalandan yapmak, ... süsü vermek, öyle imiş gibi davranmak. **I pretended to be asleep.** *(Uyuyormuş gibi yaptım.)*

pretty¹ *('priti) s.* sevimli, tatlı, hoş. **Your daughter is very pretty.** *(Kızınız çok sevimli.)*

pretty² *('priti) z.* oldukça, epeyce, bir hayli. **The weather is pretty hot today.** *(Bugün hava oldukça sıcak.)*

prevent *(pri'vent) f.* önlemek, engellemek, alıkoymak, durdurmak. **It is the job of the police to prevent crime.** *(Suçu önlemek polisin görevidir.)*

price *(prays) i.* fiyat, bedel, karşılık. **House prices are rising.** *(Ev fiyatları artıyor.)*

priceless *('prayslıs) s.* paha biçilmez, çok değerli. **This collection of paintings is priceless.** *(Bu resim koleksiyonu paha biçilmezdir.)*

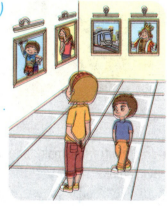

primary *('praymıri) s.* ilk, birincil, asıl, ana. **The primary aim is not this.** *(Asıl hedefimiz bu değil.)*

primary school *('praymıri skul) i.* ilkokul. **Ruth is a teacher at a primary school.** *(Ruth, bir ilkokulda öğretmendir.)*

prime minister *(praym 'ministır) i.* başbakan. **Who is the present prime minister?** *(Şu anki başbakan kimdir?)*

prince *(prins) i.* prens. **Prince William got married his girlfriend Kate.** *(Prens William, kız arkadaşı Kate ile evlendi.)*

princess *('prinsıs/'prinses)* i. prenses. **You are my little princess.** *(Sen benim küçük prensesimsin.)*

print *(print)* f. basmak, tabetmek, yayınlamak. **I printed this for you.** *(Bunu senin için bastım.)*

prison *('prizın)* i. hapishane, cezaevi. **The thief was sent to prison.** *(Hırsız cezaevine gönderildi.)*

prisoner *('prizınır)* i. mahkûm, tutuklu. **A prisoner tried to escape.** *(Bir mahkûm kaçmaya çalıştı.)*

private *('prayvıt)* s. özel, kişisel; gizli, mahrem. **This is a private hospital.** *(Bu, özel bir hastanedir.)*

prize *(prayz)* i. ödül, mükâfat. **Sylvia Plath became the first poet to win a Pulitzer Prize posthumously.** *(Sylvia Plath, ölümünden sonra Pulitzer Ödülü'nü kazanan ilk şair oldu.)*

probably *('prabıbli)* z. büyük bir ihtimalle, muhtemelen, belki de. **I'll probably go to Amsterdam next month.** *(Muhtemelen gelecek ay Amsterdam'a gideceğim.)*

problem *('prablım)* i. problem, sorun, mesele. **His bad behaviors create a lot of problems.** *(Onun kötü davranışları birçok sorun yaratıyor.)*

process *('prouses) i.* ilerleme, seyir, gidiş; süreç, işlem, yöntem. **There are problems with the production process.** *(Üretimin seyrinde sorunlar var.)*

produce *(prı'dyus) f.* üretmek, yapmak, ortaya çıkarmak, sağlamak, göstermek. **Bees produce honey.** *(Arılar bal yapar.)*

product *('pradıkt) i.* ürün, mahsul. **Let's see the products.** *(Ürünleri görelim.)*

production *(prı'dakşın) i.* üretim, prodüksiyon. **There are problems with the production process.** *(Üretimin seyrinde sorunlar var.)*

program *('prougrem) i.* program. **This is a very complicated computer program.** *(Bu çok karmaşık bir bilgisayar programıdır.)*

promise[1] *('pramis) f.* söz vermek; umut vermek. **I promised to keep her secret.** *(Onun sırrını saklamaya söz verdim.)*

promise[2] *('pramis) i.* söz, vaat; başarı umudu, beklenti. **He broke his promise.** *(Sözünü tutmadı.)*

pronounce *(prı'nauns) f.* telaffuz etmek, söylemek, açıklamak. How do you pronounce your name? *(İsminiz nasıl telaffuz ediliyor?)*

proper *('prapır) s.* uygun, doğru. A classroom is not a proper place for a basketball match. *(Sınıf, basketbol maçı için uygun bir yer değildir.)*

propose *(prı'pouz) f.* teklif etmek, önermek, ileri sürmek. I proposed another meeting. *(Bir toplantı daha önerdim.)*

proposal *(prı'pouzıl) i.* öneri, teklif; evlenme teklifi. I received a proposal. *(Bir evlenme teklifi aldım.)*

protect *(prı'tekt) f.* korumak, emniyete almak. We must protect the environment. *(Çevreyi korumalıyız.)*

protest[1] *('proutest) f.* itiraz etmek, karşı çıkmak. Students protested against the tuition increase. *(Öğrenciler, okul ücretindeki artışa itiraz ettiler.)*

protest[2] *('proutest) i.* protesto, itiraz. There will be a campus protest in the square. *(Meydanda öğrenci protestosu olacak.)*

proud *(praud) s.* gururlu, mağrur. I'm very proud of my daughter. *(Kızımla gurur duyuyorum.)*

prove *(pru:v) f.* ispat etmek, kanıtlamak. He proved his innocence. *(Masumiyetini kanıtladı.)*

provide *(prı'vayd) f.* sağlamak, temin etmek. **She provided food for us.** *(Bize yemek temin etti.)* **provide for** geçimini sağlamak, geçindirmek. **I have a little son to provide for.** *(Geçimini sağlamam gereken küçük bir oğlum var.)*

public *('pablik) s.* genel, umumi, halka ait. **These are public fountains.** *(Bunlar umumi çeşmelerdir.)*

pudding *('puding) i.* muhallebi, puding. **I can make a pudding by myself.** *(Ben kendi kendime muhallebi yapabilirim.)*

pull *(pul) f.* çekmek, sürüklemek, koparmak. **The car was pulling a caravan.** *(Araba, bir karavanı çekiyordu.)*

pullover *('pulouvır) i.* kazak, süveter. **If you're hot, take your pullover off.** *(Eğer ısındıysan süveterini çıkar.)*

pumpkin *('pampkin) i.* balkabağı. **A pumpkin's color is orange.** *(Balkabağının rengi turuncudur.)*

punch¹ *(panç) f.* yumruklamak, yumruk atmak. **The man had punched the thief.** *(Adam, hırsızı yumrukladı.)*

punch² *(panç) i.* zımba, delgi, matkap. **Don't play the punch.** *(Zımbayla oynamayın.)*

punctual *('pankçuwıl) s.* dakik. **Isabel is a punctual person.** *(Isabel dakik biridir.)*

punish *('paniş) f.* cezalandırmak. **I don't like to be punished.** *(Cezalandırılmaktan hoşlanmıyorum.)*

punishment *('panişmınt) i.* ceza. **This case doesn't incure a punishment.** *(Bu durum ceza gerektirmez.)*

pupil *('pyupıl) i.* öğrenci; gözbebeği. **I miss my old pupils.** *(Eski öğrencilerimi özlüyorum.)*

puppet *('papit) i.* kukla. **Can you make a puppet?** *(Sen kukla yapabilir misin?)*

purple *('pörpıl) s.* mor, eflatun. **He was wearing a purple hat.** *(Mor bir şapka takıyordu.)*

purpose *('pörpıs) i.* amaç, maksat. **He achieved his purpose at the end.** *(Sonunda amacına ulaştı.)*

purse *(pörs) i.* para çantası. **Her purse was stolen in the bus.** *(Otobüste para çantası çalındı.)*

push *(puş) f.* itmek, dürtmek, sürtmek. **We pushed the car under the rain.** *(Yağmurun altında arabayı ittik.)*

put *(put) f.* koymak, yerleştirmek. **You can put your luggage here.** *(Eşyalarınızı buraya koyabilirsiniz.)* **put out** dışarı çıkarmak; söndürmek. **Go and put out the fire.** *(Gidip ateşi söndür.)*

pygmy *('pigmi) i.* cüce. **Life must be more difficult as to pygmies.** *(Hayat cücelere göre daha zor olsa gerek.)*

Q - q

Q, q *(kyu:)* İngiliz alfabesinin on yedinci harfi.

quack *(kwäk) i.* ördek sesi; sahte doktor. **I heard a quack a while ago.** *(Az önce ördek sesi duydum.)*

quadruple¹ *(kwad'ru:pıl) f.* dört ile çarpmak, dörde katlamak. **Norway has quadrupled its exports.** *(Norveç ihracatını dört kat arttırdı.)*

quadruple² *(kwad'ru:pıl) s.* dört kat. **I want quadruple this amount.** *(Bu miktarın dört katını istiyorum.)*

quality *('kwalıti) i.* kalite. **Our products are of very high quality.** *(Ürünlerimiz çok yüksek kalitededir.)*

quantity *('kuantıti) i.* miktar, nicelik. **We consumed vast quantities of food and drink that night.** *(O gece çok büyük miktarlarda yiyecek ve içecek tükettik.)*

quarrel¹ *('kworıl) f.* kavga etmek, çekişmek. **We shouldn't have quarreled in front of the children.** *(Çocukların önünde kavga etmemeliydik.)*

quarrel² *('kworıl) i.* kavga, münakaşa, çekişme. **We had a bitter quarrel about money.** *(Para hakkında sert bir münakaşamız oldu.)*

quarter *('kwortır) i.* çeyrek, dörtte bir. **It was a quarter to six when I left home.** *(Evden ayrıldığımda altıya çeyrek vardı.)*

quay *(ki:) i.* rıhtım, iskele. **I was waiting for my dad on the quay.** *(İskelede babamı bekliyordum.)*

queen *(kwin) i.* kraliçe. **Queen Elizabeth I of England was the daughter of King Henry VIII and his second wife, Anne Boleyn.** *(İngiltere Kraliçesi I. Elizabeth, Kral VIII. Henry ve onun ikinci eşi Anne Boleyn'in kızıydı.)*

question¹ *('kwesçın) f.* sormak, sorguya çekmek, sorgulamak. **Mom is always questioning me about my friends.** *(Annem beni her zaman arkadaşlarımla ilgili sorguya çekiyor.)*

question² *('kwesçın) i.* soru; sorun, mesele; şüphe, tereddüt. **There is no question that this was an accident.** *(Hiç şüphesiz bu bir kazaydı.)*

quick *(kwik)* s. hızlı, çabuk. **His quick reaction prevented an accident.** *(Onun hızlı tepkisi bir kazayı önledi.)*

quickly *('kwikli)* z. hızlıca, acele. **We have to walk quickly to get there on time.** *(Oraya zamanında varmak için hızlıca yürümeliyiz.)*

quiet *('kwayıt)* s. sessiz, sakin, dingin, hareketsiz. **My father was a quite man.** *(Babam sessiz bir adamdı.)*

quietly *('kwayıtli)* z. sessizce, yavaşça. **I slipped quietly out of the back door.** *(Arka kapıdan sessizce sıvıştım.)*

quit *(kwit)* f. bitirmek, bırakmak, terk etmek, işten ayrılmak. **I quit smoking.** *(Sigara içmeyi bıraktım.)*

quite *(kwayt)* z. oldukça, tamamen, her yönüyle. **He is quite good at her job.** *(İşinde oldukça iyidir).*

quiz *(kwiz)* i. kısa sınav, sorgu. **We had a surprise quiz in history at school today.** *(Bugün okulda habersiz bir tarih sınavı olduk.)*

R, r *(a:r)* İngiliz alfabesinin on sekizinci harfi.

rabbit *('räbit) i.* tavşan, tavşan eti. **A rabbit is a small animal with long ears.** *(Tavşan, uzun kulaklı küçük bir hayvandır.)*

rabies *('reybi:z) i.* kuduz. **Rabies is a serious disease.** *(Kuduz, ciddi bir hastalıktır.)*

race¹ *(reys) f.* yarışmak, yarıştırmak, koşmak. **Let's race to the end of the road.** *(Yolun sonuna kadar yarışalım.)*

race² *(reys) i.* yarış, koşu; ırk, tür, cins. **In USA people of many different races are living side by side.** *(ABD'de farklı ırklardan insanlar yan yana yaşıyorlar.)*

racket *('räkit) i.* raket; gürültü, şamata. **Do you have a tennis racket?** *(Tenis raketin var mı?)*

radiator *('reydieytır) i.* radyatör. **Water is leaking out of the radiator.** *(Radyatörden su sızıyor.)*

radio *('reydiou) i.* radyo. **Will you turn on the radio, please?** *(Radyoyu açar mısın lütfen?)*

radish *('rediş) i.* turp. **The radish is usually eaten raw.** *(Turp genellikle çiğ olarak yenir.)*

railroad *('reylroud) i.* demir yolu, tren yolu. **We used to live close to the railroad line.** *(Eskiden demir yolu hattına yakın otururduk.)*

rain[1] *(reyn) f.* yağmur yağmak. **Is it raining?** *(Yağmur mu yağıyor?)* **rain cats and dogs** şiddetli yağmur yağmak.

rain[2] *(reyn) i.* yağmur. **The children went out in the rain without coats.** *(Çocuklar yağmurda paltosuz dışarı çıktılar.)*

rainbow *('reynbou) i.* gökkuşağı. **Do you know the seven colors of the rainbow?** *(Gökkuşağının yedi rengini biliyor musun?)*

raincoat *('reynkout) i.* yağmurluk. **The raincoat protects you from rain.** *(Yağmurluk seni yağmurdan korur.)*

rainy *('reyni) s.* yağmurlu. **It has been a rainy week.** *(Yağmurlu bir hafta oldu.)*

raise[1] *(reyz) f.* yukarı doğru kaldırmak, yükseltmek; artırmak, çoğaltmak; yetiştirmek; toplamak. **The students need to raise their hand if they have a question.** *(Öğrencilerin bir sorusu varsa el kaldırmaları gerekir.)*

raise[2] *(reyz) i.* artış, yükseliş, zam. **I asked my boss for a raise.** *(Patronumdan zam istedim.)*

rake¹ *(reyk) f.* tırmıklamak, tırmıkla toplamak. **Dad has raked the dead leaves.** *(Babam ölü yaprakları tırmıkla topladı.)*

rake² *(reyk) i.* tırmık. **Is the rake in the garden?** *(Tırmık bahçede mi?)*

rank *(ränk) i.* rütbe, derece; sıra, dizi. **My brother reached the rank of general.** *(Erkek kardeşim general rütbesine ulaştı.)*

rapid *('räpid) s.* süratli, çabuk, hızlı, ani. **The Prime Minister has promised rapid economic growth.** *(Başbakan, hızlı ekonomik büyüme sözü verdi.)*

rapidly *('räpidli) z.* hızla, süratle. **The computer technology changes rapidly.** *(Bilgisayar teknolojisi hızla değişir.)*

rare *(reır) s.* ender, seyrek, nadir; çiğ, pişmemiş. **He caught a very rare disease.** *(Çok ender bir hastalık kaptı.)*

rarely *('reırli) z.* seyrek olarak, nadiren. **Alan very rarely laughs.** *(Alan çok nadiren güler.)*

rat *(rät) i.* sıçan, iri fare. **Rats carry many diseases and parasites.** *(Sıçanlar birçok hastalık ve parazit taşırlar.)*

rather *('rädhır) z.* belli bir ölçüde, biraz, oldukça; -den ziyade, -den ise, tercihen. **I prefer to paint the walls myself rather than spend a lot of money.** *(Bir sürü para harcamaktansa duvarları kendim boyamayı tercih ederim.)*

razor *('reyzır) i.* ustura, tıraş bıçağı. **My father shaves with his electric razor.** *(Babam, elektrikli tıraş makinesiyle tıraş olur.)*

reach *(ri:ç) f.* ulaşmak, gelmek, varmak; uzanmak. **We will reach Iceland tomorrow.** *(İzlanda'ya yarın varacağız.)*

read *(ri:d) f.* okumak. **Have you read "The Catcher in the Rye?"** *("Çavdar Tarlasında Çocuklar"ı okudun mu?)*

reader *('ridır) i.* okuyucu, okur. **Are you a regular newspaper reader?** *(Düzenli bir gazete okuyucusu musunuz?)*

ready *('redi) s.* hazır. **Is dinner ready?** *(Akşam yemeği hazır mı?)*

real *(riıl) s.* gerçek, hakiki. **Do you think Santa Claus is real?** *(Sence Noel Baba gerçek mi?)*

realize *('rıılayz) f.* anlamak, farkına varmak; gerçekleşmek. **Do you realize the dangers of this work?** *(Bu işin tehlikelerini anlıyor musun?)*

really *('rııli) z.* gerçekten, cidden; çok. **Do you really love me?** *(Beni gerçekten seviyor musun?)*

reason *('ri:zın) i.* neden, sebep. **What's the reason of this delay?** *(Bu gecikmenin nedeni nedir?)*

rebel *(ri'bel) f.* ayaklanmak, isyan çıkarmak. **A group of mine workers rebelled against the**

wealthy mine owners. *(Bir grup maden işçisi, varlıklı maden sahiplerine karşı ayaklandı.)*

rebellion *(ri'belyın) i.* isyan, ayaklanma. The rebellion is crushed. *(Ayaklanma bastırıldı.)*

receive *(ri'si:v) f.* almak, kabul etmek. Have you received the good news? *(İyi haberi aldın mı?)*

recent *('risınt) s.* son günlerdeki, yeni, son. Recent developments in medicine give us hope. *(Tıptaki yeni gelişmeler bize umut veriyor.)*

recently *('risıntli) z.* son günlerde, son zamanlarda, geçenlerde, yakınlarda. Have you seen Tom recently? *(Son günlerde Tom'u gördün mü?)*

reception *(ri'sepşın) i.* ağırlama, karşılama, kabul, resepsiyon. The new school was ready for the reception of its first students. *(Yeni okul, ilk öğrencilerini karşılamaya hazırdı.)*

rechargeable *(ri'çarcıbıl) s.* yeniden şarj edilebilir, yeniden doldurulabilir. Are those batteries rechargeable? *(O piller yeniden şarj edilebilir mi?)*

recognize *('rekıgnayz) f.* hatırlamak, tanımak, bilmek. Do you recognize this handwriting? *(Bu el yazısını tanıyor musun?)*

recommend *(rekı'mend) f.* tavsiye etmek, övmek. Can you recommend me a good dentist? *(Bana iyi bir diş hekimi tavsiye edebilir misin?)*

record¹ *(ri'kord) f.* kaydetmek. I have recorded the details of the event in my diary. *(Olayın detaylarını günlüğüme kaydettim.)*

record² *('rekırd) i.* kayıt, belge; sicil; rekor; plak. Patients' medical

records are confidential. *(Hastanın tıbbi kayıtları gizlidir.)*

record player *('rekırd 'pleyır) i.* pikap, gramofon. **My father owns an antique record player.** *(Babamın antika bir gramofonu vardır.)*

rectangle *('rektängıl) i.* dikdörtgen. **What's the difference between square and rectangle?** *(Kareyle dikdörtgen arasındaki fark nedir?)*

recycle *(ri'saykıl) f.* daha önce kullanılmış bir şeyi yeniden işleyip kullanılır hale getirmek, geri kazanmak. **Most types of paper can be recycled.** *(Birçok kâğıt türü geri kazanılabilir.)*

red *(red) s.* kırmızı renk, kırmızı. **Do you have a red pen?** *(Kırmızı kalemin var mı?)*

reduce *(ri'dyus) f.* azaltmak, indirmek, kısmak, küçültmek. **The government has reduced taxes.** *(Hükümet vergileri indirdi.)*

referee *(refı'ri:) i.* hakem. **I have not heard the referee's whistle.** *(Hakemin düdüğünü duymadım.)*

refine *(ri'fayn) f.* arıtmak, saf hâle getirmek. **Sugar is refined before use.** *(Şeker kullanılmadan önce arıtılır.)*

reflection *(ri'flekşın) i.* yansıma. **She looked at her reflection in the mirror.** *(Aynadaki yansımasına baktı.)*

reform¹ *(ri'form) f.* düzeltmek, daha iyi hâle getirmek. **He promised to reform the legal system.** *(Kanun sistemini daha iyi hâle getirmeye söz verdi.)*

reform² ** *(ri'form) i.* yenilik, reform, devrim. **With the clothing reform, men started to wear hats rather than the fez. *(Kılık kıyafet devrimiyle erkekler festen ziyade şapka takmaya başladılar.)*

refresh *(ri'freş) f.* tazelemek, canlandırmak, hayat vermek. **Water refreshed the flowers.** *(Su, çiçekleri canlandırdı.)*

refreshment *(ri'freşmınt) i.* yiyecek ve içecek. **Refreshments will be served after the ceremony.** *(Törenden sonra yiyecek içecek servisi yapılacaktır.)*

refrigerator *(ri'fricıreytır) i.* buzdolabı, soğutucu. **The cheese is in the refrigerator.** *(Peynir buzdolabındadır.)*

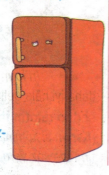

refuse *(ri'fyuz) f.* reddetmek, kabul etmemek. **They refused my proposal.** *(Önerimi reddettiler.)*

region *('ricın) i.* bölge, yöre. **Geographically, Turkey is divided into seven regions.** *(Coğrafik olarak Türkiye yedi bölgeye bölünmüştür.)*

regional *('ri:cınıl) s.* bölgesel, yöresel. **Hasan speaks with a regional accent.** *(Hasan yöresel bir şiveyle konuşur.)*

regular *('regyulır) s.* devamlı, düzenli. **Her heartbeats were not regular.** *(Kalp atışları düzenli değildi.)*

regularly *('regyulırli) z.* düzenli olarak, muntazaman. **I go to the gym regularly three times a week.** *(Düzenli olarak haftada üç gün spor salonuna giderim.)*

regulation *('regyu'leyşın) i.* kural, kaide, tüzük, yönetmelik; düzen. **Don't do anything that is**

against the regulations. *(Kurallara aykırı hiçbir şey yapma.)*

reindeer *('reyndiır) i.* ren geyiği. **It is said that Santa Claus's sleigh is pulled by flying reindeer.** *(Noel Baba'nın kızağının uçan ren geyikleri tarafından çekildiği söylenir.)*

reinforce *(riın'fors) f.* sağlamlaştırmak, pekiştirmek, desteklemek. **I have an idea in order to reinforce the plaster.** *(Harcı sağlamlaştırmak için bir fikrim var.)*

relation *(ri'leyşın) i.* bağ, ilişki, ilgi, alaka. **There is a relation between smoking and lung cancer.** *(Sigara içmekle akciğer kanseri arasında bir bağ vardır.)*

relationship *(ri'leyşınşip) i.* ilişki, münasebet. **What's the relationship between money and happiness?** *(Parayla mutluluk arasındaki ilişki nedir?)*

relative¹ *('relıtiv) i.* akraba. **My nephew Ege is my most favorite relative.** *(Yeğenim Ege en sevdiğim akrabamdır.)*

relative² *('relıtiv) s.* karşılaştırmalı, göreli, göreceli. **Einstein says that everything is relative.** *(Einstein her şeyin göreceli olduğunu söyler.)*

relax *(ri'läks) f.* gevşemek, gevşetmek, rahatlamak, rahatlatmak. **Fishing relaxes me.** *(Balık tutmak beni rahatlatır.)*

relaxing *(ri'läksing) s.* rahatlatıcı, dinlendirici. **I find fishing so relaxing.** *(Balık tutmayı çok rahatlatıcı bulurum.)*

release *(ri'li:s) f.* serbest bırakmak. **All hostages were released.** *(Bütün rehineler serbest bırakıldı.)*

reliable *(ri'layıbıl) s.* güvenilir, sağlam. **He is a very reliable friend.** *(O çok güvenilir bir arkadaştır.)*

religion *(ri'licın) i.* din. **There are three major monotheistic religions.** *(Başlıca üç tane tek tanrılı din vardır.)*

religious *(ri'lıcıs) s.* dinî; dindar. **My grandmother is a very religious woman.** *(Büyük annem çok dindar bir kadındır.)*

remain *(ri'meyn) f.* kalmak, arda kalmak, artmak, geri kalmak. **After the tsunami, nothing remained of the city.** *(Tsunamiden sonra şehirden geriye hiçbir şey kalmadı.)*

remember *(ri'membır) f.* hatırlamak, anımsamak, anmak. **I will always remember this wonderful day.** *(Bu harika günü her zaman hatırlayacağım.)*

remind *(ri'maynd) f.* hatırlatmak, anımsatmak. **Will you remind me to pay the phone bill tomorrow?** *(Yarın bana telefon faturasını ödemeyi hatırlatır mısın?)*

remove *(ri'mu:v) f.* alıp götürmek, ortadan kaldırmak, yerini değiştirmek; gidermek. **Why have you**

removed the flowers from the table? *(Çiçekleri masadan neden kaldırdın?)*

rent[1] *(rent) f.* kiralamak, kira ile tutmak. **We have rented an apartment here.** *(Burada bir daire kiraladık.)*

rent[2] *(rent) i.* kira, kira bedeli. **Our rent has been raised again.** *(Kiramız yine arttı.)*

repair *(ri'peır) f.* onarmak, tamir etmek. **Can you repair the radio by yourself?** *(Radyoyu kendi başına tamir edebilir misin?)*

repeat *(rı'pi:t) f.* tekrar etmek, yinelemek. **Can you repeat that question, please?** *(Soruyu tekrar edebilir misiniz lütfen?)*

reply *(ri'play) f.* cevap vermek, karşılık vermek. **He hasn't replied to my letter yet.** *(Henüz mektubuma cevap vermedi.)*

report[1] *(ri'port) f.* söylemek, anlatmak, rapor vermek, rapor etmek, haber vermek. **I have reported the accident immediately.** *(Kazayı hemen haber verdim.)*

report[2] *(ri'port) i.* rapor; söylenti. **I need to hand in my report today.** *(Raporumu bugün teslim etmem gerekiyor.)*

reporter *(ri'po:rtır)* i. gazeteci, muhabir. **The reporters are not allowed to enter.** *(Gazetecilerin girmesine izin verilmiyor.)*

represent *(reprı'zent)* f. temsil etmek, göstermek. **What does a red rose represent?** *(Kırmızı gül neyi temsil eder?)*

republic *(ri'pablik)* i. cumhuriyet. **The Turkish Republic was established in 1923.** *(Türkiye Cumhuriyeti 1923'te kuruldu.)*

request¹ *(ri'kwest)* f. rica etmek, istemek. **I requested a copy of the report.** *(Raporun bir kopyasını istedim.)*

request² *(ri'kwest)* i. rica, dilek, istek. **Sam always grants my requests.** *(Sam, her zaman ricamı yerine getirir.)*

require *(ri'kwayır)* f. gerektirmek, istemek, talep etmek. **My job requires creativity.** *(Benim işim yaratıcılık gerektiriyor.)*

rescue *('reskyu)* f. kurtarmak. **My father rescued the cat.** *(Babam kediyi kurtardı.)*

research *(ri'sörç)* i. araştırma, inceleme. **We will make a research immediately.** *(Derhal bir araştırma yapacağız.)*

reservation *(rezır'veyşın)* i. yer ayırtma, rezervasyon. **I made a reservation at the restaurant for 9 o'clock.** *(Saat 9 için restoranda yer ayırttım.)*

resource *(ri'sors) i.* kaynak, olanak. **We need to find new resources.** *(Yeni kaynaklar bulmamız gerekiyor.)*

respect¹ *(ri'spekt) f.* saygı göstermek dikkate almak, göz önünde bulundurmak. **The students don't respect their teacher.** *(Öğrenciler öğretmenlerine saygı göstermiyorlar.)*

respect² *(ri'spekt) i.* saygı, hayranlık; ayrıntı, husus, nokta. **I feel respect for my father.** *(Babama hayranlık duyuyorum.)*

respond *(ri'spand) f.* cevap vermek, karşılık vermek. **I still haven't responded to his letter.** *(Onun mektubuna hâlâ cevap vermedim.)*

response *(ri'spans) i.* cevap, karşılık verme. **I am waiting for a response.** *(Bir cevap bekliyorum.)*

responsibility *(rispansı'biliti) i.* sorumluluk, mesuliyet. **It is my responsibility to make sure that this work is done on time.** *(Bu işin zamanında yapılmasını sağlamak benim sorumluluğumdur.)*

responsible *(ri'spansıbıl) s.* sorumlu, mesul; sorumluluk sahibi. **I was responsible for the accident.** *(Kazadan ben sorumluydum.)*

rest¹ *(rest) f.* dinlenmek, dinlendirmek, uyumak. **The doctor told me to rest for a few days.** *(Doktor birkaç gün dinlenmemi söyledi.)*

rest² *(rest) i.* dinlenme, uyku; artan, geriye kalan. **What I need is a long rest.** *(İhtiyacım olan şey uzun bir uyku.)*

restaurant *('restırınt) i.* lokanta, restoran. **I made a reservation at the restaurant for 9 o'clock.** *(Saat 9 için restoranda yer ayırttım.)*

restrict *(ri'strikt) f.* sınırlamak, kısıtlamak. **I restrict myself to one cup of coffee most evenings.** *(Çoğu akşam kendimi bir fincan kahveyle sınırlıyorum.)*

restroom *('restrum) i.* tuvalet. **Where is the restroom?** *(Tuvalet ne tarafta?)*

result *(ri'zalt) i.* sonuç, netice. **I am waiting for the lab results.** *(Laboratuvar sonuçlarını bekliyorum.)*

retire *(ri'tayır) f.* emekli olmak, emekli etmek. **When will you retire?** *(Ne zaman emekli olacaksın?)*

retired *(ri'tayırd) s.* emekli. **Both my parents are retired.** *(Hem annem hem babam emeklidir.)*

return *(ri'törn) f.* geri dönmek, geri gelmek; geri götürmek. **I returned home after a tiring day.** *(Yorucu bir günün ardından eve döndüm.)*

review *(ri'vyu)* f. tekrar gözden geçirmek; eleştiri yazmak. **The case will be reviewed.** *(Dava tekrar gözden geçirilecek.)*

revolution *(revı'luşın)* i. devrim, köklü değişiklik. **The Carnation Revolution changed the Portuguese regime from an authoritarian dictatorship to a democracy.** *(Karanfil Devrimi Portekiz rejimini otoriter diktatörlükten demokrasiye çevirmiştir.)*

reward *(ri'word)* f. ödüllendirmek. **That soldier was rewarded for his bravery.** *(O asker, cesareti nedeniyle ödüllendirildi.)*

reward *(ri'word)* i. ödül. **When will I get my reward?** *(Ödülümü ne zaman alacağım?)*

rhyme *(raym)* i. kafiye, uyak. **I wrote a poem with rhyme.** *(Kafiyeli bir şiir yazdım.)*

ribbon *('ribın)* i. kurdele, şerit. **Merve has a red ribbon on her head.** *(Merve'nin başında kırmızı bir kurdele var.)*

rice *(rays)* i. pirinç, pilav. **China is the world's largest rice producer.** *(Çin, dünyanın en büyük pirinç üreticisidir.)*

rich *(riç)* s. zengin, varlıklı, bereketli, verimli, ağır, dolgun. **Luxembourg, Norway and Switzerland are the world's richest countries.** *(Lüksemburg, Norveç ve İsviçre dünyanın en zengin ülkeleridir.)*

ride *(rayd) f.* binmek. **Have you ever ridden a motorcycle?** *(Hiç motosiklete bindin mi?)*

rifle *('rayfıl) i.* tüfek. **My dad had a hunting rifle.** *(Babamın bir av tüfeği vardı.)*

right¹ *(rayt) i.* doğru olan şey, doğruluk, hak. **Every Turkish citizen over the age of 18 has the right to vote.** *(18 yaşından büyük her Türk vatandaşının oy kullanma hakkı vardır.)*

right² *(rayt) s.* doğru, dürüst, gerçek, uygun; sağ, sağ taraf. **What was the right answer for the question?** *(Sorunun doğru cevabı neydi?)*

right³ *(rayt) z.* doğru olarak, uygun biçimde, tam yerinde, doğruca. **I guessed right.** *(Doğru olarak tahmin ettim.)*

ring¹ *(ring) f.* çalmak, ötmek; kuşatmak. **The telephone is ringing.** *(Telefon çalıyor.)*

ring² *(ring) i.* halka, çember; yüzük; ring. **This ring is made of gold.** *(Bu yüzük altından yapılmıştır.)*

ripe *(rayp) s.* olgun, olgunlaşmış. **This melon isn't ripe yet.** *(Bu kavun henüz olgunlaşmamış.)*

rise *(rayz) f.* yataktan kalkmak; yükselmek, yukarı çıkmak, artmak, çoğalmak; doğmak. **The sun rises in the east.** *(Güneş doğudan doğar.)*

river *('rivır) i.* nehir, ırmak. **The river rose after the rains.** *(Yağmurlardan sonra nehir kabardı.)*

road *(roud) i.* yol, karayolu. **There's a library down the road.**

(Yolun aşağısında bir kütüphane var.)

rob *(rab) f.* soymak, çalmak, hırsızlık yapmak. **This bank was robbed last year.** *(Bu banka geçen yıl soyulmuştu.)*

robber *('rabır) i.* hırsız, soyguncu. **The police caught the robbers.** *(Polis soyguncuları yakaladı.)*

robbery *('rabıri) i.* hırsızlık, soygun. **He was injured during a robbery.** *(Bir soygun esnasında yaralanmıştı.)*

robot *('roubıt) i.* robot. **I need a kitchen robot.** *(Bir mutfak robotuna ihtiyacım var.)*

rock¹ *(rak) f.* sallamak, sallanmak. **I rocked the baby in my arms.** *(Bebeği kollarımda salladım.)*

rock² *(rak) i.* kaya, taş. **Waves are crashing against the rocks.** *(Dalgalar kayalara çarpıyor.)*

rocket *('rakit) i.* roket; havai fişek. **The rocket will be launched tomorrow.** *(Roket yarın uzaya fırlatılacak.)*

role *(roul) i.* rol, görev. **What is your role in this project?** *(Bu projede senin rolün nedir?)*

roll¹ *(rol) f.* yuvarlanmak, yuvarlamak; sarmak; çevirmek. **The cat rolled in the grass.** *(Kedi, çimenlerde yuvarlandı.)*

roll² *(rol) i.* rulo. **May I have a roll of toilet paper?** *(Bir rulo tuvalet kâğıdı alabilir miyim?)*

roof *(ru:f) i.* çatı, dam. **Is the roof leaking?** *(Çatı su sızdırıyor mu?)*

room *(ru:m) i.* oda, (boş) yer. **How many bedrooms does this house have?** *(Bu evin kaç yatak odası var?)* **Is there any room for me in the car?** *(Arabada bana yer var mı?)*

roommate *('ru:mmeyt) i.* oda arkadaşı. **I can't get along with my roommate.** *(Oda arkadaşımla geçinemiyorum.)*

rooster *('ru:stır) i.* horoz. **An adult male chicken is called rooster.** *(Yetişkin erkek tavuğa horoz denir.)*

root *(ru:t) i.* kök, köken. **What is the root of this matter?** *(Bu sorunun kökeni nedir?)*

rope *(roup) i.* ip, halat. **We need a longer rope.** *(Daha uzun bir ipe ihtiyacımız var.)*

rose *(rouz) i.* gül, gül çiçeği. **What does a red rose represent?** *(Kırmızı gül neyi temsil eder?)*

rotten *('ratın) s.* çürük, çürümüş, bozuk, bozulmuş, kokmuş. **These eggs are rotten.** *(Bu yumurtalar bozulmuş.)*

rough *(raf) s.* pürüzlü, engebeli, dalgalı, zor; kaba, sert; taslak hâlinde; aşağı yukarı, yaklaşık. **Make a rough guess.** *(Kaba bir tahmin yürüt.)*

round *(raund) s.* yuvarlak. **Balls and apples are round.** *(Toplar ve elmalar yuvarlaktır.)*

route *(ru:t) i.* yol, güzergâh, rota. **Does any of you know the route?** *(Herhangi biriniz yolu biliyor mu?)*

routine *(ru'ti:n) s.* rutin, alışagelen, sıradan. **These are my routi-**

ne works in a day. *(Bunlar benim gün içerisindeki rutin işlerim.)*

row¹ *(rou) f.* kürek çekmek, kürek çekerek taşımak, götürmek. Let's row to the island. *(Adaya kürek çekelim.)*

row² *(rou) i.* sıra, dizi; kavga, kargaşa. Do you want to sit in the front row? *(Ön sırada oturmak ister misiniz?)*

rub *(rab) f.* ovmak, ovalamak, ovuşturmak. Would you please rub my back? *(Sırtımı ovar mısın lütfen?)*

rubber *('rabır) i.* kauçuk; silgi. Tires are made of rubber. *(Araba lastiği kauçuktan yapılır.)*

rubbish *('rabiş) i.* çöp, süprüntü; boş laf, zırva. How often gets your rubbish collected? *(Çöpünüz ne sıklıkta toplanıyor?)*

rucksack *('raksäk) i.* sırt çantası. You should avoid over packing your rucksack. *(Sırt çantanı aşırı doldurmaktan kaçınmalısın.)*

rude *(ru:d) s.* kaba, saygısız. Emre is a very rude child. *(Emre çok kaba bir çocuktur.)*

rug *(rag) i.* küçük halı, kilim. Is this a Persian rug? *(Bu bir İran kilimi mi?)*

ruin¹ *('ruin) f.* yıkmak, harap etmek, mahvetmek, iflas ettirmek.

Smoking ruins your health. *(Sigara içmek sağlığınızı mahveder.)*
ruin[1] *('ruin) i.* yıkıntı, harabe, kalıntı. **The ruins of Ephesus attract many foreign and local tourists.** *(Efes harabeleri birçok yabancı ve yerli turisti kendine çekmektedir.)*

rule *(ru:l) i.* kural; yönetim. **You should obey the rules.** *(Kurallara uymalısın.)*
ruler *('rulır) i.* cetvel. **Measure the length of your finger with a ruler.** *(Bir cetvelle parmağınızın uzunluğunu ölçün.)*
run *(ran) f.* koşmak; işlemek, işletmek, çalıştırmak. **The cat ran after the mouse.** *(Kedi farenin peşinden koştu.)* **run away** kaçmak. **Our dog ran away from home.** *(Köpeğimiz evden kaçtı.)* **run into** karşılaşmak, rastlamak.

I ran into Ali in the supermarket. *(Süpermarkette Ali'ye rastladım.)* **run out** bitmek, kalmamak. **I've run out of money.** *(Param kalmadı.)* **run over** arabayla çarpıp ezmek. **The cat was run over by a bus.** *(Kedi, otobüs tarafından ezilmişti.)* **run short of** yeterli miktarda kalmamak, azalmak. **We are running short of gas.** *(Benzinimiz azalıyor.)*
runner *('ranır) i.* koşucu, atlet. **He is a long-distance runner.** *(O bir uzun mesafe koşucusudur.)*

Russia *('raşı) ö.i.* Rusya. **Moscow is the capital city of Russia.** *(Moskova Rusya'nın başkentidir.)*
Russian *('raşın) ö.i.* Rus; Rusça. **I will learn Russian.** *(Rusça öğreneceğim.)*

S, s *(es)* İngiliz alfabesinin on dokuzuncu harfi.

sack *(säk) i.* çuval, torba, çanta. **I bought a sack of potatoes.** *(Bir çuval patates satın aldım.)*

sacred *('seykrıd) s.* kutsal. **Marriage is a sacred institution.** *(Evlilik kutsal bir kurumdur.)*

sad *(säd) s.* üzgün, kederli; üzücü, acıklı. **He looked sad.** *(Üzgün görünüyordu.)*

sadden *('sädın) f.* üzmek, kederlendirmek, keyfini kaçırmak. **The news I heard yesterday saddened me.** *(Dün duyduğum haber keyfimi kaçırdı.)*

safe¹ *(seyf) i.* kasa, para kasası. **There is a safe hidden behind that picture on the wall.** *(Duvardaki o tablonun arkasında bir kasa saklıdır.)*

safe² *(seyf) s.* emniyetli, emniyette, güvenli, güvenilir. **You should keep your money in a safe place.** *(Paranı güvenli bir yerde tutmalısın.)*

safety *('seyfti) i.* emniyet, güvenlik. **I worry about the children's safety in this city.** *(Bu şehirde çocukların güvenliğinden endişe ediyorum.)*

sail *(seyl) f.* gemiyle yolculuk etmek, denize açılmak, yola çıkmak, deniz yolculuğu yapmak, gitmek, yelken açmak. **We are going to sail this summer.** *(Bu yaz deniz yolculuğu yapacağız.)*

sailor *('seylır) i.* denizci, gemici. **Sailors have a rest here.** *(Denizciler burada dinlenir.)*

salad *('sälıd) i.* salata. **Would you like oil and vinegar on your salad?** *(Salatanıza yağ ve sirke ister miydiniz?)*

salary *('sälıri) i.* maaş, aylık ücret. **Her salary is quite high.** *(Onun maaşı oldukça yüksektir.)*

sale *(seyl) i.* satış; indirimli satış. **Sales of houses have increased.** *(Ev satışları yükseldi.)*

salesman *('seylzmen) i.* tezgâhtar, satıcı. **The salesman didn't care us.** *(Satıcı bizimle ilgilenmedi.)*

salt *(solt) i.* tuz. **The soup needs more salt.** *(Çorbanın daha fazla tuza ihtiyacı var.)*

salty *('solti) s.* tuzlu. **Salty food makes you thirsty.** *(Tuzlu yiyecekler insanı susatır.)*

same *(seym) s.* aynı, aynısı, tıpkısı. **She's the same age as me.** *(O benimle aynı yaştadır.)*

sample *('sämpıl) i.* örnek, numune. **The nurse took a blood sample for analysis.** *(Hemşire analiz için kan örneği aldı.)*

sand *(sänd) i.* kum. **The children are playing in the sand.** *(Çocuklar kumda oynuyorlar.)*

sandal *('sändıl) i.* sandalet, açık ayakkabı. **While I was running, my sandal drew apart.** *(Koşarken sandaletim koptu.)*

sandwich *('sänwiç) i.* sandviç. **I needed some cheese for the sandwiches.** *(Sandviçler için biraz peynire ihtiyacım vardı.)*

satellite *('sätılayt) i.* uydu. **The Moon is Earth's only natural satellite.** *(Ay, Dünya'nın tek doğal uydusudur.)*

satisfactory *(sätis'fäktırı) s.* memnuniyet verici, tatminkâr, yeterli. **His explanation was not satisfactory.** *(Açıklaması tatmin edici değildi.)*

satisfy *('sätisfay) f.* memnun etmek, tatmin etmek. **Nothing I do satisfies my boss.** *(Yaptığım hiçbir şey patronumu memnun etmiyor.)*

Saturday *('sätırdey) i.* Cumartesi. **I have tennis course on Saturdays.** *(Cumartesileri tenis dersim var.)*

sauce *(so:s) i.* sos, salça. **I love ice cream with chocolate sauce.** *(Çikolata soslu dondurmaya bayılırım.)*

sausage *('so:sıc) i.* sucuk, sosis. **For breakfast we grilled some sausages.** *(Kahvaltı için ızgarada biraz sucuk kızarttık.)*

savage *('sävıc) s.* vahşi, yabani. **This is a savage dog.** *(Bu vahşi bir köpektir.)*

save *(seyv) f.* biriktirmek, saklamak; korumak, kurtarmak. **He saved me from drowning.** *(Beni boğulmaktan kurtardı.)*

savior *('seyvyır) i.* kurtarıcı. **This money has become my savior.** *(Bu para benim kurtarıcım oldu.)*

saw *(so:) i.* testere. **There is an old saw in the basement.** *(Bodrumda eski bir testere var.)*

say *(sey) f.* söylemek, demek. **Say what's on your mind.** *(Aklındakini söyle.)*

scale *(skeyl) i.* derece, ölçü, boyut, kapsam, ölçek. **In a map drawn to the scale 1:50,000, one centimeter represents half a kilometer.** *(1:50.000 ölçeğinde çizilmiş bir haritada, bir santimetre yarım kilometreyi gösterir.)*

scan *(skän) f.* taramak, incelemek, gözden geçirmek. **I scanned the newspaper.** *(Gazeteyi gözden geçirdim.)*

scar *(skar) i.* yara izi. **Mehmet has a scar on his face.** *(Mehmet'in yüzünde yara izi vardır.)*

scare *(skeır) f.* korkutmak. **That big dog scared me.** *(O iri köpek beni korkuttu.)*

scarecrow *('skeırkrou) i.* bostan korkuluğu. **The scarecrow scares away the birds.** *(Bostan korkuluğu kuşları korkutup kaçırır.)*

scarf *(skarf) i.* eşarp; atkı. **My grandma always wears a scarf.** *(Babaannem her zaman eşarp takar.)*

scene *(si:n) i.* sahne, perde; manzara. **The heroine died in the last scene of the play.** *(Oyunun son sahnesinde kadın kahraman öldü.)*

scenery *('si:nıri) i.* manzara. **Our house has a beautiful scenery.** *(Evimizin güzel bir manzarası vardır.)*

scent *(sent) i.* güzel koku, esans. **Roses have a delightful scent.** *(Güllerin hoş bir kokusu vardır.)*

schedule *('skecıl) i.* program, liste, çizelge. **Don't digress the schedule.** *(Programın dışına çıkmayın.)*

scholarship *('skalırşip) i.* ilim, irfan; burs. **I won a scholarship.** *(Bir burs kazandım.)*

school *(sku:l) i.* okul. **Which school do you go to?** *(Hangi okula gidiyorsun?)* **school bus** okul servisi. **My school bus is late this morning.** *(Okul servisim bu sabah gecikti.)* **schoolyard** okul bahçesi. **We have a wide skoolyard.** *(Geniş bir okul bahçemiz var.)*

science *('sayıns) i.* fen; bilim, ilim dalı. **My son is showing an interest in science.** *(Oğlum bilime ilgi gösteriyor.)*

scientific *('sayntifik) s.* bilimsel. **What is the most important scientific discovery of this century?** *(Bu asrın en önemli bilimsel buluşu nedir?)*

scientist *('sayntist) i.* bilim adamı. **Scientists have shown that**

there is a connection between cigarette smoking and certain diseases. *(Bilim adamları, sigara içmek ile bazı hastalıklar arasında bir bağlantı olduğunu kanıtladılar.)*

scissors *('sizırz) i.* makas. **This pair of scissors is very sharp.** *(Bu makas çok keskindir.)*

score¹ *(skor) f.* gol atmak, puan kazanmak **They scored a goal in the first minute.** *(İlk dakikada bir gol attılar.)*

score² *(skor) i.* skor, sayı, puan, not. **He always gets high scores in tests.** *(Sınavlarda hep yüksek not alır.)*

scorpion *('skorpiın) i.* akrep. **A scorpion has got eight legs.** *(Akreplerin sekiz bacağı vardır.)*

scratch *(skräç) f.* tırmalamak, kazımak; kaşımak, tahriş etmek. **The cat scratched me.** *(Kedi beni tırmaladı.)*

scream *(skri:m) f.* çığlık atmak, bağırmak. **I screamed with pain.** *(Acıyla çığlık attım.)*

scream *(skri:m) i.* çığlık, feryat. **Have you heard a scream?** *(Bir çığlık duydun mu?)*

screen *(skri:n) i.* ekran, perde; sinema. **This television's screen width is ideal.** *(Bu televizyonun ekran genişliği ideal.)*

screw *(skru:) i.* vida. **This screw is loose.** *(Bu vida gevşemiş.)*

screwdriver *('skru:drayvır) i.* tornavida. **The tools I need are a**

hammer and a screwdriver. *(İhtiyacım olan aletler bir çekiç ve bir tornavidadır.)*

script *(skript) i.* yazı, senaryo; el yazısı. **Did you read the script?** *(Senaryoyu okudunuz mu?)*

sea *(si:) i.* deniz. **A dolphin is a mammal which lives in the sea.** *(Yunus balığı denizde yaşayan bir memelidir.)*

seahorse *('sihoos) i.* denizatı. **The seahorses is very rare.** *(Deniz atları nadir bulunur.)*

seashore *('si:şor) i.* deniz kıyısı, sahil. **We swam to the seashore.** *(Kıyıya yüzdük.)*

seaside *('si:sayd) i.* sahil, kıyı. **The seaside is not so crowded today.** *(Sahil bugün o kadar kalabalık değil.)*

season *('si:zın) i.* mevsim, sezon. **The weather is rainy in this season.** *(Bu mevsimde hava yağışlı olur.)*

seat *(si:t) i.* oturacak yer, koltuk. **There is no vacant seat.** *(Hiç boş yer yok.)*

second[1] *('sekınd) i.* saniye. **Wait a second, please.** *(Bir saniye bekleyin lütfen.)*

second[2] *('sekınd) s.* ikinci. **The Sahara is the world's second largest desert after Antarctica.** *(Sahra Çölü Antarktika'dan sonra dünyanın ikinci büyük çölüdür.)*

secondary *('sekınderi) s.* ikinci derecede olan, ikincil. It has a secondary importance. *(Bunun ikincil bir önemi var.)* **secondary school** ortaokul. We moved İstanbul while I was at secondary school. *(Ben ortaokuldayken İstanbul'a taşındık.)*

secret¹ *('sikrıt) i.* giz, sır, muamma. I don't want anyone to know my secret. *(Sırrımı kimsenin bilmesini istemiyorum.)*

secret² *('sikrıt) s.* gizli, saklı, esrarlı. They had made a secret agreement. *(Gizli bir anlaşma yapmışlar.)*

secretary *('sekrıteri) i.* sekreter, katip. I need a secretary to help with my correspondence. *(Yazışmalarıma yardım edecek bir sekretere ihtiyacım var.)*

section *('sekşın) i.* kısım, bölüm, kesit, bölge. Please read the first section before class. *(Lütfen dersten önce birinci bölümü okuyun.)*

security *(si'kyurıti) i.* güvenlik, emniyet; teminat. We have to pat down you for security reasons. *(Güvenlik sebebiyle üstünüzü aramak zorundayız.)*

see *(si:) f.* görmek; bakmak; anlamak. You can see the sea from our balcony. *(Balkonumuzdan denizi görebilirsiniz.)*

seed *(si:d) i.* tohum, çekirdek. **I planted seeds in the garden.** *(Bahçeye tohumlar ektim.)*

seem *(si:m) f.* görünmek, gözükmek, benzemek. **She seemed cool and confident.** *(Sakin ve kendinden emin görünüyordu.)*

seesaw *('si:so:) i.* tahterevalli. **I had fallen down the seesaw when I was a child.** *(Çocukken tahterevalliden düşmüştüm.)*

seldom *('seldım) z.* nadiren, seyrek. **Frank seldom joins us on Sundays.** *(Frank, Pazar günleri nadiren bize katılır.)*

select *(si'lekt) f.* seçmek, ayırmak. **You can select whichever you'd like.** *(Hangisini istersen seçebilirsin.)*

selection *(si'lekşın) i.* seçme, ayırma. **The selections will last two days.** *(Seçmeler iki gün sürecek.)*

selfish *('selfiş) s.* bencil, egoist. **Mary is a selfish person.** *(Mary, bencil bir insandır.)*

sell *(sel) f.* satmak. **This shop sells articles of all kinds.** *(Bu mağaza her türden eşya satar.)*

semester *(sı'mestır) i.* yarıyıl, dönem, sömestir. **I was not that successful last semester.** *(Geçen dönem kadar başarılı değilim.)*

send *(send) f.* göndermek, yollamak. **He sent me this photograph.** *(Bana bu fotoğrafı gönderdi.)*

sense *(sens) i.* his, duyu. **We have five senses.** *(Beş duyumuz vardır.)*

sentence *('sentıns) i.* cümle, tümce. **Make a full sentence, please.** *(Tam bir cümle kur lütfen.)*

separate¹ *('sepıreyt) f.* ayırmak, bölmek. **Hyphen is used to separate words into syllables.** *(Tire, kelimeleri hecelere ayırmak için kullanılır.)*

separate² *('sepırıt) s.* ayrı, farklı. **This word has two separate meanings.** *(Bu kelimenin iki farklı anlamı vardır.)*

September *(sep'tembır) i.* Eylül. **If you had born in September, you are either virgo or libra.** *(Eğer Eylül'de doğmuşsan ya başak burcusun ya da terazi.)*

serious *('siriıs) s.* ciddi. **Smoking can cause serious harm to the lungs.** *(Sigara içmek akciğerlerde ciddi hasara neden olabilir.)*

servant *('sörvınt) i.* hizmetçi, uşak. **The servants wear uniform.** *(Hizmetçiler üniforma giyiyorlar.)*

serve *(sörv) f.* hizmet etmek, servis yapmak. **I served the soup to the guests.** *(Misafirlere çorba servisi yaptım.)*

service *('sörvıs) i.* hizmet, görev, servis. **My brother is doing his military service in Kars.** *(Erkek kardeşim askerlik hizmetini Kars'ta yapıyor.)*

set *(set) f.* koymak, yerleştirmek, hazırlamak, kurmak, ayarlamak, belirlemek; batmak. **The sun**

rises in the east and sets in the west. *(Güneş doğudan yükselir ve batıdan batar.)*

set *(set) i.* takım, grup. **This tea set has got sixteen pieces.** *(Bu çay setinin 16 parçası var.)*

seven *('sevın) s.* yedi. **The Pyramid of Cheops is one of the seven wonders of World.** *(Keops Piramidi, Dünya'nın yedi harikasından biridir.)*

seventeen *(sevın'ti:n) s.* on yedi. **Burcu is seventeen years old.** *(Burcu, on yedi yaşındadır.)*

seventeenth *(sevın'ti:nth) s.* on yedinci. **I'm on the seventeenth line.** *(Ben on yedinci sıradayım.)*

seventh *('sevınth) s.* yedinci. **This is the seventh time that I called you.** *(Bu, seni yedinci kez arayışım.)*

several *('sevırıl) s.* birkaç. **There were several types of cheese on the table.** *(Masada birkaç çeşit peynir vardı.)*

sew *(sou) f.* dikiş dikmek. **My father used to sew long ago.** *(Babam eskiden dikiş dikerdi.)*

shadow *('şädou) i.* gölge; karanlık, hayalet. **The dog is sleeping in the shadow.** *(Köpek gölgede uyuyor.)*

shake *(şeyk) f.* el sıkışmak; sarsmak, sallamak, çalkalamak, silkelemek. **He shook his fist angrily.** *(Yumruğunu öfkeyle salladı.)*

shall *(şäl) f.* -ecek, -acak. **I shall see you tomorrow.** *(Seni yarın göreceğim.)*

shampoo *(şäm'pu:)* *i.* şampuan. **This shampoo is suitable for greasy hair.** *(Bu şampuan yağlı saçlar için uygundur.)*

shape *(şeyp) i.* biçim, şekil, durum. **Before answering the question, look at the shape.** *(Soruyu cevaplamadan önce şekli inceleyin.)*

share *(şeır) f.* paylaşmak, paylaştırmak, bölüşmek. **We shared the money between us.** *(Parayı aramızda bölüştük.)*

shark *(şark) i.* köpekbalığı. **There might be a shark in the sea.** *(Denizde köpekbalığı olabilir.)*

sharp *(şarp) s.* keskin, sivri, sert; acı, ekşi; zeki. **This is a sharp knife.** *(Bu keskin bir bıçaktır.)*

sharpen *('şarpın) f.* sivriltmek, bilemek. **The butcher sharpened all his knives.** *(Kasap, bütün bıçaklarını biledi.)*

shave *(şeyv) f.* tıraş etmek, tıraş olmak. **My husband shaves twice a week.** *(Eşim haftada iki kez tıraş olur.)*

she *(şi:) zam.* (kadın) o. **She's a teacher.** *(O bir öğretmendir.)*

sheep *(şi:p) i.* koyun. **The sheep are in the meadow.** *(Koyunlar çayırdalar.)*

sheet *(şi:t) i.* çarşaf; yaprak, tabaka. **I put clean sheets on the beds.** *(Yataklara temiz çarşaflar serdim.)*

shelf *(şelf) i.* raf. **What is the depth of the shelves?** *(Rafların derinliği nedir?)*

shell *(şel) i.* kabuk. **Mussels live inside a shell.** *(Midyeler bir kabuğun içinde yaşar.)*

shelter *('şeltır) i.* sığınak, barınak. **Isn't there a shelter in this building?** *(Bu binada sığınak yok mu?)*

shepherd *('şepırd) i.* çoban. **The shepherd gathered the sheep.** *(Çoban, koyunları bir araya topladı.)*

shine *(şayn) f.* parlamak, parlatmak. **The sun is shining.** *(Güneş parlıyor.)*

ship *(şip) i.* gemi, vapur. **A ship appeared on the horizon.** *(Ufukta bir gemi belirdi.)*

shirt *(şört) i.* gömlek. **Would you like me to iron your shirt?** *(Gömleğini ütülememi ister misin?)*

shock *(şak) i.* şok, sarsıntı, darbe. **She still hasn't got over the shock.** *(Hâlâ şoku atlamadı.)*

shocking *('şaking) s.* şaşırtıcı, şok edici, sarsıcı. **I heard some shocking news.** *(Bazı şaşırtıcı haberler duydum.)*

shoe *(şu:) i.* ayakkabı. **I bought a new pair of red shoes.** *(Yeni bir çift kırmızı ayakkabı aldım.)*

shoelace *('şu:leys) i.* ayakkabı bağcığı. **Tie your shoelaces.** *(Ayakkabı bağcıklarını bağla.)*

shoot *(şu:t) f.* ateş etmek, silahla vurmak; atmak, fırlatmak; fotoğraf çekmek. **The governer was shooted yesterday night.** *(Dün gece vali vuruldu.)*

shop *(şap) i.* mağaza, dükkân. **This shop sells articles of all kinds.** *(Bu mağaza her türden eşya satar.)*

shore *(şör) i.* kıyı, sahil; dayanak, destek. **I swam to the shore.** *(Kıyıya yüzdüm.)*

short *(şort) s.* kısa. **I'm quite short but my sister is very tall.** *(Ben oldukça kısayımdır fakat kız kardeşim çok uzundur.)*

shortage *('şortıc) i.* eksiklik, kıtlık, açık. **There was a shortage of water in the city.** *(Şehirde su açığı vardı.)*

shortly *('şortli) z.* kısaca; yakında, kısa zamanda, az sonra. **I will be back shortly.** *(Az sonra döneceğim.)*

shot *(şat) i.* ateş, el; atış, vuruş; silah sesi; fotoğraf, çekim. **The police fired one shot.** *(Polis bir el ateş etti.)*

should *(şud) f.* -meli, -malı. **You shouldn't park your car in the main road.** *(Arabanı ana caddeye park etmemelisin.)*

shoulder *('şouldır) i.* omuz; destek. **I will show you some special neck and shoulder exercises.** *(Sana bazı özel boyun ve omuz egzersizleri göstereceğim.)*

shout *(şaut) f.* bağırmak. **She shouted at her children.** *(Çocuklarına bağırdı.)*

show *(şou) f.* göstermek, görünmek. **I showed him my holiday photographs.** *(Ona tatil fotoğraflarımı gösterdim.)*

shower *('şauır) i.* duş; sağanak. **I will have a shower.** *(Bir duş alacağım.)*

shrink *(şrink) f.* çekmek, küçülmek, büzülmek, daralmak. **My new jersey has shrunk.** *(Yeni kazağım küçülmüş.)*

shut *(şat) f.* kapamak, kapanmak, kapatmak. **I shut my eyes.** *(Gözlerimi kapadım.)*

shy *(şay) s.* utangaç, çekingen, ürkek. **Deer are very shy animals.** *(Geyikler çok ürkek hayvanlardır.)*

sick *(sik) s.* hasta, keyifsiz. **We called the vet out to treat our sick dog.** *(Hasta köpeğimizi tedavi etmesi için veterineri çağırdık.)*

side *(sayd) i.* yan, taraf, kenar. **We live on the opposite side of the street.** *(Sokağın karşı tarafında oturuyoruz.)*

sidewalk *('saydwo:k) i.* kaldırım. **You'd better not put the chairs on the sidewalk.** *(Sandalyeleri kaldırıma koymasan iyi olur.)*

sight *(sayt) i.* görme, görüş; görünüm, manzara. **I recalled you at first sight.** *(Seni ilk görüşte tanıdım.)*

sign¹ *(sayn) f.* imzalamak. **Each poster is signed by the artist.** *(Her afiş sanatçı tarafından imzalandı.)*

sign² *(sayn) i.* işaret, iz; levha, tabela. **We managed to communicate with each other by using sign language.** *(İşaret dili kullanarak birbirimizle iletişim kurmayı başardık.)*

signal *('signıl) i.* sinyal. **An aerial is a device that sends or receives television or radio signals.** *(Anten televizyon veya radyo sinyalleri alıp veren bir aygıttır.)*

signature *('signıçır) i.* imza. **They couldn't approve it without your signature.** *(Senin imzan olmadan kabul etmezler.)*

silence *('saylıns) i.* sessizlik. **There was a tense silence between us.** *(Aramızda gergin bir sessizlik vardı.)*

silent *('saylınt) s.* sessiz. **Derya was so silent during the dinner.** *(Derya, yemek boyunca çok sessizdi.)*

silk *(silk) s.* ipek. **She was wearing a silk shirt.** *(İpek bir gömlek giyiyordu.)*

silly *('sili) s.* aptal, sersem; saçma, gülünç. **What he has told was a silly story.** *(Anlattığı saçma bir hikâyeydi.)*

silver *('silvır) i., s.* gümüş. **This ring is made of pure silver.** *(Bu yüzük saf gümüşten yapılmıştır.)*

similar *('similır)* s. benzer. **A grapefruit is a fruit similar to an orange.** *(Greyfurt portakala benzeyen bir meyvedir.)*

simple *('simpıl)* s. basit, kolay, yalın, sade. **It isn't a simple work that you think.** *(Sandığın kadar basit bir iş değil.)*

since[1] *(sins)* b. -dığı için. **I drove the car slowly since I had plenty of time.** *(Bol vaktim olduğu için arabayı yavaş sürdüm.)*

since[2] *(sins)* e. -den beri. **I have been keeping a diary since I was seven.** *(Yedi yaşımdan beri günlük tutuyorum.)*

sincere *(sin'siır)* s. içten, samimi, candan. **Thank you for your sincere wishes.** *(İçten dileklerin için teşekkürler.)*

sing *(sing)* f. şarkı söylemek, ötmek. **They sang all together.** *(Hep birlikte şarkı söylediler.)*

singer *('singır)* i. şarkıcı. **He is both a singer and an actor.** *(O, hem şarkıcı hem oyuncu.)*

single *('singıl)* s. tek; bekâr. **Don't say even a single word!** *(Tek bir kelime bile etme!)*

singular *('singyulır)* s. tekil; yalnız, tek. **Mouse is a singular noun, and mice is its plural form.** *(Fare tekil isimdir, fareler onun çoğul hâlidir.)*

sink¹ *(sink)* f. batmak, dalmak. **A ship has sank in the early morning.** *(Sabahın erken saatlerinde bir gemi batmış.)*

sink² *(sink)* i. lavabo. **The tap in the kitchen sink is leaking.** *(Mutfağın lavabosundaki musluk su sızdırıyor.)*

sister *('sistır)* i. kız kardeş. **My sister is 10 years old.** *(Kız kardeşim 10 yaşındadır.)*

sit *(sit)* f. oturmak. **Come and sit beside me.** *(Gel ve yanıma otur.)*

situation *(siçu'eyşın)* i. durum, konum. **What is our current economic situation?** *(Güncel ekonomik durumumuz nedir?)*

six *(siks)* s. altı. **You have six new messages.** *(Altı yeni mesajınız var.)*

sixteen *(siks'ti:n)* s. on altı. **The licence plate of Bursa is sixteen.** *(Bursanın plakası on altıdır.)*

sixteenth *(siks'ti:nth)* s. on altıncı. **This is her sixteenth birthday.** *(Bu onun on altıncı yaş günü.)*

sixth *(siksth)* s. altıncı. **Eva became the sixth in the race.** *(Eva, yarışta altıncı oldu.)*

sixty *('siksti)* s. altmış. **The club has sixty members.** *(Derneğin altmış üyesi var.)*

size *(sayz)* i. büyüklük, hacim, beden, numara, boy. **I bought the wrong size belt.** *(Yanlış beden kemer almışım.)*

skate *(skeyt) f.* paten yapmak, patenle kaymak. There is an area for skating in the park. *(Parkta paten yapmak için alan var.)*

skeleton *('skelıtın) i.* iskelet; taslak. We saw the skeletons in the museum. *(Müzede iskeletler gördük.)*

ski *(ski:) f.* kayak yapmak. Shall we go water-skiing? *(Su kayağı yapmaya gidelim mi?)*

skill *(skil) i.* beceri, marifet, hüner, maharet. Show us all your skills. *(Bize bütün marifetlerini göster.)*

skin *(skin) i.* deri, cilt. The sun can damage your skin. *(Güneş, cildinize zarar verebilir.)*

skip *(skip) f.* atlamak, sıçramak, sekmek. Let's skip this part. *(Bu bölümü atlayalım.)*

skirt *(skört) i.* etek. She wore a blue skirt. *(Mavi bir etek giydi.)*

sky *(skay) i.* gökyüzü, gök. It is impossible to count the stars in the sky. *(Gökyüzündeki yıldızları saymak imkânsızdır.)*

skyscraper *('skayskreypır) i.* gökdelen. Which is the highest skyscraper in Turkey? *(Türkiye'deki en yüksek gökdelen hangisidir?)*

slave *(sleyv) i.* köle, esir, kul. The workers are not slaves. *(İşçiler köle değildir.)*

sleep¹ *(sli:p) f.* uyumak. I can't sleep in the daytime. *(Gündüz vakti uyuyamam.)*

sleep² *(sli:p)* i. uyku. **I have been deprived of sleep for two nights.** *(İki gece boyunca uykudan mahrum kaldım.)*

sleepy *('sli:pi)* s. uykulu, uykusu olan. **Your father seems so sleepy.** *(Babanız çok uykulu görünüyor.)*

slice *(slays)* i. dilim. **Would you like another slice of cake?** *(Bir dilim kek daha ister miydiniz?)*

slide *(slayd)* f. kaymak, kaydırmak. **I slided the sofa in front of the window.** *(Kanepeyi pencerenin önüne kaydırdım.)*

slightly *('slaytli)* z. biraz, hafifçe. **I'm slightly taller than my sister.** *(Kız kardeşimden biraz daha uzunumdur.)*

slim *(slim)* s. ince, zayıf, narin. **We have a slim chance of winning.** *(Kazanma şansımız zayıf.)*

slip *(slip)* f. kaymak; sıvışmak, kaçmak. **I slipped quietly out of the back door.** *(Arka kapıdan sessizce sıvıştım.)*

slipper *('slipır)* i. terlik. **My mother told me to wear my slippers.** *(Annem, terliklerimi giymemi söyledi.)*

slow *(slou) s.* yavaş, ağır. If he wasn't such a slow driver, we wouldn't be late. *(O kadar yavaş bir sürücü olmasaydı geç kalmazdık.)* **slow down** yavaşlamak, yavaşlatmak. Collecting the documents slows down the process. *(Belgeleri toparlamak süreci yavaşlatıyor.)*

small *(smol) s.* küçük, ufak. Ants are small insects. *(Karıncalar küçük böceklerdir.)*

smart *(smart) s.* zeki, akıllı; şık, zarif. She looks so smart in her new dress. *(Yeni elbisesiyle çok şık görünüyor.)*

smell[1] *(smel) f.* koklamak, kokmak. The food smells nice. *(Yemek güzel kokuyor.)*

smell[2] *(smel) i.* koku. There is an unpleasant smell in this room. *(Bu odada hoş olmayan bir koku var.)*

smile *(smayl) f.* gülümsemek. Onur was smiling. *(Onur, gülümsüyordu.)*

smoke[1] *(smouk) f.* sigara içmek. You should cut out smoking. *(Sigara içmeyi bırakmalısın.)*

smoke[2] *(smouk) i.* duman; tütün, sigara. The smoke made her cough. *(Duman onu öksürttü.)*

smooth *(smu:dh) i.* düz, pürüzsüz, düzgün. It should be a smooth ground. *(Pürüzsüz bir zemin olmalı.)*

snail *(sneyl) i.* salyangoz. Some people eat snail. *(Bazı insanlar salyangoz yer.)*

snake *(sneyk) i.* yılan. I have never seen such a big snake. *(Hiç bu kadar büyük bir yılan görmemiştim.)*

sneeze *(sni:z) f.* aksırmak, hapşırmak. **I've been sneezing since last night.** *(Dün geceden beri hapşırıyorum.)*

snow¹ *(snou) f.* kar yağmak. **I lift the curtain while it's snowing.** *(Kar yağarken perdeyi açarım.)*

snow² *(snou) i.* kar. **There was snow on the hills but not in the valley.** *(Tepelerde kar vardı fakat vadide yoktu.)* **snowball** kar topu. **Let's play snowball.** *(Haydi kar topu oynayalım.)* **snowman** kardan adam. **I made that snowman all by myself.** *(O kardan adamı tamamen kendi başıma yaptım.)*

so *(sou) b.* bu yüzden, bu nedenle, diye. **I had lost my book so I had to buy a new one.** *(Kitabımı kaybettim, bu nedenle yenisini almak zorunda kaldım.)*

soap *(soup) i.* sabun. **Do you have an extra soap?** *(Fazladan sabunun var mı?)*

sob *(sab) f.* içini çekerek ağlamak, hıçkırarak ağlamak. **The little girl was sobbing.** *(Küçük kız hıçkırarak ağlıyordu.)*

soccer *('sakır) i.* futbol. **Boys play soccer at school.** *(Çocuklar okulda futbol oynarlar.)*

society *(sı'sayıti) i.* toplum, cemiyet. **A fair justice system is an important part of civilized society.** *(Tarafsız bir adalet sistemi, uygar toplumun önemli bir parçasıdır.)*

sock *(sak) i.* çorap. **Your socks are in the first drawer.** *(Çorapların ilk çekmecedeler.)*

socket *('sakit) i.* priz, duy. **Sockets are dangerous for children.** *(Prizler çocuklar için tehlikelidir.)*

sofa *('soufı) i.* divan, kanepe. **I want to lie down on the sofa for a while.** *(Biraz kanepeye uzanmak istiyorum.)*

soft *(soft) s.* yumuşak; uysal, sakin; hafif, narin. **This is a soft cushion.** *(Bu yumuşak bir yastıktır.)*

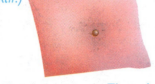

soil *(soyl) i.* toprak. **The rain fertilizes the soil.** *(Yağmur, toprağın bereketini artırır.)*

soldier *('soulcır) i.* asker, er. **The soldiers are guarding the border.** *(Askerler sınırı koruyorlar.)*

solid *('salid) s.* katı, sağlam, sert. **This is a solid building.** *(Bu, sağlam bir yapıdır.)*

solution *(sı'lu:şın) i.* çözüm, çare, izah. **We need to find a solution.** *(Bir çözüm bulmamız gerekiyor.)*

solve *(solv) f.* çözmek, halletmek. **Have you solved the problem?** *(Sorunu çözdün mü?)*

some *(sam)* s. biraz, birkaç. **Will you give me some water?** *(Bana biraz su verir misin?)*

somebody *('sambadi)* zam. biri, birisi. **Somebody is ringing the door bell.** *(Birisi kapı zilini çalıyor.)*

something *('samthing)* zam. bir şey. **Something in the fridge smells odd.** *(Buzdolabındaki bir şey tuhaf kokuyor.)*

sometimes *('samtaymz)* z. bazen, ara sıra. **Sometimes it is best not to say anything.** *(Bazen hiçbir şey söylememek en iyisidir.)*

somewhere *('samweır)* z. bir yer, bir yere, bir yerde. **I'm looking for somewhere to stay.** *(Kalacak bir yer arıyorum.)*

son *(san)* i. oğul, erkek evlat. **We have two sons.** *(İki oğlumuz var.)*

song *(song)* i. şarkı. **Have you ever composed a song?** *(Bugüne kadar hiç şarkı besteledin mi?)*

soon *(su:n)* z. yakında, çok geçmeden, birazdan, şimdi. **I'll be there soon.** *(Yakında orada olacağım.)*

sore *(so:r)* s. ağrılı, acılı. **Many people have a mild sore throat**

at the beginning of every cold. *(Her soğuk algınlığı başlangıcında birçok insanın hafif bir boğaz ağrısı olur.)*

sorry *('sori) s.* üzgün, pişman. **I'm very sorry to have you offended.** *(Seni kırdığım için çok üzgünüm.)*

sort *(sort) i.* tür; çeşit. **What sort of music do you listen to?** *(Ne tür müzik dinlersin?)*

sound *(saund) i.* ses. **I listened to the sound of the waves crashing against the shore.** *(Kıyıya vuran dalgaların sesini dinledim.)*

soup *('su:p) i.* çorba. **She ate a bowl of chicken soup.** *(Bir kâse tavuk çorbası yedi.)*

sour *('sauır) s.* ekşi. **Acids generally have a sour taste.** *(Asitlerin genellikle ekşi bir tadı vardır.)*

source *(so:rs) i.* kaynak. **Watermelon is an excellent source of vitamin C and vitamin A.** *(Karpuz mükemmel bir C vitamini ve A vitamini kaynağıdır.)*

south *(sauth) i.* güney. **These flats are all heads south.** *(Bu evlerin tamamı güneye bakar.)* **southeast** güneydoğu. **southwest** güneybatı.

souvenir *('su:vınıır) i.* hediyelik eşya, hatıra. **Is there a souvenir shop around?** *(Civarda hediyelik eşya dükkânı var mı?)*

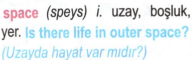

space *(speys) i.* uzay, boşluk, yer. **Is there life in outer space?** *(Uzayda hayat var mıdır?)*

spare *(speır) s.* yedek; fazla, artan. **Who has a spare copy?** *(Kimde yedek kopya var?)*

sparrow *('sperou) i.* serçe. **The sparrows are eating the crumbs on the window.** (Serçeler, penceredeki kırıntıları yiyorlar.)

speak *(spi:k) f.* konuşmak, konuşma yapmak. **He spoke with an injured voice.** (İncinmiş bir sesle konuştu.)

special *('speşıl) s.* özel. **This is a special school for deaf children.** (Burası sağır çocuklar için özel bir okuldur.)

specialist *('speşılist) i.* uzman. **The staff consists of specialists.** (Kadro, uzmanlardan oluşmaktadır.)

spectator *(spek'teytır) i.* seyirci. **The spectators are all children.** (Seyircilerin tamamı çocuk.)

speech *(spi:ç) i.* konuşma. **My father will make a speech now.** (Şimdi babam bir konuşma yapacak.)

speed *(spi:d) i.* hız, sürat. **The speed limit on this road is 90 kilometers.** (Bu yoldaki hız sınırı 90 kilometredir.)

spell *(spel) f.* harflemek. **How do you spell this word?** (Bu kelimeyi nasıl harflersin?)

spend *(spend) f.* para harcamak; zaman geçirmek. **I spent the afternoon sunbathing.** (Öğleden sonrayı güneşlenerek geçirdim.)

spice *(spays) i.* baharat. **Do you know what this spice is?** (Bu baharatın ne olduğunu biliyor musun?)

spider *('spaydır) i.* örümcek. **I saw a big spider on the wall.** (Duvarda büyük bir örümcek gördüm.)

spill *(spil) f.* dökmek, saçmak, düşmek; dökülmek, itiraf etmek. **Aslı, who has not been speaking for days, spilled in the end.** (Günlerdir konuşmayan Aslı, sonunda döküldü.)

spin *(spin) f.* döndürmek, dönmek. **The World spins fast.** (Dünya hızlı döner.)

spinach *('spinıc) i.* ıspanak. **I want spinach with some yoghurt.** (Yoğurtlu ıspanak istiyorum.)

splendid *('splendid) s.* şahane, fevkalade, muhteşem. **Turkey has a splendid nature.** (Türkiye'nin muhteşem bir doğası var.)

spoil *(spoyl) f.* bozmak, mahvetmek. **Who spoiled the remote control?** (Kumandayı kim bozdu?)

sponge *(spanc) i.* sünger. **Give me a new dish sponge.** (Bana yeni bir bulaşık süngeri ver.)

sponsor *('spansır) i.* kefil, sponsor. **It's really hard to find a sponsor.** (Sponsor bulmak gerçekten zor.)

spoon *(spu:n) i.* kaşık. **Could I have a tea spoon?** (Bir çay kaşığı alabilir miyim?)

sport *(sport) i.* spor, oyun. **Parachuting is an aerial sport.** (Paraşütle atlama bir hava sporudur.)

spot *(spat) i.* leke, nokta, benek; yer, mahal. **There is a yellow spot on your shirt.** *(Gömleğinde sarı bir leke var.)*

spray *(sprey) f.* püskürtmek. **Hale is spraying water on the flowers.** *(Hale, çiçeklere su püskürtüyor.)*

spread *(spred) f.* yayılmak, yaymak, sürmek, sermek, dağıtmak. **My mother spread marmalade on my toast.** *(Annem kızarmış ekmeğime marmelat sürdü.)*

spring *(spring) i.* ilkbahar; kaynak, memba. **Janet will give birth in spring.** *(Janet, ilkbaharda doğum yapacak.)*

spy *(spay) i.* casus, ajan. **There is a spy among us.** *(Aramızda bir casus var.)*

square *(skweır) i.* kare; meydan, alan. **A square has four corners.** *(Bir karenin dört köşesi vardır.)*

squash *(skwoş) i.* kabak; pelte. **My aunt brings us squash from the village.** *(Teyzem, bize köyden kabak getirir.)*

squeeze *(skwi:z) f.* sıkmak, ezmek. **Do you squeeze the toothpaste tube from the bottom or middle?** *(Diş macunu tüpünü alttan mı ortadan mı sıkarsın?)*

squirrel *('skwirıl) i.* sincap. **There was a little squirrel in the middle of the road.** *(Yolun ortasında küçük bir sincap vardı.)*

stadium *('steydiım) i.* stadyum. **The athlete carried the Olympic**

torch into the stadium. *(Atlet, Olimpiyat meşalesini stadyuma taşıdı.)*

stage *(steyc) i.* sahne. Tolga has a serious stage fright. *(Tolga'nın ciddi bir sahne korkusu var.)*

stair *(steır) i.* basamak. Mind the stair! *(Basamağa dikkat et!)*

stairway *('steırwey) i.* merdiven. You have fallen your earring on the stairway. *(Küpeni merdivende düşürmüşsün.)*

stall *(sto:l) i.* ahır; tezgâh, stant, küçük dükkan. The stall is almost empty. *(Tezgâh neredeyse boş.)*

stamp *(stämp) i.* pul; damga. You need to stick a stamp onto that envelope. *(O zarfın üstüne bir pul yapıştırman gerekir.)*

stand *(ständ) f.* ayakta durmak, kalkmak, dikilmek. He was standing by the window. *(Pencerenin yanında duruyordu.)* stand up ayağa kalkmak.

star *(star) i.* yıldız. It is impossible to count the stars in the sky. *(Gökyüzündeki yıldızları saymak imkânsızdır.)*

stare *(steır) f.* gözünü dikip bakmak. The man is staring here. *(Adam, gözünü dikmiş buraya bakıyor.)*

start *(start) f.* başlamak, başlatmak. Inflation will start to come

down. *(Enflasyon düşmeye başlayacak.)*

starve *(starv) f.* açlıktan ölmek, öldürmek. **To starve a child is not human.** *(Bir çocuğa açlık çektirmek insanca değildir.)*

state¹ *(steyt) f.* ifade etmek, söylemek, açıklamak. **This is not what we want to state.** *(İfade etmek istediğimiz şey bu değil.)*

state² *(steyt) i.* devlet, ülke; durum, vaziyet. **Over 300 million people live in the United States of America.** *(Amerika Birleşik Devletleri'nde 300 milyonun üzerinde insan yaşar.)*

statement *('steytmınt) i.* söz, ifade, demeç, beyanat. **I want to hear your statement.** *(İfadenizi duymak istiyorum.)*

station *('steyşın) i.* istasyon, gar, durak, merkez. **We stopped at the filling station to get some petrol.** *(Biraz benzin almak için benzin istasyonunda durduk.)*

stationery *('steyşıneri) i.* kırtasiye. **I'm waiting you in the stationery.** *(Kırtasiyede seni bekliyorum.)*

statue *('stäçu:) i.* heykel. **Statue of Liberty was presented to USA by France in 1886.** *(Özgürlük Heykeli 1886'da Fransa tarafından ABD'ye hediye edilmiştir.)*

stay *(stey) f.* kalmak, durmak, beklemek. **I'm looking for somewhere to stay.** *(Kalacak bir yer arıyorum.)*

steady (*'stedi*) s. sabit, değişmez, sağlam, güvenilir. **We have steady prices yearlong.** *(Yıl boyu sabit fiyat uyguluyoruz.)*

steak (*steyk*) i. biftek. **I'll have a salad with the steak.** *(Bifteğin yanında salata alacağım.)*

steal (*sti:l*) f. çalmak, aşırmak. **He was arrested for stealing a car.** *(Araba çalmaktan tutuklandı.)*

steam (*sti:m*) i. buhar. **How does a steam engine work?** *(Buharlı lokomotif nasıl çalışır?)*

steel (*sti:l*) i. çelik. **This car has steel rims.** *(Bu aracın çelik jantları vardır.)*

step¹ (*step*) f. ayak basmak, adım atmak. **We've just stepped in the fatherland.** *(Şimdi yurda ayak bastık.)*

step² (*step*) i. adım, basamak, aşama. **Learning English is an imperative step in the modern world today.** *(Bugünkü modern dünyada İngilizce öğrenmek zorunlu bir adımdır.)*

stick¹ (*stik*) f. yapışmak, yapıştırmak, saplamak, saplanmak. **You need to stick a stamp onto that envelope.** *(O zarfın üstüne bir pul yapıştırman gerekir.)*

stick² (*stik*) i. değnek, baston, sopa, çubuk. **My grandma uses a walking stick.** *(Anneannem baston kullanır.)*

still¹ (*stil*) s. hareketsiz, sakin. **He stood still for a while.** *(Bir müddet hareketsiz kaldı.)*

still² *(stil)* z. hâlâ; yine de. **My grandfather is still alive.** *(Dedem hâla sağdır.)*

sting *(sting)* f. (arı, böcek, vb.) sokmak, batmak. **A bee stang me when we had a picnic.** *(Piknik yaparken beni arı soktu.)*

stir *(stör)* f. karıştırmak; kımıldamak, harekete geçmek. **I put sugar into my tea and stirred it.** *(Çayıma şeker koydum ve karıştırdım.)*

stolen *('stoulın)* s. çalınmış, çalıntı. **That red one is a stolen car.** *(Şu kırmızı olan çalıntı araba.)*

stomach *('stamık)* i. mide, karın. **The stomach holds maximum four litres liquid.** *(Mide, en fazla dört litre sıvı tutar.)*

stone *(stoun)* i. taş. **The kid threw a stone at the bird.** *(Çocuk kuşa taş attı.)*

stool *(stu:l)* i. tabure, iskemle. **I sat down on the kitchen stool.** *(Mutfak taburesine oturdum.)*

stop *(stap)* f. durmak, durdurmak. **We stopped at the filling station to get some petrol.** *(Biraz benzin almak için benzin istasyonunda durduk.)*

store *(stor)* i. mağaza, dükkân. **Zeynep works in a book store.** *(Zeynep, kitap mağazasında çalışıyor.)*

stork *(stork)* i. leylek. **Have you ever seen a stork?** *(Hiç leylek gördün mü?)*

storm *(storm) i.* fırtına. **The storm caused a lot of damage.** *(Fırtına büyük zarara yol açtı.)*

story *('stori) i.* hikâye, öykü. **It was a very interesting story.** *(Çok ilginç bir öyküydü.)*

stove *(stouv) i.* soba, ocak. **Put the pan on the stove.** *(Tavayı ocağa koy.)*

straight *(streyt) s.* düz, doğru. **Draw a straight line.** *(Düz bir çizgi çizin.)*

strange *(streync) s.* garip, tuhaf; yabancı. **Look, there's a strange object in the sky!** *(Bak, gökyüzünde tuhaf bir cisim var!)*

stranger *('streyncır) i.* yabancı. **Nobody is stranger here.** *(Burada kimse yabancı değil.)*

straw *(stro:) i.* saman. **The cattle are lying on the straw.** *(Sığırlar samanların üstünde uzanıyorlar.)*

strawberry *('stro:beri) i.* çilek. **I love strawberry jam.** *(Çilek reçeline bayılırım.)*

stream *(stri:m) i.* akarsu, dere, çay, ırmak. **We walked along the stream.** *(Dere boyunca yürüdük.)*

street *(stri:t) i.* sokak, cadde. **I've marked our street on the map for you.** *(Senin için haritada sokağımızı işaretledim.)*

strength *(strength) i.* güç, kuvvet; dayanıklılık. **I gather strength by sports.** *(Spor sayesinde güç kazanıyorum.)*

stress *(stres) i.* stres, gerginlik; önem, vurgu. **I'd like to stress a point.** *(Bir noktayı vurgulamak isterim.)*

strict *(strikt) s.* sıkı, tam; dikkatli. **The doctor gave me strict instructions to change my diet.** *(Doktor beslenme şeklimi değiştirmem konusunda bana sıkı talimatlar verdi.)*

strike¹ *(strayk) f.* vurmak, çarpmak; dikkatini çekmek. **Why did you strike him?** *(Ona neden vurdun?)*

strike² *(strayk) i.* grev; vurma, çarpma. **The bus drivers are on strike.** *(Otobüs şoförleri grevdeler.)*

strip *(strip) f.* soymak, soyunmak. **I stripped the baby and put him in the bath.** *(Bebeği soyup banyoya soktum.)*

stripe *(strayp) i.* çizgi, çubuk. **Zebras have black and white stripes.** *(Zebraların siyah ve beyaz çizgileri vardır.)*

strong *(strong) s.* güçlü, kuvvetli, sağlam, dayanıklı. **My father has very strong arms.** *(Babamın çok güçlü kolları vardır.)*

structure *('strakçır) i.* yapı, bina, inşaat. **The Eiffel Tower is one**

of the most famous structures in the world. *(Eyfel Kulesi, dünyadaki en ünlü yapılardan biridir.)*

stubborn *('stabırn) s.* inatçı, dik başlı. **You are as stubborn as a mule.** *(Bir katır kadar inatçısın.)*

student *('stu:dınt) i.* öğrenci. **The teacher knew how to deal with lazy students.** *(Öğretmen tembel öğrencilerle nasıl ilgilenmesi gerektiğini biliyordu.)*

study *('stadi) f.* ders çalışmak, öğrenim görmek. **We need a map to study geography.** *(Coğrafya çalışabilmek için haritaya ihtiyacımız var.)*

stupid *('stu:pid) s.* aptal, saçma. **He isn't as stupid as he looks.** *(Göründüğü kadar aptal değildir.)*

style *(stayl) i.* tarz, stil, biçim. **Asuman has an extraordinary style.** *(Asuman'ın sıradışı bir tarzı var.)*

subject *('sabcıkt) i.* konu; ders; özne. **What was the subject of the debate?** *(Münazaranın konusu neydi?)*

submarine *('sabmıri:n) i.* denizaltı. **You have a chance to see a submarine.** *(Bir denizaltı görme şansınız var.)*

substance *('sabstıns) i.* madde, cisim; esas, öz. **Describe us the substance.** *(Bize bu maddeyi tanımla.)*

substitute *('sabstityut) i.* yedek; temsilci, vekil. **I'm here as the substitute of school.** *(Okul temsilcisi olarak buradayım.)*

subtract *(sıb'träkt) f.* çıkarmak, eksiltmek. **If you subtract 2 from 5, 3 is left.** *(5'ten 2 çıkarırsan 3 kalır.)*

subway *('sabwey) i.* metro. **I go to work by subway.** *(İşe giderken metro kullanıyorum.)*

succeed *(sık'sid) f.* başarmak, becermek. **We all believe you will succeed.** *(Başaracağına hepimiz inanıyoruz.)*

success *(sık'ses) i.* başarı. **I'm proud of your success.** *(Başarınla gurur duyuyorum.)*

such *(saç) s.* böyle, öyle; bunun gibi. **I've never seen such a beauty.** *(Böyle bir güzellik görmedim.)*

suffer *('safır) f.* acı çekmek, ıstırap çekmek. **He suffers because of this illness.** *(Bu hastalıktan ötürü acı çekiyor.)*

sufficient *(sı'fişınt) s.* yeterli, kâfi. **This is sufficient for me.** *(Bu benim için yeterli.)*

sugar *('şugır) i.* şeker; şekerim. **What's up, sugar?** *(Ne haber şekerim?)*

suggest *('sıcest) f.* önermek, teklif etmek. **May I suggest anything?** *(Bir şey önerebilir miyim?)*

suggestion *(sı'cesçın) i.* öneri, teklif. I'm always open to suggestions. *(Önerilere her zaman açığım.)*

suit *(suit) i.* takım elbise, tayyör, kostüm; dava. This suit doesn't fit you. *(Bu takım elbise sana uymuyor.)*

suitcase *('sutkeys) i.* valiz, bavul. I lost my suitcase at the airport. *(Havaalanında valizimi kaybettim.)*

summer *('samır) i.* yaz, yaz mevsimi. We go on a holiday in summer. *(Yazın tatile çıkarız.)*

sun *(san) i.* güneş. Sun is setting now. *(Güneş şimdi batıyor.)*

Sunday *('sandey) i.* Pazar günü. We're going to have a picnic on Sunday. *(Pazar günü pikniğe gideceğiz.)*

sunglasses *('sangläsiz) i.* güneş gözlüğü. I wear my sunglasses while driving. *(Araç kullanırken güneş gözlüklerimi takarım.)*

sunny *('sani) s.* güneşli. What a lovely sunny day. *(Ne güzel, güneşli bir gün.)*

supernatural *(supır'näçırıl) s.* doğaüstü, harikulade. This is a supernatural event. *(Bu, doğaüstü bir olaydır.)*

superstition *(supır'stişın) i.* hurafe, batıl inanç. **I have no superstition.** *(Benim batıl inançlarım yoktur.)*

supervisor *('supırvayzır) i.* müfettiş, denetçi. **Hakan is a supervisor in a bank.** *(Hakan, bir bankada müfettiştir.)*

support *(sı'port) f.* desteklemek; dayanmak, çekmek; geçindirmek. **I know that my family always supports me.** *(Ailemin beni her zaman desteklediğini biliyorum.)*

supportive *(sı'portiv) s.* destekleyici, dayanak. **You're not alone because you have supportive friends.** *(Yalnız değilsin, çünkü destekleyici arkadaşların var.)*

supreme *(sı'prim) s.* en yüksek, yüce. **This is the old Supreme Court building.** *(Eski Yüksek Mahkeme binası burasıdır.)*

sure *(şur) s.* emin, kesin, muhakkkak, şüphesiz. **Are you sure you are not hungry?** *(Aç olmadığına emin misin?)*

surface *('sörfıs) i.* yüzey; dış görünüş. **The surface is still wet.** *(Yüzey hala ıslak.)*

surgeon *('sörcın) i.* cerrah, operatör. **The surgeon is waiting for you in his office.** *(Cerrah, odasında sizi bekliyor.)*

surname *('sörneym) i.* soyisim, soyadı. **Don't forget to write your surname.** *(Soyadınızı yazmayı unutmayın.)*

surprise *(sör'prayz) i.* sürpriz; şaşkınlık, hayret. **It will be a big surprise for him.** *(Onun için büyük sürpriz olacak.)*

surrender *(sı'rendır) f.* teslim olmak. **They don't seem to surrender that easily.** *(O kadar kolay teslim olacak gibi görünmüyorlar.)*

surround *(sı'raund) f.* kuşatmak, çevirmek. **The police has surrounded them.** *(Polis, onları kuşattı.)*

survive *(sör'vayv) f.* yaşamak, hayatta kalmak. **The little girl has survived for a week by her own in the jungle.** *(Küçük kız ormanda bir hafta kendi başına yaşamış.)*

suspect *(sıs'pekt) f.* şüphelenmek, kuşkulanmak. **Is there anyone that you suspect?** *(Şüphelendiğiniz biri var mı?)*

suspicious *(sıs'pişıs) s.* şüpheli, kuşkulu. **Richard looks so suspicious.** *(Richard çok şüpheli görünüyor.)*

swallow *('swalou) i.* kırlangıç; yudum. **It looks like a swallow.** *(Kırlangıca benziyor.)*

swan *(swan) i.* kuğu. **She was dancing like a swan.** *(Kuğu gibi dans ediyordu.)*

swear *(sweır) f.* yemin etmek; küfür etmek. **I swear I don't know.** *(Yemin ederim bilmiyorum.)*

sweat *(swet) i.* ter. **Let me clean your sweat.** *(Terini sileyim.)*

sweater *('swetır) i.* hırka, süveter. **It's cold, wear your sweater.** *(Hava soğuk, hırkanı giy.)*

Sweden *('swidın) ö.i.* İsveç. **My sister lives in Sweden.** *(Ablam, İsveç'de yaşıyor.)*

sweep *(swi:p) f.* süpürmek; sürüklemek. **Why don't you sweep the verenda?** *(Neden verendayı süpürmüyorsun?)*

sweet *(swi:t) s.* tatlı, hoş; taze. **It's a very sweet cookie.** *(Bu çok tatlı bir kurabiye.)*

swiftly *('swiftli) z.* hızla, çabucak. **Come here swiftly.** *(Çabucak buraya gel.)*

swim *(swim) f.* yüzmek. **We are swimming in a small pool.** *(Küçük bir havuzda yüzüyoruz.)*

swimmer *('swimır) i.* yüzücü. **Nelson was a professional swimmer.** *(Nelson, profesyonel bir yüzücüydü.)*

swing *(swing) i.* salıncak; sallanma. **My father made a swing for us.** *(Babam bizim için bir salıncak kurdu.)*

sword *(sword) i.* kılıç. **There was a huge sword on the wall.** *(Duvarda kocaman bir kılıç vardı.)*

syllable *('silıbıl) i.* hece; ufak ayrıntı. **How many syllables are there in this word?** *(Bu kelimede kaç hece vardır?)*

symbol *('simbıl) i.* simge, sembol. **The letter T is our trade symbol.** *(T harfi, bizim ticari simgemizdir.)*

symptom *('simtım) i.* belirti, emare, alamet. **Continuous headaches might be a symptom of a serious illness.** *(Sürekli baş ağrıları, ciddi bir rahatsızlığın belirtisi olabilir.)*

system *('sistım) i.* düzen, sistem. **We need a new system in this classroom.** *(Bu sınıfta yeni bir sisteme ihtiyacımız var.)*

T - t

T, t *(ti:)* İngiliz alfabesinin yirminci harfi.

table *('teybıl) i.* masa, sofra; çizelge, tablo. **Could you lay the table for dinner, please?** *(Akşam yemeği için masayı kurar mısın lütfen?)* **table tennis** masa tenisi.

tablet *('täblit) i.* tablet; levha; bloknot. **The doctor told me to take one tablet three times a day.** *(Doktor bana günde üç kez birer tablet almamı söyledi.)*

tag¹ *(täg) f.* etiketlemek. **All items stacked on shelves are tagged.** *(Raflara istif edilmiş bütün ürünler etiketlenmiştir.)*

tag² *(täg) i.* etiket, fiş, pusula. **There is no price tag on this sweater.** *(Bu kazağın üzerinde fiyat etiketi yok.)*

tail *(teyl) i.* kuyruk; tura. **Why do dogs wag their tails?** *(Köpekler neden kuyruklarını sallar?)*

tailor *('teylır) i.* terzi. **Do you know any good tailor?** *(Tanıdığın iyi bir terzi var mı?)*

take *(teyk) f.* tutmak, yakalamak, kavramak; almak, sahip olmak; götürmek; kabul etmek. **She**

took her father's hand. *(Babasının elini tuttu.)* **take a bath** banyo yapmak. I take a bath every other day. *(İki günde bir banyo yaparım.)* **take a shower** *(*duş almak. İlhan takes a shower every morning. *(İlhan her sabah duş alır.)* **take after** benzemek, çekmek, izinde yürümek. Henry takes after his father. *(Henry babasına benzer.)* **take off** havalanmak (uçak); çıkarmak. The plane took off at 9:30 a.m. *(Uçak, sabah saat 9:30'da havalandı.)* **take place** meydana gelmek, olmak. A miracle took place. *(Bir mucize oldu.)*

tale *(teyl) i.* masal, öykü, hikâye. My grandmother used to tell us tales. *(Babaannem bize eskiden masallar anlatırdı.)*

talk *(to:k) f.* konuşmak, sohbet etmek. We talked about music. *(Müzik hakkında konuştuk.)*

talkative *('to:kıtiv) s.* geveze, konuşkan. Egemen is very talkative. *(Egemen çok konuşkandır.)*

tall *(to:l) s.* uzun boylu, uzun. My brother is taller than me. *(Erkek kardeşim benden daha uzundur.)*

tangerine *(täncı'ri:n) i.* mandalina. This is a tangerine tree. *(Bu bir mandalina ağacıdır.)*

tank *(tänk) i.* depo; tank. Modern main battle tanks weigh more than 50 tons. *(Modern ana muhabere tankları 50 tondan daha ağırdır.)*

tanker *('tänkır) i.* tanker. The oil tanker is coming into the harbor. *(Petrol tankeri limana giriyor.)*

tap *(täp) i.* musluk. **The tap in the kitchen sink is leaking.** *(Mutfağın lavabosundaki musluk su sızdırıyor.)*

tape *(teyp) i.* şerit, bant, teyp bandı. **Have you listened to this tape?** *(Bu bandı dinledin mi?)*

target *('targıt) i.* hedef, maksat. **He missed the target.** *(Hedefi tutturamadı.)*

tart¹ *(tart) i.* tart, meyveli pasta. **I love blueberry tart.** *(Yaban mersinli tarta bayılırım.)*

tart² *(tart) s.* ekşi, mayhoş. **I like tart apples.** *(Ekşi elmayı severim.)*

task *(täsk) i.* görev, vazife. **What is our next task?** *(Bir sonraki görevimiz nedir?)*

taste¹ *(teyst) f.* tadına bakmak, tatmak, tadı olmak. **Taste the sauce and tell me if it needs salt.** *(Sosun tadına bak ve tuza ihtiyacı varsa bana söyle.)*

taste² *(teyst) i.* tat, lezzet; zevk, beğeni. **I love the taste of garlic.** *(Sarımsağın tadını severim.)* **tasteful** zevkli, güzel bir zevki yansıtan. **The decoration of this house is tasteful.** *(Bu evin dekorasyonu güzel bir zevki yansıtıyor.)* **tasteless** tatsız, lezzetsiz; zevksiz. **The pudding was tasteless.** *(Puding lezzetsizdi.)* **tasty** tatlı, lezzetli. **This pizza is very tasty.** *(Bu pizza çok lezzetli.)*

tea *(ti:) i.* çay. **Would you like a cup of tea?** *(Bir fincan çay alır mısınız?)*

teach *(ti:ç) f.* öğretmek, ders vermek, eğitmek. **I like teaching children.** *(Çocuklara ders vermeyi seviyorum.)*

teacher *('ti:çır) i.* öğretmen. **She is an English teacher.** *(O bir İngilizce öğretmenidir.)*

team *(ti:m) i.* ekip, takım. **Which team do you think will win the cup this year?** *(Sence bu yıl kupayı hangi takım kazanır?)*

tear¹ *(teır) f.* yırtmak, koparmak, yırtılmak, yarılmak. **Paper tears easily.** *(Kâğıt kolayca yırtılır.)*

tear² *(tiır) i.* gözyaşı. **The tears ran down my cheeks.** *(Gözyaşları yanaklarımdan aktı.)*

teddy bear *(tedi beir) i.* oyuncak ayı. **I love my teddy bear.** *(Oyuncak ayımı seviyorum.)*

teenager *('ti:neycır) i.* 13 ile 19 yaş arasındaki genç biri. **Most teenagers listen to pop music.** *(Çoğu 13-19 yaş arasındaki gençler pop müzik dinlerler.)*

telegram *('telıgräm) i.* telgraf. **Yeliz sent a telegram to you.** *(Yeliz sana telgraf çekti.)*

telegraph *('telıgräf) f.* telgraf çekmek. **We telegraphed her to come home immediately.** *(Hemen eve gelmesi için ona telgraf çektik.)*

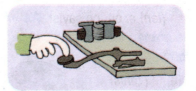

telephone¹ *('telıfoun) f.* telefon etmek, telefonla bildirmek. **I telephoned my mother yesterday.** *(Dün anneme telefon ettim.)*

telephone² *('telıfoun) i.* telefon, telefon aygıtı. **Can you answer the telephone?** *(Telefona cevap verir misin?)*

television *(telı'vijın) i.* televizyon. **Will you switch the television on?** *(Televizyonu açar mısın?)*

tell *(tel) f.* söylemek, anlatmak, bildirmek. **Tell me the truth.** *(Bana gerçeği söyle.)*

temperature *('temprıçır) i.* ısı, sıcaklık, sıcaklık derecesi; ateş, vücut ısısı. **In winter the temperature is low.** *(Kışın sıcaklık düşüktür.)*

ten *(ten) s.* on, on sayısı. **We have got ten fingers.** *(On parmağımız vardır.)*

tennis *('tenıs) i.* tenis. **Do you like playing tennis?** *(Tenis oynamayı sever misin?)*

tense¹ *(tens) i.* (dil.) fiil zamanı, kip. **The Present Perfect Tense doesn't exist in Turkish.** *(Türkçede şimdiki Bitmiş Zaman yoktur.)*

tense² *(tens) s.* gergin, sinirli. **There was a tense silence between us.** *(Aramızda gergin bir sessizlik vardı.)*

tent *(tent) i.* çadır. **She put the tent up by herself.** *(Çadırı kendi başına kurdu.)*

tenth *(tenth) s.* onuncu. **You are the tenth and last lucky person.** *(Onuncu ve son şanslı kişi sizsiniz.)*

term *(törm) i.* dönem, devre; terim, ifade; sözleşme şartları. **The second term begins on February.** *(İkinci dönem Şubat'ta başlıyor.)*

terrace *('terıs) i.* taraça, teras. **Let's have the dinner in terrace.** *(Yemeği terasta yiyelim.)*

terrible *('terıbıl) s.* berbat, kötü, müthiş, korkunç. **I am a terrible cook.** *(Berbat bir aşçıyımdır.)*

terribly *('terıbli) z.* çok kötü şekilde, şiddetli biçimde, çok. **I missed my father terribly.** *(Babamı çok özledim.)*

terrific *(tı'rifik) s.* çok korkunç, müthiş, çok büyük. **You look terrific tonight.** *(Bu gece müthiş görünüyorsun.)*

test¹ *(test) f.* imtihan etmek, kontrol etmek, denemek. **Have you tested the brakes of the car?** *(Arabanın frenlerini kontrol ettin mi?)*

test² *(test) i.* sınav, test; deney, araştırma. **I failed the chemistry test.** *(Kimya sınavında başarısız oldum.)*

text *(tekst) i.* metin, parça. **Have you read the text?** *(Metni okudunuz mu?)* **textbook** ders kitabı.

than *(dhen) b.* -den, -e göre. **My brother is taller than me.** *(Erkek kardeşim benden uzundur.)*

thank *(thänk) f.* teşekkür etmek. **I thanked him for his help.** *(Yardımları için ona teşekkür ettim.)*

that *(dhät) s.* o, şu. **Do you know that girl?** *(Şu kızı tanıyor musun?)*

that *(dhät) z.* o kadar, öyle. **I didn't like it that much.** *(O kadar da fazla sevmedim.)*

the *(dhı) s.* bir, o. **The sun is shining.** *(Güneş parlıyor.)*

theater *('thiitir) i.* tiyatro, tiyatro binası. **We have tickets to the theater tomorrow night.** *(Yarın gece tiyatroya biletimiz var.)*

theft *(theft) i.* hırsızlık. **Have you reported the theft to the police?** *(Hırsızlığı polise bildirdin mi?)*

their *(dheir) s.* onların. **Their house is the one near the park.** *(Onların evi parkın yanındaki.)*

theirs *(dheirz) zam.* onlarınki. **Our house is very similar to theirs.** *(Bizim evimiz onlarınkine çok benziyor.)*

them *(dhem) zam.* onlara, onları. **Have you seen them today?** *(Bugün onları gördün mü?)*

themselves *(dhem'selvz) zam.* kendileri. **They have bought themselves a new house.** *(Kendilerine yeni bir ev aldılar.)*

then *(dhen) z.* o zaman, o vakit; öyleyse, o hâlde; sonra, ondan sonra. **I was then 22 years old.** *(O zaman 22 yaşındaydım.)*

there *(dher) z.* orada, oraya, şurada, şuraya. **Look over there.** *(Şuraya bak.)*

therefore *('dherfor) z.* bu nedenle, bu yüzden, öyleyse. **I think, therefore I am.** *(Düşünüyorum, öyleyse varım.)*

thermometer *(ther'mamitir) i.* termometre, ısı ölçer. **The thermometer reads 38 degree.** *(Termometre 38 dereceyi gösteriyor.)*

they *(dhey) zam.* onlar. **They are my friends.** *(Onlar benim arkadaşlarımdır.)*

thick *(thik) s.* kalın, yoğun, kesif, sık, koyu. **These walls are very thick.** *(Bu duvarlar çok kalındır.)*

thief *(thi:f) i.* hırsız. **The police caught the thief.** *(Polis hırsızı yakaladı.)*

thin *(thin) s.* ince, seyrek, zayıf. **She is very thin.** *(O çok zayıftır.)*

thing *(thing) i.* şey, nesne. **What is that thing in your hand?** *(Elindeki o şey ne?)*

think *(think) f.* düşünmek, inanmak, sanmak. **What do you think of this painting?** *(Bu resim hakkında ne düşünüyorsun?)*

third *(thörd) s.* üçüncü. **This is the third time I have visited the Topkapı Palace.** *(Bu, Topkapı Sarayı'nı üçüncü kez ziyaret edişim.)*

thirsty *('thörsti) s.* susamış, susuz. **Salty food makes you thirsty.** *(Tuzlu yiyecekler insanı susatır.)*

thirteen *(thör'ti:n) s.* on üç. **I had a bicycle when I was thirteen.** *(On üç yaşındayken bisikletim vardı.)*

thirteenth *(thör'ti:nth) s.* on üçüncü. **My favorite movie is Friday the Thirteenth.** *(En sevdiğim film On Üçüncü Cuma'dır.)*

thirty *('thörti) s.* otuz. **When I had been born, my mom had been**

thirty. *(Ben doğduğumda annem otuz yaşındaymış.)*

this *(dhis)* s. **bu. This is an apple.** *(Bu bir elmadır.)*

though *(dhou)* b. -diği halde, -se de, her ne kadar. **He didn't call, even though he said he would.** *(Arayacağını söylediği halde aramadı.)*

thought *(tho:t)* i. düşünce, düşünme, fikir, niyet. **What are your thoughts on global warming?** *(Küresel ısınmayla ilgili düşünceleriniz nelerdir?)*

thoughtful *('tho:tfıl)* s. düşünceli. **He looked thoughtful.** *(Düşünceli görünüyordu.)*

thousand *('thauzınd)* s. bin (1000). **These skeletons are claimed to belong to a thousand year ago.** *(Bu iskeletlerin bin yıl öncesine ait olduğu sanılıyor.)*

threaten *('thretın)* f. tehdit etmek, korkutmak, tehlike oluşturmak. **He threatened me.** *(Beni tehdit etti.)*

three *(thri:)* s. üç. **One, two, there; go!** *(Bir, iki, üç; başla!)*

throat *(throut)* i. boğaz, gırtlak. **Many people have a mild sore throat at the beginning of every cold.** *(Her soğuk algınlığı başlangıcında birçok insanın hafif bir boğaz ağrısı olur.)*

throne *(throun) i.* taht. **When did Queen Elizabeth II come to the throne?** *(Kraliçe II. Elizabeth ne zaman tahta çıktı?)*

through *(thru:) e.* içinden, arasından; aracılığıyla, vasıtasıyla, sayesinde. **We drove through the tunnel.** *(Tünelin içinden arabayla geçtik.)*

throw *(throu) f.* atmak, fırlatmak. **How far can you throw the ball?** *(Topu ne kadar uzağa atabilirsin?)*

thumb *(tham) i.* başparmak. **Babies suck their thumb.** *(Bebekler başparmaklarını emerler.)*

thunder *('thandır) i.* gök gürültüsü. **Did you hear the thunder last night?** *(Geçen gece gök gürültüsünü duydun mu?)*

Thursday *('thörzdey) i.* Perşembe. **I have an important examination on Thursday.** *(Perşembe günü önemli bir sınavım var.)*

ticket *('tikıt) i.* bilet. **We have tickets to the theater tomorrow night.** *(Yarın gece tiyatroya biletimiz var.)*

tidy *('taydi) s.* tertipli, derli toplu, muntazam, düzenli, üstü başı temiz. **His room was very tidy.** *(Odası çok düzenliydi.)*

tie *(tay) f.* bağlamak, düğümlemek. **Tie your shoelaces.** *(Bağcıklarını bağla.)*

tiger *('taygır) i.* kaplan. **A tiger is one of the four big cats.** *(Kaplan, dört büyük kediden biridir.)*

tight *(tayt) s.* sıkı, dar, yapışık. **These shoes are very tight.** *(Bu ayakkabılar çok dardır.)*

till *(til) b., e.* -e kadar. **The groccer is open till midnight.** *(Bakkal gece yarısına kadar açıktır.)*

time *(taym) i.* zaman, vakit, süre, müddet, vade. **Mozart is the greatest composer of all times.** *(Mozart, tüm zamanların en iyi bestekârıdır.)* **timetable** zaman çizelgesi, ders programı, takvim, tarife.

tiny *('tayni) s.* minicik, ufacık. **Don't exaggerate, it's a tiny tear.** *(Abartma, bu ufacık bir delik.)*

tip¹ *(tip) f.* bahşiş vermek. **He tipped the waiter generously.** *(Garsona bol bahşiş verdi.)*

tip² *(tip) i.* bahşiş; uç, burun; ipucu, tavsiye. **Have you left a tip?** *(Bahşiş bıraktın mı?)*

tire¹ *(tayır) f.* yormak, yorulmak; usanmak, bıkmak. **I am tired of going to work everyday.** *(Her gün işe gitmekten bıktım.)*

tire² *(tayır) i.* araba lastiği. **Most cars now have radial tires.** *(Çoğu arabanın artık radyal lastikleri var.)*

tired *(tayırd) s.* yorgun, yorulmuş. **I have been up all night and I am really tired.** *(Bütün gece ayaktaydım ve gerçekten yorgunum.)*

title *('taytıl) i.* başlık, isim, ad; unvan. **The title of the book is "The Old Man and the Sea".** *(Kitabın başlığı "İhtiyar Adam ve Deniz".)*

to *(tu) e.* -e, -a, -e doğru; -e kadar; -e göre; için; hakkında. **Let's go to the cinema.** *(Sinemaya gidelim.)*

toast¹ *(toust) f.* kızartmak, kızarmak. **I toasted two slices of bread.** *(İki dilim ekmek kızarttım.)*

toast² *(toust) i.* kızarmış ekmek. **My mother spread marmalade on my toast.** *(Annem, kızarmış ekmeğime marmelat sürdü.)*

tobacco *(tı'bäkou) i.* tütün. **Tobacco smuggling is an indictable offense.** *(Tütün kaçakçılığı ağır bir suçtur.)*

today *(tı'dey) z.* bugün, günümüz. **Today is my birthday.** *(Bugün benim doğum günüm.)*

toe *(tou) i.* ayak parmağı. **Yusuf hit his toe to the bedside.** *(Yusuf, ayağını yatağın kenarına çarptı.)*

together *(tı'gedhır) z.* beraber, birlikte; bir arada, bir araya. **Let's go shopping together.** *(Haydi birlikte alışverişe gidelim.)*

toilet *('toylıt) i.* tuvalet. **There is no toilet paper.** *(Tuvalet kağıdı yok.)*

tomato *(tı'meytou) i.* domates. **Would you like some tomato sauce?** *(Domates sosu ister miydiniz?)*

tomorrow *(tı'marou) z.* yarın, gelecek. **I'll see you tomorrow.** *(Yarın görüşürüz.)*

ton *(tan) i.* ton. **I've got a ton of homework to do.** *(Yapacak bir ton ev ödevim var.)*

tongue *(tang) i.* dil, lisan. **My native tongue is Turkish.** *(Ana dilim Türkçedir.)*

tonight *(tı'nayt) z.* bu gece, bu akşam. **We have tickets to the theater tonight.** *(Bu gece tiyatroya biletimiz var.)*

too *(tu:) z.* de, da, dahi; fazla, çok. **I'll go there next week, too.** *(Haftaya da oraya gideceğim.)*

tool *(tu:l) i.* alet. **The tools I need are a hammer and a screwdriver.** *(İhtiyacım olan aletler bir çekiç ve bir tornavidadır.)*

tooth *(tu:th) i.* diş. **I had my wisdom tooth out.** *(20'lik dişimi çektirdim.)* **toothache** diş ağrısı. **toothbrush** diş fırçası. **toothpaste** diş macunu.

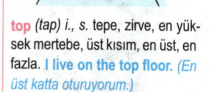

top *(tap) i., s.* tepe, zirve, en yüksek mertebe, üst kısım, en üst, en fazla. **I live on the top floor.** *(En üst katta oturuyorum.)*

topic *('tapik) i.* konu. **Is there anyone who knows the topic?** *(Aranızda konuyu bilen var mı?)*

touch *(taç) f.* dokunmak, değmek, elini sürmek; etkilemek, duygulandırmak. **Please don't touch my stuff.** *(Lütfen benim eşyalarıma dokunma.)*

tough *(taf) s.* sağlam, dayanıklı, sert; güç, zor, zahmetli. **These toys are made of tough plastic.** *(Bu oyuncaklar sert plastikten yapılmıştır.)*

tour¹ *(tur) f.* gezmek, dolaşmak. **We are touring Europe.** *(Avrupa'yı dolaşıyoruz.)*

tour² *(tur) i.* tur, gezi, seyahat; turne. **We made a short tour of Europe.** *(Kısa bir Avrupa turu yaptık.)*

tourism *('turizım) i.* turizm. **Turkey is a popular tourism center.** *(Türkiye, gözde bir turizm merkezidir.)*

tourist *('turist) i.* turist. **Antalya is full of tourists in summer.** *(Yazın Antalya turistlerle doludur.)*

towards *(tu'wordz) e.* -e doğru, tarafına doğru, -e karşı. **I walked towards the door.** *(Kapıya doğru yürüdüm.)*

towel *('tauıl) i.* havlu. **May I have a towel to dry my hands?** *(Ellerimi kurulamak için bir havlu alabilir miyim?)*

tower *('tauır) i.* kule. **The Eiffel Tower is in Paris.** *(Eyfel Kulesi Paris'tedir.)*

town *(taun) i.* kasaba. **I described them the town I used to live.** *(Eskiden yaşadığım kasabayı onlara tarif ettim.)*

toy *(toy) i.* oyuncak. **Children love getting new toys.** *(Çocuklar yeni oyuncaklar almaya bayılırlar.)*

tractor *('träktır) i.* traktör. **It's unknown that whose this tractor is.** *(Bu traktörün kime ait olduğu bilinmiyor.)*

trade[1] *(treyd) f.* ticaret yapmak, almak satmak, değiş tokuş etmek. **Turkey is trading with Europe.** *(Türkiye Avrupa ile ticaret yapıyor.)*

trade[2] *(treyd) i.* ticaret, alışveriş, iş. **There is a trade agreement between Germany and France.** *(Almanya ile Fransa arasında bir ticaret anlaşması vardır.)*

traffic *('träfik) i.* trafik, gidiş geliş, hareket. **We have to obey the traffic rules.** *(Trafik kurallarına uymak zorundayız.)* **traffic jam** *(trafik sıkışıklığı.* **traffic light** *trafik lambası.*

train[1] *(treyn) f.* eğitmek, eğitim almak, yetiştirmek, yetişmek, antrenman yapmak. **My brother trained as a pilot.** *(Erkek kardeşim pilotluk eğitimi aldı.)*

train² *(treyn) i.* tren. **Does this train go to London?** *(Bu tren Londra'ya gider mi?)*

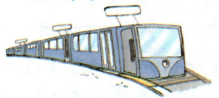

transfer *('tränsfır) f.* nakletmek, havale etmek, devretmek, aktarmak. **I will transfer some money to your account.** *(Hesabına bir miktar para aktaracağım.)*

transport *(träns'port) f.* nakletmek, taşımak. **We'll transport these to the other office.** *(Bunları diğer şubeye taşıyacağız.)*
transportation *(tränspır'teyşın) i.* taşımacılık, nakliyat, taşıma, ulaşım. **They also have a transportation service.** *(Taşımacılık hizmetleri de var.)*

trap *(träp) i.* kapan, tuzak. **A fox was caught in the trap.** *(Tilki tuzağa yakalandı.)*
travel *('trävıl) f.* yolculuk etmek, seyahat etmek, gezmek. **I traveled from Germany to Holland by train.** *(Almanya'dan Hollanda'ya trenle seyahat ettim.)*
tray *(trey) i.* tepsi, tabla. **The waiter brought pie and coffee on a tray.** *(Garson bir tepside turta ve kahve getirdi.)* **ashtray** kül tablası.
treasure *('trejır) i.* hazine, define. **The pirates hid their treasure on a small island.** *(Korsanlar hazinelerini küçük bir adaya sakladılar.)*

treat *(tri:t) f.* davranmak, muamele etmek; tedavi görmek; ikram etmek. **She treated her children very well.** *(Çocuklarına çok iyi davranırdı.)*

tree *(tri:) i.* ağaç. **Pine trees are evergreen trees.** *(Çam ağaçları yaprak dökmeyen ağaçlardır.)*

triangle *('trayengıl) i.* üçgen. **Is this an equilateral triangle?** *(Bu eşkenar üçgen mi?)*

tribe *(trayb) i.* kabile, aşiret. **Some native American tribes still speak their native language.** *(Bazı yerli Amerikan kabileleri hâlâ kendi yerel lisanlarını konuşurlar.)*

trick¹ *(trik) f.* aldatmak, kandırmak, oyuna getirmek. **He tricked me.** *(Beni kandırdı.)*

trick² *(trik) i.* numara, oyun, hile, muziplik. **Do you know any card tricks?** *(Hiç iskambil kağıdı hilesi biliyor musun?)*

trigger *('trigır) f.* kışkırtmak, başlatmak, tetiklemek, harekete geçirmek. **Weather conditions can trigger a migraine.** *(Hava şartları migreni tetikleyebilir.)*

trip *(trip) i.* gezi, yolculuk. **We will go on a three-week trip.** *(Üç haftalık bir yolculuğa çıkacağız.)*

trouble¹ *('trabıl) f.* rahatsız etmek, rahatsızlık vermek, zahmet etmek, zahmete girmek, zahmet vermek. **You don't need to trouble yourself.** *(Kendini zahmete sokmana gerek yok.)*

trouble² *('trabıl) i.* üzüntü, sıkıntı, dert, zahmet. **Troubles began when we moved to this city.** *(Bu şehre taşındığımızda dertler başladı.)*

trousers *('trauzırs) i.* pantolon. **My trousers have bunched.** *(Pantolonum kırışmış.)*

truck *(trak) i.* kamyon, kamyonet. **Trucks usually have four or six wheels.** *(Kamyonların genelde dört veya altı tekeri vardır.)*

true *(tru:) s.* doğru, gerçek, asıl. **Edward is a true friend.** *(Edward gerçek bir dosttur.)*

trunk *(trank) i.* gövde, beden; hortum; sandık. **Woodpeckers use their beaks to make holes in tree trunks.** *(Ağaçkakanlar ağaç gövdelerinde delik açmak için gagalarını kullanır.)*

trust¹ *(trast) f.* güvenmek, inanmak. **I trust your choices.** *(Senin seçimlerine güvenirim.)*

trust² *(trast) i.* güven, emniyet. **Our relationship is based on love and trust.** *(İlişkimiz sevgi ve güvene dayalıdır.)*

truth *(truth) i.* gerçek, hakikat, gerçeklik, doğruluk. **Are you telling me the truth?** *(Bana gerçeği mi söylüyorsun?)*

try¹ *(tray) f.* denemek, sınamak, tecrübe etmek, yapmaya çalışmak, kalkışmak. **I want to try parachuting.** *(Paraşütle atlamayı denemek istiyorum.)*

try² *(tray) i.* deneme, tecrübe. **I decided to give parachuting a try.** *(Paraşütle atlamayı denemeye karar verdim.)*

T-shirt *('ti:şört) i.* tişört. **This T-shirt is made of cotton.** *(Bu tişört pamuktan yapılmıştır.)*

tube *(tu:b) i.* boru, tüp. **Do you squeeze the toothpaste tube from the bottom or middle?** *(Diş macunu tüpünü alttan mı sıkarsın ortadan mı?)*

Tuesday *('tu:zdey) i.* Salı. **I'm going to İzmir on Tuesday.** *(Salı günü İzmir'e gidiyorum.)*

tulip *('tyulip) i.* lale. **They organize a tulip fest.** *(Lale festivali düzenliyorlar.)*

tunnel *('tanıl) i.* tünel. **The train entered the tunnel.** *(Tren tünele girdi.)*

turkey *('törki) i.* hindi, hindi eti. **Selma had cooked a delicious turkey once.** *(Selma bir keresinde nefis bir hindi pişirmişti.)*

Turkey *('törki) ö.i.* Türkiye. **Turkey borders eight countries.** *(Türkiye, sekiz ülkeyle ortak sınıra sahiptir.)*

Turkish *('törkiş) ö.i.* Türk, Türkçe, Türkiye ile ilgili, Türkçe ile ilgili. **The Turkish alphabet consists of 29 letters.** *(Türk alfabesi 29 harften oluşur.)*

turn *(törn) f.* dönmek, döndürmek, çevirmek, yönünü değiştirmek, hâline gelmek, dönüşmek, dönüştürmek. **I turned the corner.** *(Köşeyi döndüm.)* **turn down** geri çevirmek, kabul etmemek. **He offered me the job, but I turned it down.** *(Bana bir iş teklif etti fakat kabul etmedim.)* **turn off** kapamak, kesmek, söndürmek. **Have you turned the computer off?** *(Bilgisayarı kapadın mı?)* **turn on** açmak, çalıştırmak, yakmak. **I turned on the lights.** *(Işıkları yaktım.)*

turtle *('törtıl) i.* kaplumbağa. **Utku feeds four turtles.** *(Utku, dört kaplumbağa besliyor.)*

tweezers *('twizırz) i.* cımbız. **I tried to get the splinter out from his finger with tweezers.** *(Kıymığı onun parmağından cımbızla çıkarmayı denedim.)*

twelfth *(twelfth) s.* on ikinci. **We celebrated Simon's twelfth birthday yesterday.** *(Dün Simon'ın on ikinci yaş gününü kutladık.)*

twelve *(twelv) s.* on iki. **We are twelve students in class.** *(Sınıfta on iki öğrenciyiz.)*

twentieth *('twentiıth) s.* yirminci. **It's their twentieth wedding anniversary.** *(Bu onların yirminci evlilik yıldönümü.)*

twenty *('twenti) s.* yirmi. **There are twenty candles on her birthday cake.** *(Doğumgünü pastasında yirmi adet mum var.)*

twice *(tways) z.* iki defa, iki kez, iki kat. **The doctor told me to take the medicine twice a day.** *(Doktor bana ilacı günde iki kez almamı söyledi.)*

twin *(twin) i., s.* ikiz, ikizlerden her biri. **I have a twin sister.** *(Benim bir ikiz kız kardeşim var.)*

twist¹ *(twist) f.* bükmek, burkmak, sarmak, kıvrılmak, çevirmek. **I've twisted my ankle.** *(Ayak bileğimi burktum.)*

twist² *(twist) i.* bükme, bükülme, burkma, dönme, çevirme. **Will you give the lid another twist to make sure it is tight?** *(Sıkı olduğundan emin olmak için kapağı bir kez daha çevirir misin?)*

two *(tu:) s.* iki. **We were the last two people.** *(Son iki kişi bizdik.)*

type¹ *(tayp) f.* daktilo etmek, daktiloda yazmak. **I typed the report.** *(Raporu daktilo ettim.)*

type² *(tayp) i.* tip, tür, çeşit. **There were several types of cheese on the table.** *(Masada birkaç çeşit peynir vardı.)*

typical *('tipikıl) s.* tipik. **This painting is a typical Dali work.** *(Bu resim tipik bir Dali eseridir.)*

U, u *(yu:)* İngiliz alfabesinin yirmi birinci harfi.

ugly *('agli) s.* çirkin, nahoş, tatsız. **There are many ugly buildings in this city.** *(Bu şehirde birçok çirkin bina var.)*

umbrella *(am'brelı) i.* şemsiye. **The wind broke my umbrella.** *(Rüzgâr şemsiyemi kırdı.)*

unbelievable *(anbı'livıbıl) s.* inanılmaz, şaşırtıcı, akıl almaz. **They displayed an unbelievable courage in defending their country.** *(Ülkelerini savunurken akıl almaz bir cesaret gösterdiler.)*

uncle *('ankıl) i.* amca, dayı, enişte. **How many uncles do you have?** *(Kaç tane amcan var?)*

uncomfortable *(an'kamftıbıl) s.* rahat olmayan, rahatsız edici, rahatsız. **These shoes are really uncomfortable.** *(Bu ayakkabılar gerçekten rahatsız edici.)*

unconscious *(an'kanşıs) s.* bilinçsiz, habersiz. **They are unconscious of the seriousness of our environmental problems.** *(Çevresel sorunlarımızın ciddiyeti konusunda bilinçsizler.)*

uncountable *(an'kauntıbıl)* s. sayılamaz, sayılamayan. **"Happiness" is an uncountable noun.** *("Mutluluk" sayılamayan bir isimdir.)*

undeniable *(andi'nayıbıl)* s. inkâr edilemez, yadsınamaz, kesin. **It is an undeniable fact that people can make mistakes.** *(İnsanların hata yapabileceği yadsınamaz bir gerçektir.)*

under *('andır)* e., z. altına, altında, aşağıda. **I can keep my head under the water for 45 seconds.** *(Kafamı suyun altında 45 saniye tutabiliyorum.)*

underground *(andır'graund)* i., s. yeraltı, yeraltında. **Worms usually live underground.** *(Solucanlar genelde yeraltında yaşarlar.)*

underline *('andırlayn)* f. altını çizmek, vurgulamak. **All the adjectives have been underlined in red.** *(Bütün sıfatların altı kırmızı ile çizilmiştir.)*

understand *(andır'ständ)* f. anlamak, kavramak. **You don't understand me.** *(Beni anlamıyorsun.)*

underwater *(andır'wotır)* s. sualtı. **I have an underwater camera.** *(Bir sualtı kameram var.)*

underwear *('andırwer)* i. iç çamaşırı. **I washed my underwear.** *(İç çamaşırlarımı yıkadım.)*

unfasten *(an'fäsın)* f. çözmek, çözülmek, gevşetmek, gevşemek. **You can unfasten your belt.** *(Emniyet kemerinizi çözebilirsiniz.)*

unforgettable *(anfı'getıbıl)* s. unutulmaz, unutulmayan. A visit to the Louvre Museum is an unforgettable experience. *(Louvre Müzesini ziyaret unutulmaz bir deneyimdir.)*

unfortunately *(an'forçınıtli)* z. maalesef, ne yazık ki. Unfortunately it rained all day. *(Ne yazık ki bütün gün yağmur yağdı.)*

unfriendly *(an'frendli)* s. dostça olmayan, düşmanca, soğuk. She behaved in an unfriendly manner. *(Soğuk bir şekilde davrandı.)*

unhappy *(an'häpi)* s. mutsuz, üzgün. Why are you so unhappy? *(Neden bu kadar mutsuzsun?)*

unhealthy *(an'helthi)* s. sağlıksız, sağlığa zararlı. You should stop eating unhealthy food. *(Sağlıksız yiyecekler yemeyi bırakmalısın.)*

uniform *('yuniform)* i. üniforma. The police uniforms are dark blue. *(Polis üniformaları laciverttir.)*

unimportant *(anim'portınt)* s. önemsiz. It was an unimportant job. *(Önemsiz bir işti.)*

unit *('yunit)* i. birim, ünite. A centimeter is a unit of length. *(Santimetre bir uzunluk birimidir.)*

universe *('yunivörs)* i. evren, kâinat. Scientists say that the universe is expanding. *(Bilim adamları evrenin genişlediğini söylüyorlar.)*

university *('yu:ni'vö:rsıti) i.* üniversite. **Which university did you go to?** *(Hangi üniversiteye gittiniz?)*

unless *(ın'les) b.* eğer ... değilse, -mezse, -miyorsa, -medikçe. **Unless you leave home at once, you will be late for work.** *(Evden derhal çıkmazsan işe geç kalacaksın.)*

unlike *(an'layk) e.* -den farklı olarak, tersine. **Unlike you, I'm not good at math.** *(Senin tersine ben matematikte iyi değilim.)*

unload *(an'loud) f.* yükünü boşaltmak. **Unload the truck!** *(Kamyonu boşaltın!)*

unlock *(an'lak) f.* kilidi açmak. **I unlocked the door.** *(Kapının kilidini açtım.)*

unlucky *(an'laki) s.* şanssız, talihsiz, uğursuz. **It is said that Friday the 13th is an unlucky date.** *(13. Cuma'nın uğursuz bir gün olduğu söylenir.)*

unnecessary *(an'nesıseri) s.* gereksiz. **You should avoid unnecessary spending.** *(Gereksiz harcamalardan kaçınmalısın.)*

unpleasant *(an'plezınt) s.* hoş olmayan, tatsız, nahoş. **There is an unpleasant smell in this room.** *(Bu odada hoş olmayan bir koku var.)*

unsafe *(an'seyf) s.* güvenli olmayan, emniyetsiz, tehlikeli. **That neighborhood is very unsafe.** *(O semt çok tehlikelidir.)*

untidy *(an'taydi) s.* düzensiz. **She has a very untidy room.** *(Çok düzensiz bir odası var.)*

until *(an'til) e., b.* -e kadar, -e dek. **We had to walk until we reached the main road.** *(Ana yola ulaşana kadar yürümek zorunda kaldık.)*

unusual *(an'yujuıl) s.* alışılmadık, görülmedik, olağan dışı, müstesna. **My husband was an unusual man.** *(Eşim müstesna bir adamdı.)*

up *(ap) e., b., s.* yukarı, yukarıda, yukarıya. **The kids were jumping up and down on the bed.** *(Çocuklar yatakta yukarı aşağı zıplıyordu.)* **up to** *e.* -e kadar. **We can invite up to 100 people.** *(100 kişiye kadar davet edebiliriz.)*

uphill *(ap'hil) s., z.* yokuş yukarı. **He was trying to run uphill.** *(Yokuş yukarı koşmaya çalışıyordu.)*

upon *(ıp'an) e.* üzerine, üzerinde. **Upon hearing the good news, we all congratulated Jim.** *(Güzel haberi duymamızın üzerine hepimiz Jim'i tebrik ettik.)*

upper *('apır) s.* üst, üstteki, üst kattaki. **My upper lip is bleeding.** *(Üst dudağım kanıyor.)*

upset *(ap'set)* s. üzgün, kızgın. **I am too upset to say anything.** *(Hiçbir şey söyleyemeyecek kadar üzgünüm.)*

upstairs *('apsterz)* s., z. yukarı, yukarıya, yukarıda, üst kata. **I carried my suitcase upstairs.** *(Valizimi üst kata taşıdım.)*

urgent *('örcınt)* s. acil. **This bridge is in urgent need of repair.** *(Bu köprünün acil tamire ihtiyacı var.)*

us *(as)* zam. bizi, bize. **My aunt invited us to breakfast.** *(Teyzem bizi kahvaltıya davet etti.)*

USA *(yues'ey)* ö.i. ABD, Amerika Birleşik Devletleri). **Do you live in USA?** *(ABD'de mi yaşıyorsun?)*

use *(yu:z)* f. kullanmak, faydalanmak. **Can I use your phone?** *(Telefonunuzu kullanabilir miyim?)*

useful *('yu:sfıl)* s. faydalı, yararlı. **Can you give me some useful tips on cooking?** *(Bana yemek pişirme üzerine bazı yararlı ipuçları verebilir misiniz?)*

useless *('yu:slıs)* s. faydasız, yararsız, işe yaramaz. **She knew it was useless to protest.** *(İtiraz etmenin faydasız olduğunu biliyordu.)*

usual *('yu:juıl)* s. alışılmış, olağan, her zamanki. **I went to school at my usual time.** *(Her zamanki saatte okula gittim.)* **as usual** her zamanki gibi. **I am late, as usual.** *(Her zamanki gibi geç kaldım.)*

usually *('yu:juıli)* be. genelde, çoğunlukla. **He usually gets home about 6 o'clock.** *(Genelde saat 6 civarı eve gelir.)*

V, v *(vi:)* İngiliz alfabesinin yirmi ikinci harfi.

vacation *(vey'keyşın) i.* tatil. We went to Brazil on vacation. *(Tatilde Brezilya'ya gittik.)*

vaccinate *('väksineyt) f.* aşılamak, aşı yapmak. The children were vaccinated against measles. *(Çocuklar kızamığa karşı aşılanmıştı.)*

vaccine *('väksin) i.* aşı. This vaccine protects against some kinds of the bacteria which cause meningitis. *(Bu aşı, menenjite sebep olan bazı bakteri türlerine karşı koruma sağlar.)*

vacuum¹ *('väkyum) f.* elektrik süpürgesiyle temizlemek. I vacuumed the carpets today. *(Bugün halıları elektrik süpürgesiyle temizledim.)*

vacuum² *('väkyum) i.* vakum; boşluk. Water boils at a reduced temperature in a vacuum. *(Su, vakumda daha düşük sıcaklıkta kaynar.)* **vacuum cleaner** elektrik süpürgesi. Vacuum cleaner cleans floors and other surfaces by sucking up dust and dirt. *(Elektrikli süpürge yerleri ve diğer yüzeyleri toz ve kiri içine çekmek sureti ile temizler.)*

valley *('väli) i.* vadi. **There was snow on the hills but not in the valley.** *(Tepelerde kar vardı fakat vadide yoktu.)*

valuable *('välyubıl) s.* değerli, kıymetli. **He is a valuable friend.** *(O değerli bir arkadaştır.)*

value *('välyu) i.* değer, kıymet, önem. **The necklace had great sentimental value.** *(Kolyenin büyük manevi değeri vardı.)*

van *('vän) i.* kamyonet, minibüs, karavan. **My dad is a van driver.** *(Babam kamyonet şoförüdür.)*

vanilla *(vı'nili) i.* vanilya. **Would you like some vanilla ice cream?** *(Biraz vanilyalı dondurma ister miydiniz?)*

variety *(vı'rayıti) i.* çeşit, tür. **Plums in several different varieties are being sold in this greengrocer's.** *(Bu manavda birkaç farklı tür erik satılmaktadır.)*

various *('veriıs) s.* çeşitli, türlü. **We had various problems during the journey.** *(Yolculuk sırasında çeşitli sorunlar yaşadık.)*

vase *(veyz) i.* vazo. **Put these flowers in the vase, please.** *(Bu çiçekleri vazoya koy lütfen.)*

vast *(väst) s.* çok geniş, engin. **A vast audience watched the broadcast.** *(Yayını çok geniş bir izleyici kitlesi izledi.)*

vegetable *('vectıbıl) i.* sebze; bitki. **Cabbage is a vegetable.** *(Lahana bir sebzedir.)*

vegetarian *(veci'teriın) i.* vejetaryen, etyemez. **I am a vegetarian.** *(Ben bir vejetaryenimdir.)*

vehicle *('viıkıl) i.* taşıt, vasıta, tekerlekli ve motorlu taşıma aracı. **Cars, buses and trucks are road vehicles.** *(Araba, otobüs ve kamyonlar karayolu taşıtlarıdır.)*

veil *(veyl) i.* peçe, örtü, duvak. **After the ceremony, the bride lifted up her veil to kiss her husband.** *(Merasimden sonra gelin, eşini öpmek için duvağını kaldırdı.)*

verb *(vörb) i.* eylem, yüklem, fiil. **You will learn the irregular verbs in the course of time.** *(Düzensiz fiilleri zaman içinde öğreneceksiniz.)*

very *('veri) z.* çok, pek. **The situation is very serious.** *(Durum çok ciddidir.)*

vessel *('vesıl) i.* gemi, tekne; kap, tas; damar, kanal. **Vessels were anchored in the harbor.** *(Limana gemiler demirlemişti.)*

vest *(vest) i.* yelek. **The policeman wore a bulletproof vest.** *(Polis memuru, kurşun geçirmez bir yelek giydi.)*

vet *(vet) i.* veteriner. **We called the vet out to treat our sick dog.** *(Hasta köpeğimizi tedavi etmesi için veterineri çağırdık.)*

victory *('viktıri) i.* zafer. **We are celebrating our victory.** *(Zaferimizi kutluyoruz.)*

view *(vyu:) i.* görünüm, manzara, bakış. **This house has a wonderful view of the Bosphorus.** *(Bu evin harika bir İstanbul Boğazı manzarası var.)* **point of view** bakış açısı.

villa *('vılı) i.* müstakil ev, yazlık ev, villa. **We have a villa in France.** *(Fransa'da bir villamız var.)*

village *('vilıc) i.* köy. **Many people come from the surrounding villages to work in the town.** *(Birçok insan civar köylerden şehre çalışmaya gelir.)*

villager *('vilıcır) s.* köylü. **My grandpa was a villager man.** *(Büyükbabam köylü bir adamdı.)*

vinegar *('vinıgır) i.* sirke. **Would you like oil and vinegar on your salad?** *(Salatanıza yağ ve sirke ister miydiniz?)*

violence *('vayılıns) i.* şiddet, zorbalık, zorlama. **Violence against women is a universal problem.** *(Kadına karşı şiddet evrensel bir sorundur.)*

violet *('vayılıt) s.* mor, mor renkli. **Violet is my favorite color.** *(Mor en sevdiğim renktir.)*

violin *(vayı'lin) i.* keman. **Kate plays the violin.** *(Kate, keman çalar.)*

visit *('vizit) f.* ziyaret etmek, görmeye gitmek, gezmek. **We visi-**

ted a few galleries while we were in Paris. (Paris'teyken bir kaç galeri gezdik.)

visitor *('vizitır) i.* ziyaretçi, konuk. Jenny, you have visitors! (Jenny, ziyaretçilerin var!)

vocabulary *(vou'käbyıleri) i.* söz varlığı, kelime dağarcığı, vokabüler. John's vocabulary is very limited. (John'un kelime dağarcığı çok kısıtlıdır.)

voice *(voys) i.* ses; söz. Don't raise your voice to me! (Bana sesini yükseltme!)

volcano *(val'keynou) i.* volkan, yanardağ. Is this volcano active? (Bu yanardağ faal midir?)

volleyball *('valiba:l) i.* voleybol. I love playing volleyball. (Voleybol oynamayı severim.)

volume *('valyum) i.* hacim; cilt; ses düzeyi. Could you turn the volume down, please? I'm trying to sleep. (Sesi kısabilir misin lütfen? Uyumaya çalışıyorum.)

vote *(vout) f.* oy vermek. She was too young to vote in the national election. (Ulusal seçimlerde oy kullanmak için fazla gençti.)

voyage *('voyıc) i.* deniz seyahati, yolculuk. This will be my first sea voyage. (Bu benim ilk deniz yolculuğum olacak.)

vulture *('valçır) i.* akbaba. A vulture is a large bird which eats the flesh of dead animals. (Akbaba, ölü hayvanların etini yiyen büyük bir kuştur.)

W, w *('dabılyu:)* İngiliz alfabesinin yirmi üçüncü harfi.

waddle *('wa:dıl) f.* badi badi yürümek, paytak adımlarla yürümek. **Ducks waddle.** *(Ördekler badi badi yürür.)*

wagon *(wegın) i.* vagon, tren vagonu. **The train has got 10 wagons.** *(Trenin 10 vagonu var.)*

waist *(weyst) i.* bel. **She has a very thin waist.** *(Onun beli çok incedir.)*

wait *(weyt) f.* beklemek, hazır olmak, durmak. **I had to wait on line for an hour to get the tickets.** *(Biletleri almak için sırada bir saat beklemem gerekti.)*

waiting room *('weyting ru:m) i.* bekleme odası. **The doctor's waiting room was full of patients.** *(Doktorun bekleme odası hastalarla doluydu.)*

waiter *('weytır) i.* erkek garson. **A waiter took our order.** *(Bir erkek garson siparişimizi aldı.)*

waitress *('weytrıs) i.* kadın garson. **A waitress took our order.** *(Bir kadın garson siparişimizi aldı.)*

wake *(weyk) f.* uyanmak, uyandırmak. **I woke up with a headache.** *(Bir baş ağrısıyla uyandım.)*

walk *(wo:k) f.* yürümek, yürütmek. **I walked home.** *(Eve yürüdüm.)*

walking stick *('wo:king stik) i.* baston. **My grandma uses a walking stick.** *(Büyükannem baston kullanır.)*

wall *(wo:l) i.* duvar. **The walls of the garden were very high.** *(Bahçenin duvarları çok yüksekti.)*

wallet *('wolıt) i.* cüzdan. **My wallet has been stolen.** *(Cüzdanım çalındı.)*

walnut *('wolnat) i.* ceviz, ceviz ağacı. **Eating walnut is healthy.** *(Ceviz yemek sağlıklıdır.)*

want *(want) f.* istemek, arzu etmek. **What do you want to eat?** *(Ne yemek istersin?)*

war *(wor) i.* savaş, harp, mücadele. **Britain and France declared war on Germany in 1939 as a result of the invasion of Poland.** *(Polonya'nın istilasının bir sonucu olarak Britanya ve Fransa 1939'da Almanya'ya savaş ilan etti.)*

wardrobe *('wordroub) i.* gardırop, giysi dolabı. **Hang your coat in the wardrobe.** *(Paltonu gardıroba as.)*

warm¹ *(worm)* f. ısıtmak, ısınmak. **We warmed our hands over the fire.** *(Ateşin üzerinde ellerimizi ısıttık.)*

warm² *(worm)* s. ılık, ısıtan, sıcak tutan. **I drank a glass of warm milk.** *(Bir bardak ılık süt içtim.)* **You should wear warm clothes in winter.** *(Kışın sıcak tutan giysiler giymelisin.)*

warn *(worn)* f. uyarmak, ikaz etmek, tembih etmek. **The doctor warned me about the dangers of smoking.** *(Doktor beni sigara içmenin tehlikeleri hakkında uyardı.)*

warrior *('woriır)* i. savaşçı, asker. **My grandfather was a brave warrior.** *(Büyük babam cesur bir savaşçıydı.)*

wash *(woş)* f. yıkamak, yıkanmak. **Wash your hands!** *(Ellerini yıka!)* **washing machine** çamaşır makinesi.

wasp *(wasp)* i. eşek arısı, yaban arısı. **There's a wasps' nest in that old tree.** *(O yaşlı ağaçta bir eşek arısı yuvası var.)*

waste¹ *(weyst)* f. boşa harcamak, israf etmek. **You waste a lot of water by having a bath instead of a shower.** *(Duş almak yerine banyo yapmakla bir sürü suyu boşa harcarsın.)*

waste² *(weyst) i.* israf, telef, çarçur. **It was a complete waste of time.** *(Tam bir zaman kaybıydı.)*

wastebasket *('weystbäskıt) i.* çöp tenekesi. **Most of the letters they receive end up in the wastepaper basket.** *(Aldıkları çoğu mektubun sonu çöp tenekesi oluyor.)*

watch¹ *(woç) f.* seyretmek, izlemek; bakmak, göz kulak olmak. **I had dinner and watched TV for a couple of hours.** *(Akşam yemeği yedim ve birkaç saat televizyon izledim.)*

watch² *(woç) i.* kol saati, cep saati; devriye, nöbet, izleme. **My watch seems to have stopped.** *(Saatim durmuş gibi görünüyor.)*

water¹ *('wotır) f.* sulamak, su vermek, su içirmek. **I watered the garden.** *(Bahçeyi suladım.)*

water² *('wotır) i.* su; gölcük. **The human body is about 60% water.** *(İnsan vücudunun yaklaşık %60'ı sudur.)*

waterfall *('wotırfol) i.* şelale, çağlayan. **Niagara Falls are one of the most amazing waterfalls in the world.** *(Niagara şelaleleri dünyadaki en hayret verici şelalelerden biridir.)*

watermelon *('wotırmelın) i.* karpuz. **I haven't eaten anything but some cheese and watermelon.** *(Karpuz ve peynirden başka bir şey yemedim.)*

wave¹ *(weyv) f.* el sallamak, sallanmak, dalgalanmak. **I waved to him from the window but he didn't see me.** *(Ona pencereden el salladım ama beni görmedi.)*

wave² *(weyv) i.* dalga; el sallama. **I listened to the sound of the waves crashing against the shore.** *(Kıyıya vuran dalgaların sesini dinledim.)*

wavy *('weyvi) s.* dalgalı. **Laura has got wavy hair.** *(Laura'nın dalgalı saçları vardır.)*

wax¹ *(väks) f.* mumlamak, cilalamak. **I waxed the floors.** *(Yerleri cilaladım.)*

wax² *(väks) i.* mum, balmumu. **These statues have been made of wax.** *(Bu heykeller balmumundan yapılmış.)*

way *(wey) i.* yol, yön, taraf. **You resemble your father in two ways.** *(İki yönden babana benziyorsun.)*

we *(wi:) zam.* biz. **If you don't hurry up, we will be late too.** *(Acele etmezsen biz de geç kalacağız.)*

weak *(wi:k) s.* güçsüz, zayıf, dayanaksız, yetersiz. **Her English is weak.** *(Onun İngilizcesi zayıftır.)*

wealth *(welth) i.* zenginlik, servet, varlık. **During her successful**

business career, she accumulated a great amount of wealth. *(Başarılı iş kariyeri süresince büyük bir servet biriktirdi.)*

wealthy *('welthi)* s. zengin, varlıklı. He has a wealthy family. *(Onun varlıklı bir ailesi var.)*

weapon *('wepın)* i. silah. Her tears are a woman's most powerful weapon. *(Gözyaşları, bir kadının en kuvvetli silahıdır.)*

wear *(weır)* f. giymek, takmak. I wear glasses for reading. *(Okumak için gözlük takarım.)* **wear out** eskimek, eskitmek; yorulmak, tükenmek. This sweater is worn out. *(Bu kazak eskidi.)*

weather *('wedır)* i. hava, hava durumu. The weather in the hills can change very quickly. *(Tepelerdeki hava durumu aniden değişebilir.)*

wedding *('weding)* i. düğün, nikâh. Do you know the date of Julie and Matthew's wedding? *(Julie ve Matthew'un düğün tarihlerini biliyor musun?)*

Wednesday *('wenzdey)* i. Çarşamba. Shall we meet on Wednesday? *(Çarşamba günü buluşalım mı?)*

week *(wi:k)* i. hafta. A year consists of 52 weeks. *(Bir yıl 52 haftadan oluşur.)*

weekday *('wi:kdey)* i. hafta içi, hafta arası. On weekdays, I usually sleep around ten o'clock. *(Hafta arası genelde saat on civarı uyurum.)*

weekend *('wi:kend) i.* hafta sonu. **Do you have any plans for the weekend?** *(Hafta sonu için planın var mı?)*

weigh *(wey) f.* tartmak, ağırlığında olmak. **My little daughter weighs nearly 22 kilos.** *(Küçük kızım yaklaşık 22 kilo ağırlığındadır.)*

weight *(weyt) i.* ağırlık, yük. **What is your height and weight?** *(Boyunuz ve kilonuz nedir?)*

welcome *('welkım) f.* karşılamak, buyur etmek; samimiyet göster-mek. **I welcomed them when they arrived.** *(Geldiklerinde onları karşıladım.)*

welcome *('welkım) ü.* Hoş geldiniz!, Buyurun! **Welcome to Istanbul!** *(İstanbul'a hoş geldiniz!)*

well *(wel) s., z.* iyi, hoş, güzel, iyi şekilde; iyice, tamamıyla. **Did you sleep well?** *(İyi uyudun mu?)*

west *(west) i.* batı. **The sun rises in the east and sets in the west.** *(Güneş doğudan yükselir ve batıdan batar.)*

western *('westırn) s.* batılı, batıya ait. **France is located in Western Europe.** *(Fransa Batı Avrupa'da yer alır.)*

wet *(wet)* s. ıslak, yaş. **You shouldn't sleep with wet hair.** *(Islak saçla uyumamalısın.)*

whale *(wheyl)* i. balina. **The whale is a very large sea mammal.** *(Balina çok büyük bir deniz memelisidir.)*

what *(what)* zam. ne, neyi, neler, neleri. **What happened after I left?** *(Ben ayrıldıktan sonra ne oldu?)*

wheat *(whi:t)* i. buğday. **China is the largest wheat producer.** *(Çin en büyük buğday üreticisidir.)*

wheel *(whi:l)* i. tekerlek, teker. **I lost control of the car when a front wheel hit a stone.** *(Ön tekerleklerden biri taşa çarptığında arabanın kontrolünü kaybettim.)*

when¹ *(when)* b. iken, -dığı zaman, -dığında. **I went there when I was a child.** *(Oraya çocukken gittim.)*

when² *(when)* z. ne zaman. **We'll go when you're ready.** *(Hazır olduğun zaman gideceğiz.)*

where *(wher)* b., z. nerede, nereye. **Where do you live?** *(Nerede yaşıyorsun?)*

whether *('wedhır)* b. yapıp yapmadığını, olup olmayacağını, ... mı yoksa ... mı. **He asked me wheter I love him or not.** *(Bana, onu sevip sevmediğimi sordu.)*

which *(whiç) s., zam.* hangi, hangisi, hangisini. **Which dress should I buy, the red one or the black one?** *(Hangi elbiseyi giymeliyim, kırmızı olanı mı siyah olanı mı?)*

while *(whayl) b.* iken, esnasında. **I listen to the radio while I'm driving.** *(Araba kullanırken radyo dinlerim.)*

whisker *('whiskır) i.* bıyık (Kedi, fare, vb). **The cat was cleaning the milk off her whiskers.** *(Kedi, bıyıklarından sütü temizliyordu.)*

whisper¹ *('whispır) f.* fısıldamak, gizli konuşmak. **What are you two girls whispering about?** *(Siz iki kız ne hakkında fısıldaşıyorsunuz?)*

whisper² *('whispır) i.* fısıltı, dedikodu. **I heard a whisper.** *(Bir fısıltı duydum.)*

whistle¹ *('whisıl) f.* ıslık çalmak, düdük çalmak, uğuldamak. **The wind was whistling.** *(Rüzgâr uğulduyordu.)*

whistle² *('whisıl) i.* ıslık sesi, düdük sesi. **I didn't hear the referee's whistle.** *(Hakemin düdüğünü duymadım.)*

white *(whayt) s.* beyaz, beyaz renkli. **In some countries it is traditional for a bride to wear white.** *(Bazı ülkelerde gelinin beyaz giymesi gelenektir.)*

who *(hu:) zam.* kim, kimler. **Who are all those people?** *(Bütün bu insanlar kim?)*

whole *(houl)* s. bütün, tüm. **I spent the whole day cleaning.** *(Bütün günü temizlik yaparak geçirdim.)*

whose *(hu:z)* zam. kimin. **Whose key is this?** *(Bu kimin anahtarı?)*

why *(wahy)* z. neden, niçin. **I don't understand why you lied to me.** *(Bana neden yalan söylediğini anlamıyorum.)*

wide *(wayd)* s. geniş, engin. **This is a wide road.** *(Bu geniş bir yoldur.)*

widespread *(wayd'spred)* s. yaygın. **There is a widespread fear of nuclear war.** *(Yaygın bir nükleer savaş korkusu var.)*

widow *('widou)* i. dul kadın. **The widow has no children.** *(Dul kadının hiç çocuğu yok.)*

widower *('vidouır)* i. dul erkek. **The widower has two children.** *(Dul adamın iki tane çocuğu var.)*

width *(width)* i. en, genişlik. **The room is 3 meters in width.** *(Odanın eni 3 metredir.)*

wife *(wayf)* i. kadın eş, karı. **Did you meet his wife?** *(Karısıyla tanıştın mı?)*

wild *(wayld)* s. vahşi, yabani. **The lion is a wild animal.** *(Aslan vahşi bir hayvandır.)*

will[1] *(wil)* f. -ecek, -acak. **It will probably rain tomorrow.** *(Yarın muhtemelen yağmur yağacak.)*

will[2] *(wil)* i. istek, dilek, niyet, maksat; irade. **Everybody has a free will.** *(Herkesin hür iradesi vardır.)*

win *(win)* f. kazanmak, yenmek. **Who is winning?** *(Kim kazanıyor?)*

wind *(wind)* i. rüzgâr, yel; soluk, nefes. **There isn't enough wind to fly a kite.** *(Uçurtma uçurmak için yeterli rüzgâr yok.)*

windmill *('windmil) i.* yel değirmeni. Holland is famous with its windmills. *(Hollanda, yel değirmenleriyle ünlüdür.)*

window *('windou) i.* pencere. Is it all right if I open the window? *(Pencereyi açmamın bir sakıncası var mı?)*

windy *('windi) s.* rüzgârlı. It was a windy night. *(Rüzgârlı bir geceydi.)*

wing *(wing) i.* kanat. I could see the plane's wing out of my window. *(Penceremden uçağın kanadını görebiliyordum.)*

winter *('wintır) i.* kış. Last winter, we went skiing. *(Geçen kış kayağa gittik.)*

wipe *(wayp) f.* silmek. Wipe your nose! *(Burnunu sil!)*

wire *(wayır) i.* kablo, tel. Connect the red wires together. *(Kırmızı kabloları birbirine bağla.)*

wise *(wayz) s.* akıllı, bilgece. I think you made a wise choice. *(Bence akıllıca bir seçim yaptın.)*

wish¹ *(wiş) f.* istemek, dilemek, ümit etmek. I wish to make a complaint. *(Bir şikayette bulunmak istiyorum.)*

wish² *(wiş) i.* istek, dilek, umut. Give Patrick my best wishes. *(Patrick'e en iyi dileklerimi ilet.)*

witch *(wiç) i.* cadı, büyücü, sihirbaz. People are afraid of witches. *(İnsanlar cadılardan korkarlar.)*

with *(with)* e. ile, birlikte. I'm going to Spain with a couple of friends. *(Birkaç arkadaşla birlikte İspanya'ya gidiyorum.)*

without *(wid'aut)* e. -sız, -siz, olmadan, olmaksızın. I couldn't have done this without you. *(Bunu sensiz yapamazdım.)*

witness¹ *('witnıs)* f. tanık olmak, tanıklık etmek. Did anyone witness the attack? *(Saldırıya tanık olan var mı?)*

witness² *('witnıs)* i. tanık, şahit. According to eye witnesses, the robbery was carried out by two teenage boys.

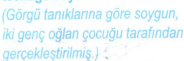

(Görgü tanıklarına göre soygun, iki genç oğlan çocuğu tarafından gerçekleştirilmiş.)

wizard *('wizırd)* i. büyücü, sihirbaz, çok usta kimse. She's a wizard at math. *(Matematikte çok ustadır.)*

wolf *(wulf)* i. kurt. Wolves hunt in groups. *(Kurtlar, grup halinde avlanır.)*

woman *('wumın)* i. kadın. Your mother is a really nice woman. *(Annen gerçekten hoş bir kadın.)*

wonder¹ *('wandır)* f. merak etmek, düşünmek. I wonder why she is late. *(Onun neden geç kaldığını merak ediyorum.)*

wonder² *('wandır)* i. hayranlık yaratan şey, harika, mucize. Do you know the Seven Wonders

of the Ancient World? *(Antik Dünyanın Yedi Harikası'nı biliyor musun?)*

wonderful *('wandırfıl) s.* harika, muhteşem. **My dad is a wonderful cook.** *(Babam harika bir aşçıdır.)*

wood *(wu:d) i.* tahta, odun; koru, koruluk. **This table is made of wood.** *(Bu masa tahtadan yapılmış.)*

wooden *('wudın) s.* tahta veya ağaçtan yapılmış. **This is a wooden desk.** *(Bu, tahtadan yapılmış bir masadır.)*

woodpecker *('wudpekır) i.* ağaçkakan. **Woodpeckers use their beaks to make holes in tree trunks.** *(Ağaçkakanlar, ağaç gövdelerinde delik açmak için gagalarını kullanır.)*

wool *(wu:l) i.* yün. **How many balls of wool did you use to knit that sweater?** *(O kazağı örmek için kaç yumak yün kullandın?)*

woolen *('wulın) s.* yünlü. **I bought myself a woolen sweater.** *(Kendime yünlü bir kazak satın aldım.)*

word *(wörd) i.* kelime, söz. **I give you my word.** *(Sana söz veriyorum.)*

work¹ *(wörk) f.* çalışmak, işlemek, uğraşmak; çalıştırmak, işletmek.

I work at the hospital. *(Hastanede çalışıyorum.)*

work² *(wörk) i.* iş, görev. **I've got work to do.** *(Yapacak işlerim var.)* **work of art** sanat eseri.
workaholic *(wörkı'halik) i.* işkolik, iş bağımlısı. **My father is a workaholic.** *(Babam bir işkoliktir.)*
worker *('wörkır) i.* işçi, çalışan. **He is one of our good workers.** *(O, en iyi işçilerimizden biridir.)*
workman *('wörkmın) i.* işçi. **We'll have to get a workman in to fix the plumbing.** *(Tesisatı tamir etmesi için bir işçi çağırmamız gerekecek.)*
workshop *('wörkşap) i.* atölye, tamirhane; seminer. **I went to our carpenter's workshop today.** *(Bugün marangozumuzun atölyesine gittim.)*

world *(wörld) i.* dünya, yeryüzü, evren. **Different parts of the world have different climatic conditions.** *(Dünyanın farklı bölgeleri farklı iklim şartlarına sahiptir.)*

worldwide *('wörldwayd) s.* dünya çapında. **The band have sold more than 300 million albums worldwide.** *(Grup, dünya çapında 300 milyondan fazla albüm sattı.)*
worm *(wörm) i.* kurtçuk, kurt, solucan. **There is a worm in my apple.** *(Elmamda kurt var.)*
worry *('wori) f.* endişe etmek, kaygılanmak, meraklanmak. **It worries me that he hasn't phoned yet.** *(Henüz aramamış olması beni kaygılandırıyor.)*

worst *(wörst) s.* en kötü, en kötüsü. It was the worst accident I have ever seen. *(Gördüğüm en kötü kazaydı.)*

worth *(wörth) i.* kıymet, eder, değer. This watch is worth 50 dollars. *(Bu saat 50 dolar değerindedir.)*

wound[1] *(wund) f.* yaralamak, kırmak, incitmek. He wounded my feelings. *(Duygularımı incitti.)*

wound[2] *(wund) i.* yara; gönül yarası. My wound is healing. *(Yaram iyileşiyor.)*

wrap *(räp) f.* sarmak, sarmalamak, paketlemek. I wrapped a handkerchief around my bleeding finger. *(Kanayan parmağımın etrafına bir mendil sardım.)*

wrestler *('räslır) i.* güreşçi. One of the wrestlers got injured. *(Güreşçilerden biri yaralandı.)*

wrestling *('räsling) i.* güreş sporu. Wrestling is a kind of sport. *(Güreş, bir spor türüdür.)*

wrist *(rist) i.* el bileği. I sprained my wrist. *(Bileğimi burktum.)*

write *(rayt) f.* yazmak. I wrote my sister a letter. *(Kız kardeşime bir mektup yazdım.)*

writer *('raytır) i.* yazar. Orhan Pamuk is a well-known writer. *(Orhan Pamuk tanınmış bir yazardır.)*

writing *('rayting) i.* yazma, yazı, el yazısı. Can you read my writing? *(Yazımı okuyabiliyor musun?)*

wrong *(rong) s.* yanlış, hatalı, haksız. Two of your answers were wrong. *(Yanıtlarından iki tanesi hatalıydı.)*

X, x *(eks)* İngiliz alfabesinin yirmi dördüncü harfi.

Xmas *('eksmıs) ö.i.* Noel, Hz. İsa'nın doğumu. **Xmas is celebrated on the 25th of December.** *(Noel, 25 Aralık'ta kutlanır.)*

X-ray *('eksrey) i.* X ışını, röntgen ışını, röntgen filmi. **They took an X-ray of my arm to see whether there were any broken bones.** *(Kırık kemik olup olmadığını görmek için kolumun röntgen filmini çektiler.)*

Y - y

Y, y *(vay)* İngiliz alfabesinin yirmi beşinci harfi.

yacht *(yat) i.* yat, özel gezinti gemisi. **Where do you anchor your yacht?** *(Yatını nereye demirliyorsun?)*

yard *(yard) i.* alan, bahçe, avlu; yarda. **One yard is a unit of measurement of length equal to approximately 0.914 meter**. *(Bir yarda yaklaşık 0.914 metre uzunluğa eşit bir ölçü birimidir.)*

yawn *(yo:n) f.* esnemek. **Everybody was yawning during the lecture.** *(Konferans sırasında herkes esniyordu.)*

year *(yiir) i.* yıl, sene. **My parents have been married for 40 years.** *(Annemle babam 40 yıldır evliler.)*

yellow *('yelou) s.* sarı. **I bought a bright yellow T-shirt.** *(Açık sarı bir tişört satın aldım.)*

yes *(yes) z.* evet. **"Will you drive?" "Yeah, sure."** *("Sen kullanır mısın?" "Evet, elbette.")*

yesterday *('yestırdey) i., z.* dün. **This is yesterday's newspaper.** *(Bu, dünkü gazete.)*

yet¹ *(yet) b.* ama, lakin, gerçi, yine de, ise de. **Robert is overweight and bald, yet somehow, he's incredibly attractive.** *(Robert fazla kilolu ve kel ama her nasılsa inanılmaz çekicidir.)*

yet² *(yet) z.* henüz, daha, hâlâ. **I haven't spoken to him yet.** *(Henüz onunla konuşmadım.)*

yoghurt *('yougırt) i.* yoğurt. **I always eat low-fat yoghurt.** *(Her zaman az yağlı yoğurt yerim.)*

you *(yu:) zam.* sen, siz. **Are you two ready?** *(Siz ikiniz hazır mısınız?)*

young *(yang) s.* genç; küçük; taze, körpe. **I was a young woman back then.** *(O zamanlar genç bir kadındım.)*

your *(yor) zam.* senin, sizin. **Is this your book?** *(Bu senin kitabın mı?)*

yours *(yorz) zam.* seninki(ler), sizinki(ler). **Yours is better than mine.** *(Seninki benimkinden daha iyi.)*

yourself *(yor'self) zam.* kendin, kendini, kendine. **Did you make this painting yourself?** *(Bu resmi kendin mi yaptın?)*

youth *(yu:th) i.* gençlik. **He was a good basketball player in his youth.** *(Gençliğinde iyi bir basketbol oyuncusuydu.)*

Z, z *(zi:/zed)* İngiliz alfabesinin yirmi altıncı ve son harfi.

zebra *('zi:brı) i.* zebra. A zebra is an African wild animal which has black and white lines on its body. *(Zebra, vücudunda siyah ve beyaz çizgiler olan Afrikalı vahşi bir hayvandır.)*

zero *('zirou) s.* sıfır. The number one million is written with a one and six zeroes. *(Bir milyon sayısı bir tane bir ve altı tane sıfırla yazılır.)*

zinc *(zink) i.* çinko, çinkodan yapılmış. Zinc is a chemical element. *(Çinko kimyasal bir elementtir.)*

zipper *('zipır) i.* fermuar. I can't open my bag because the zipper has stuck. *(Çantamı açamıyorum çünkü fermuar sıkıştı.)*

zoo *(zu:) i.* hayvanat bahçesi. I took my son to the zoo. *(Oğlumu hayvanat bahçesine götürdüm.)*

IRREGULAR VERBS (DÜZENSİZ FİİLLER)

INFINITIVE MASTAR (Fiilin 1. Hâli)	PAST SIMPLE GEÇMİŞ ZAMAN (Fiilin 2. Hâli)	PAST PARTICIPLE MİŞ'Lİ GEÇMİŞ ZAMAN (Fiilin 3. Hâli)	MEANING ANLAM
arise /ı'rayz/	arose /ı'rouz/	arisen /ı'rızın/	çıkmak, doğmak
awake /ı'weyk/	awoke /ı'wouk/	awoken /ı'woukın/	uyanmak, canlanmak
be /bi:/	was /woz/ were /wö:/	been /bi:n/	olmak
bear /beı/	bore /bo:/	borne /bo:n/	katlanmak
beat /bi:t/	beat /bi:t/	beaten /'bi:tın/	dövmek; yenmek
become /bi'kam/	became /bi'keym/	become /bi'kam/	olmak
begin /bi'gin/	began /bi'gen/	begun /bi'gan/	başlamak
bend /bend/	bent /bent/	bent /bent/	eğmek; eğilmek
bet /bet/	bet /bet/	bet /bet/	bahse girmek
bid /bid/	bade /beyd/	bidden /'bidın/	emretmek
bind /baynd/	bound /baund/	bound /baund/	bağlamak; sarmak
bite /bayt/	bit /bit/	bitten /'bitın/	ısırmak
bleed /bli:d/	bled /bled/	bled /bled/	kanamak
blow /blou/	blew /blu:/	blown /bloun/	esmek; üflemek
break /breyk/	broke /brouk/	broken /'broukın/	kırmak
breed /brid/	bred /bred/	bred /bred/	doğurmak; türemek
bring /bring/	brought /bro:t/	brought /bro:t/	getirmek
broadcast /'bro:dka:st/	broadcast /'bro:dka:st/	broadcast /'bro:dka:st/	yayın yapmak
build /bild/	built /bilt/	built /bilt/	inşa etmek
burn /bö:n/	burnt /bö:nt/	burnt /bö:nt/	yakmak; yanmak
burst /bö:st/	burst /bö:st/	burst /bö:st/	patlamak; yarılmak
bust /bast/	bust /bast/	bust /bast/	patlamak; tahrip etmek
buy /bay/	bought /bo:t/	bought /bo:t/	satın almak
cast /ka:st/	cast /ka:st/	cast /ka:st/	atmak; savurmak
catch /keç/	caught /ko:t/	caught /ko:t/	yakalamak
choose /çu:z/	chose /çouz/	chosen /'çouzın/	seçmek
cling /kling/	clung /klong/	clung /klong/	yapışmak, tutunmak
clothe /kloud/	clad /kled/	clad /kled/	giydirmek; örtmek
come /kam/	came /keym/	come /kam/	gelmek
cost /kost/	cost /kost/	cost /kost/	mal olmak, etmek
creep /krip/	crept /krept/	crept /krept/	sürünmek, emeklemek
cut /kat/	cut /kat/	cut /kat/	kesmek
deal /di:l/	dealt /delt/	dealt /delt/	uğraşmak, ilgilenmek
dig /dig/	dug /dag/	dug /dag/	kazmak
do /du:/	did /did/	done /dan/	yapmak
draw /dro:/	drew /dru:/	drawn /dro:n/	çizmek, resim yapmak
dream /dri:m/	dreamt /dremt/	dreamt /dremt/	rüya görmek
drink /drink/	drank /drenk/	drunk /drank/	içmek

drive /drayv/	drove /drouv/	driven /'drivin/	sürmek, araba kullanmak
dwell /dwel/	dwelt /dwelt/	dwelt /dwelt/	ikamet etmek, oturmak
eat /i:t/	ate /eyt/	eaten /'i:tın/	yemek
fall /fo:l/	fell /fel/	fallen /'fo:lın/	düşmek
feed /fi:d/	fed /fed/	fed /fed/	beslemek, yedirmek
feel /fi:l/	felt /felt/	felt /felt/	hissetmek, duymak
fight /fayt/	fought /fo:t/	fought /fo:t/	dövüşmek; savaşmak
find /faynd/	found /faund/	found /faund/	bulmak
flee /fli:/	fled /fled/	fled /fled/	kaçmak, tüymek
fling /fling/	flung /flang/	flung /flang/	fırlamak; hızla atmak
fly /flay/	flew /flu:/	flown /floun/	uçmak; uçurmak
forbid /fı'bid/	forbade /fı'beyd/	forbidden /fı'bidın/	yasaklamak
forecast /'fo:ka:st/	forecast /'fo:ka:st/	forecast /'fo:ka:st/	tahmin etmek
forget /fı'get/	forgot /fı'got/	forgot /fı'gotın/	unutmak
forgive /fı'giv/	forgave /fı'geyv/	forgiven /fı'givın/	affetmek
forsake /fı'seyk/	forsook /fı'suk/	forsaken /fı'seykın/	yüzüstü bırakmak
freeze /fri:z/	froze /frouz/	frozen /'frouzın/	donmak; dondurmak
get /get/	got /got/	got /got/	almak, edinmek; olmak
give /giv/	gave /geyv/	given /'givın/	vermek
go /gou/	went /went/	gone /gon/	gitmek
grind /graynd/	ground /graund/	ground /graund/	öğütmek, ezmek
grow /grou/	grew /gru:/	grown /groun/	büyümek; yetiştirmek
hang /heng/	hung /hang/	hung /hang/	asmak
have /hev/ has /hez/	had /hed/	had /hed/	sahip olmak; yemek
hear /hiı/	heard /hö:d/	heard /hö:d/	işitmek, duymak
hide /hayd/	hid /hid/	hidden /'hidın/	saklamak; gizlenmek
hit /hit/	hit /hit/	hit /hit/	vurmak, çarpmak
hold /hould/	held /held/	held /held/	tutmak
hurt /hö:t/	hurt /hö:t/	hurt /hö:t/	incitmek, yaralamak
keep /ki:p/	kept /kept/	kept /kept/	tutmak; saklamak
know /nou/	knew /nyu/	known /noun/	bilmek; tanımak
lay /ley/	laid /leyd/	laid /leyd/	sermek, yatırmak
lead /li:d/	led /led/	led /led/	yönetmek; sürdürmek
lean /li:n/	leant /lent/	leant /lent/	dayanmak, yaslanmak
leap /li:p/	leapt /lept/	leapt /lept/	sıçramak, atlamak
learn /lö:n/	learnt /lö:nt/	learnt /lö:nt/	öğrenmek
leave /li:v/	left /left/	left /left/	bırakmak, terk etmek
lend /lend/	lent /lent/	lent /lent/	ödünç vermek
let /let/	let /let/	let /let/	izin vermek; bırakmak
lie /lay/	lay /ley/	lain /leyn/	uzanmak, yatmak
light /layt/	lit /lit/	lit /lit/	yakmak; aydınlatmak
lose /lu:z/	lost /lost/	lost /lost/	kaybetmek

make /meyk/	made /meyd/	made /meyd/	yapmak; yaptırmak
mean /mi:n/	meant /ment/	meant /ment/	kastetmek; anlamına gelmek
meet /mi:t/	met /met/	met /met/	buluşmak; tanışmak
offset /ofset/	offset /ofset/	offset /ofset/	karşılamak, dengelemek
pay /pey/	paid /peyd/	paid /peyd/	ödemek, para vermek
put /put/	put /put/	put /put/	koymak
read /ri:d/	read /red/	read /red/	okumak
reset /ri'set/	reset /ri'set/	reset /ri'set/	sıfırlamak, yeniden ayarlamak
rewind /ri'waynd/	rewound /ri'waund/	rewound /ri'waund/	geri sarmak
rid /rid/	rid /rid/	rid /rid/	kurtarmak, gidermek
ride /rayd/	rode /roud/	ridden /'ridın/	binmek (bisiklet, at)
ring /ring/	rang /reng/	rung /rang/	çalmak (zil, telefon)
rise /rayz/	rose /rouz/	risen /'rizın/	yükselmek; doğmak
run /ran/	ran /ren/	run /ran/	koşmak; işlemek
saw /so:/	sawed /so:d/	sawn /so:n/	doğramak; biçmek
say /sey/	said /sed/	said /sed/	demek, söylemek
see /si:/	saw /so:/	seen /si:n/	görmek
seek /si:k/	sought /so:t/	sought /so:t/	aramak, araştırmak
sell /sel/	sold /sould/	sold /sould/	satmak
send /send/	sent /sent/	sent /sent/	göndermek, yollamak
set /set/	set /set/	set /set/	kurmak; yerleştirmek
sew /sou/	sewed /soud/	sewn /soun/	dikiş dikmek
shake /şeyk/	shook /şuk/	shaken /'şeykın/	çalkalamak; sallanmak
shed /şed/	shed /şed/	shed /şed/	dökmek, akıtmak
shine /şayn/	shone /şon/	shone /şon/	parlamak
shoot /şu:t/	shot /şot/	shot /şot/	vurmak (silahla)
show /şou/	showed /şoud/	shown /şoun/	göstermek
shrink /şrink/	shrank /şrenk/	shrunk /şrank/	çekmek, küçülmek
shut /şat/	shut /şat/	shut /şat/	kapamak, kapatmak
sing /sing/	sang /seng/	sung /sang/	şarkı söylemek
sink /sink/	sank /senk/	sunk /sank/	batmak
sit /sit/	sat /set/	sat /set/	oturmak
sleep /sli:p/	slept /slept/	slept /slept/	uyumak
slide /slayd/	slid /slid/	slid /slid/	kaydırmak; kaymak
slit /slit/	slit /slit/	slit /slit/	yarmak, dilmek
smell /smel/	smelt /smelt/	smelt /smelt/	kokmak; koklamak
sow /sou/	sowed /soud/	sown /soun/	tohum ekmek; yaymak
speak /spi:k/	spoke /spouk/	spoken /'spoukın/	konuşmak
speed /spi:d/	sped /sped/	sped /sped/	çabuk gitmek, acele etmek
spell /spel/	spelt /spelt/	spelt /spelt/	harf harf söylemek

spend /spend/	spent /spent/	spent /spent/	harcamak
spill /spil/	spilt /spilt/	spilt /spilt/	dökmek; dökülmek
spin /spin/	spun /span/	spun /span/	dönmek; döndürmek
spit /spit/	spat /spet/	spat /spet/	tükürmek
split /split/	split /split/	split /split/	yarmak; bölüşmek
spoil /spoyl/	spoilt /spoylt/	spoilt /spoylt/	bozmak; şımartmak
spread /spred/	spread /spred/	spread /spred/	yaymak, sermek; yayılmak
stand /stend/	stood /stud/	stood /stud/	ayakta durmak, dikilmek
steal /sti:l/	stole /stoul/	stolen /'stoulın/	çalmak (hırsız)
stick /stik/	stuck /stak/	stuck /stak/	saplamak; yapıştırmak
sting /sting/	stung /stang/	stung /stang/	sokmak (böcek)
stink /stink/	stank /stenk/	stunk /stank/	pis kokmak
stride /strayd/	strode /stroud/	stridden /'stridın/	uzun adımlarla yürümek
strike /strayk/	struck /strak/	stricken /'strikın/	vurmak; dikkat çekmek
string /string/	strung /strang/	strung /strang/	ipe dizmek, tel takmak
strive /strayv/	strove /strouv/	striven /'strivın/	gayret etmek; çekişmek
swear /sweı/	swore /swo:/	sworn /swo:n/	yemin etmek; küfretmek
sweep /swi:p/	swept /swept/	swept /swept/	süpürmek
swell /swell/	swelled /sweld/	swollen /'swoulın/	şişmek, kabarmak
swim /swim/	swam /swem/	swum /swam/	yüzmek
swing /swing/	swung /swang/	swung /swang/	sallanmak
take /teyk/	took /tuk/	taken /'teykın/	almak, götürmek
teach /ti:ç/	taught /to:t/	taught /to:t/	öğretmek, ders vermek
tear /teı/	tore /to:/	torn /to:n/	yırtmak; yırtılmak
tell /tel/	told /tould/	told /tould/	anlatmak, söylemek
think /tink/	thought /to:t/	thought /to:t/	düşünmek; sanmak
throw /trou/	threw /tru:/	thrown /troun/	atmak, fırlatmak
tread /tred/	trod /troud/	trodden /'troudın/	ayak basmak, çiğnemek
understand /andı'stend/	understood /andı'stud/	understood /andı'stud/	anlamak
undertake /andı'teyk/	undertook /andı'tuk/	undertaken/andı'teykın/	üstlenmek, yüklenmek
uphold /ap'hould/	upheld /ap'held/	upheld /ap'held/	desteklemek, onaylamak
upset /ap'set/	upset /ap'set/	upset /ap'set/	üzmek; devirmek; bozmak
wake /weyk/	woke /wouk/	woken /'woukın/	uyandırmak; uyanmak
wear /weı/	wore /wo:/	worn /wo:n/	giymek; takmak
weave /wi:v/	wove /wouv/	woven /'wouvın/	dokumak, örmek
wed /wed/	wed /wed/	wed /wed/	evlenmek, bağlanmak
weep /wi:p/	wept /wept/	wept /wept/	ağlamak; damlamak
wet /wet/	wet /wet/	wet /wet/	ıslanmak; ıslatmak
win /win/	won /won/	won /won/	kazanmak, yenmek
wind /waynd/	wound /waund/	wound /waund/	çevirmek; kurmak (saat)
withdraw /wit'dro:/	withdrew /wit'dru:/	withdrawn /wit'dro:n/	banka hesabından çekmek
write /rayt/	wrote /rout/	written /'ritın/	yazmak

İLKOKULLAR İÇİN

TÜRKÇE İNGİLİZCE SÖZLÜK

A

abajur *i.* lampshade
abartı *s.* exaggeration
abartmak *f.* to exaggerate
abide *i.* monument
abla *i.* older sister
abluka *i.* blockade
abuk sabuk *i.* nonsensical, incoherent
abur cubur *i.* snack
acaba *e.* I wonder, if, whether
acayip *s.* strange, queer
acele *i.* hurry, haste
acele *s.* hasty, urgent, hurried
acele etmek *f.* to hurry, to be in hurry
aceleci *s.* impatient
acemi *s.* inexperienced, untrained
acemilik *i.* awkwardness, clumsiness
acı *i.* pain, ache; sorrow
acı *s.* bitter, sour, hot, sharp
acıklı *s.* tragic, pathetic, sad
acıkmak *f.* to feel hungry
acımak *f.* to hurt, to ache
acıtmak *f.* to hurt, to give pain to
acil *s.* immediate, urgent, emergency
aciz *s.* unable, helpless
aç *s.* hungry, greedy
açacak *i.* opener
açgözlü *s.* greedy, insatiable
açı *i.* angle
açık *s.* open; wide
açık konuşmak *f.* to talk frankly, to be open with
açık seçik *s.* clear, explicit, obvious
açık seçik *z.* clearly, very evident
açıkça *z.* clearly, openly
açıkgöz *s.* clever, sharp, smart
açıklama *i.* explanation, statement
açıklamak *f.* to explain, to state, to bring out, to expound
açılış *i.* opening
açılmak *f.* to open, to be opened
açlık *i.* hunger; starvation, famine
açmak *f.* to open; to switch on; to turn on
ad *i.* name
ada *i.* island
adale *i.* muscle
adaleli *i.* muscular
adalet *i.* justice, equity, law
adaletli *s.* just, equitable, fair
adaletsiz *s.* unjust, inequitable, unfair
adam *i.* man, person, human being
adaş *s.* namesake
aday *i.* candidate
adaylık *i.* candidacy
aday olmak *f.* to be a candidate, to stand as candidate
adet *i.* unit, amount
âdet *i.* habit, usage, custom
âdeta *z.* nearly, almost
adıl *i.* pronoun
adım *i.* step, pace
adım başında *z.* at every corner
adımlamak *f.* to pace, to step
adi *s.* ordinary, mean, common
adil *s.* just, fair
adlandırmak *f.* to name
adli *s.* judicial
adliye *i.* justice, courthouse
adres *i.* address
adsız *s.* nameless
Aferin *ü.* Bravo! Well done! Splendid!
afet *i.* calamity, disaster, catastrophe
affetmek *f.* to forgive, to excuse
Affedersiniz *ü.* Excuse me! I'm sorry!
affedilir *s.* pardonable, forgiveable
affedilmez *s.* unforgiveable
afiş *i.* poster, placard, advertisement, bill
Afiyet olsun *ü.* Bon appetit!
Afrika *i.* Africa
Afrikalı *s.* African
ağ *i.* net
ağabey *i.* elder brother
ağaç *i.* tree
ağaçkakan *i.* woodpecker
ağır *s.* heavy, weighty; hard; slow
ağır ağır *z.* slowly
ağır başlı *s.* sedate, dignified
ağır yaralı *s.* seriously wounded
ağırlamak *f.* to entertain, to accomodate, to host
ağırlık *i.* weight, heaviness, gravity
ağıt *i.* lament
ağız *i.* mouth; entrance, opening
ağlamak *f.* to cry, to weep
ağrı *i.* pain, ache
ağrılı *s.* aching, painful
ağrımak *f.* to ache, to hurt
ağrına gitmek *f.* to give offense, to be hurt
ağrısız *s.* painless
Ağustos *i.* August
ah *ü.* Ah! Oh! Alas!
ah almak *f.* to be cursed for one's cruelty
ah çekmek *f.* to sigh, to curse
ahali *i.* inhabitant, the people
ahdetmek *f.* to promise with an oath
ahenk *i.* harmony, accord
ahır *i.* stable, shed
ahize *i.* receiver
ahlâk *i.* morals, manners, character
ahlâki *s.* moral, ethic
ahlâklı *s.* decent
ahlâksız *s.* immoral
ahlâksızlık etmek *f.* to behave immorally
ahmak *s.* fool, stupid, idiot
ahşap *s.* wooden

ahtapot *i.* octopus
ahududu *i.* raspberry
aidat *i.* subscription, dues
aile *i.* family
ait *s.* belonging to, pertaining to, relating to, concerning to
ajan *i.* spy, agent
ajanda *i.* date book, agenda
ajans *i.* agency
akademi *i.* academy
akarsu *i.* flowing water
akaryakıt *i.* fuel oil
akbaba *i.* vulture
akciğer *i.* lungs
akdetmek *f.* to agree, to contract
akıbet *i.* consequence, result
akıcı *s.* fluent; fluid, liquid
akıl *i.* intelligence, mind, wisdom
akıl almaz *s.* unbelievable
akıllı *s.* clever, intelligent, wise
akıllıca *z.* intelligently, wisely
akılsız *s.* stupid, foolish
akılsızlık *i.* stupidity
akım *i.* current, trend
akın *i.* rush, raid
akıntı *i.* current, flow
akışkan *s.* fluid
akıtmak *f.* to pour, to shed, to empty
aklından çıkmak *f.* to be forgotten
akmak *f.* to flow
akraba *i.* relative, relatives
akran *i.* equal, peer
akrep *i.* scorpion
aksatmak *f.* to hinder, to delay
aksi *s.* contrary, opposite
aksi halde *z.* otherwise
aksilik *i.* misfortune
akşam *i.* evening
akşam yemeği *i.* dinner, supper
aktarma *i.* transfer; quotation
aktarma yapmak *f.* to change
aktarmak *f.* to transfer; to quote; to translate
aktif *s.* active

aktör *i.* actor
aktris *i.* actress
aktüel *s.* actual, contemporary, modern
akü *i.* battery, accumulator
akvaryum *i.* aquarium
al *s.* red, scarlet
alabalık *i.* trout
alabildiğine *z.* to the utmost
alabora *i.* overturn
alaca *s.* speckled, variegated
alacak *i.* receiveable, credit
alâka *i.* interest, concern, relationship
alâkalı *s.* related, concerned
alâmet *i.* sign, symbol
alan *i.* field, area, territory, square
alarm *i.* alarm, warning
alay etmek *f.* to make fun
albay *i.* colonel, captain
albüm *i.* album
alçak *s.* low, mean
alçak gönüllü *s.* modest, humble
alçalmak *f.* to descend
alçı *i.* plaster
aldanmak *f.* to be deceived
aldatmak *f.* to cheat, to deceive
aldırmak *f.* to mind
alelacele *z.* hurriedly, in haste
alem *i.* world, universe; people, public
alenen *z.* openly, publicly
aleni *s.* open, public
alerji *i.* allergy
alet *i.* tool, instrument, device
alev *i.* flame
alfabe *i.* alphabet
algı *i.* perception
algılamak *f.* to perceive
alıcı *i.* buyer, customer; receiver
alıkoymak *f.* to detain, to keep
alım *i.* purchase, buying
alım satım *i.* trade, business
alın *i.* forehead
alışkanlık *i.* habit, custom, addiction

alışkın *s.* accustomed to, used to
alışmak *f.* to get used to
alıştırma *i.* exercise
alışveriş *i.* shopping
alim *i.* intellectual, wise, scholar
alkış *i.* applause, acclamation
alkışlamak *f.* to clap, to applaud, to acclaim
alkol *i.* alcohol
alkolik *s.* alcoholik
Allah *i.* God
Allahaısmarladık *ü.* Goodbye!
Allah bağışlasın *ü.* God bless him!
Allah korusun *ü.* God save!
almak *f.* to take, to get, to obtain
Alman *s.* German
Almanca *i.* German
Almanya *i.* Germany
alt *i.* bottom, under, beneath, lower
alt kat *z.* downstairs
alt yazı *i.* subtitle
alternatif *s.* alternative
altgeçit *i.* underpass
altı *i.* six
altıgen *i.* hexagon
altın *i.* gold
altıncı *s.* sixth
altından kalkmak *f.* to succeed, to accomplish
altından kalkamamak *f.* to fail
altını çizmek *f.* to underline
altmış *i.* sixty
altyapı *i.* substructure
ama *b.* but, yet, however
amaç *i.* aim, intend, goal
amaçlamak *f.* to intend, to purpose, to aim
ambargo *i.* embargo
ambulans *i.* ambulance
amca *i.* uncle
ameliyat *i.* operation
ameliyat etmek *f.* to operate
ameliyat olmak *f.* to have an operation

Amerika *i.* America
Amerikalı *s.* American
amiral *i.* admiral
ampul *i.* electric bulb, ampule
an *i.* moment
ana *s.* main, basic, principal, fundamental
anadil *i.* mother tongue, native language
Anadolu *i.* Anatolia
anahtar *i.* key
analiz *i.* analysis
analiz etmek *f.* to analyse
ananas *i.* pineapple
anaokulu *i.* kindergarten
anavatan *i.* motherland
anayasa *i.* constitution
anayol *i.* main road
ancak *b., z.* but, only, just
anı *i.* memory
anımsamak *f.* to remember
anırmak *f.* to bray
anıt *i.* monument
ani *s.* sudden
anlam *i.* meaning, sense
anlamak *f.* to understand, to comprehend
anlaşma *i.* agreement, treaty
anlaşmak *f.* to agree, to accord
anlaşmazlık *i.* disagreement
anlatım *i.* narration
anlatmak *f.* to tell, to explain
anlayış *i.* understanding, apprehension; concept, perception
anma *i.* remembrance, evocation
anmak *f.* to remember, to call to mind
anne *i.* mother
anneanne *i.* grandmother
ansızın *z.* suddenly
ansiklopedi *i.* encyclopedia
anten *i.* aerial, antenna
antik *s.* ancient
antika *i.* antique
antipati *i.* antipathy

antre *i.* entrance
antrenman *i.* training, exercise
antrenman yapmak *f.* to train
antrenör *i.* coach, trainer
apartman *i.* apartment house
apartman dairesi *i.* flat
aptal *s.* stupid, silly
aptalca *z.* stupidly
aptallık *i.* stupitidy, foolishness
ara *i.* break, interval
ara vermek *f.* to take a break, to pause
araba *i.* car, automobile
araba kullanmak *f.* to drive a car
aracı *i.* mediator, middle-man
araç *i.* tool, device
aralık *i.* gap, interval, space; moment, time
Aralık *i.* December
arama *i.* search
aramak *f.* to seek, to look for, to search, to ask for
arasında *z.* between, among
araştırma *i.* research, investigation
araştırmacı *i.* researcher
araştırmak *f.* to search, to look for, to investigate
arazi *i.* land, territory, estate
arı *i.* bee
arıtmak *f.* to clean, to cleanse
arıza *i.* breakdown, failure, defect
arka *i.* back, rear, reverse
arkadaş *i.* friend
arkadaş olmak *f.* to become friend
arkadaşça *z.* friendly
arkadaşlık *i.* friendship
arkeolog *i.* archeologist
armağan *i.* present, gift
armatör *i.* shipowner
armut *i.* pear
arpa *i.* barley
arpacık *i.* sty; front sight
arsa *i.* building plot, ground

arşiv *i.* archives
artı *i.* plus
artırmak *f.* to increase, to augment
artış *i.* increase
artist *i.* actor, actress
arz *i.* offer, supply, presentation
arz etmek *f.* to present, to offer
arzu *i.* wish, desire, request
arzulamak *f.* to wish, to desire
asabi *s.* nervous, irritable
asansör *i.* elevator
asgari *s.* minimum, at least
asıl *i.* origin, real, source
asılı *s.* hanging
asılsız *s.* unfounded
asılmak *f.* to hang
asır *i.* century, age, era
asi *s.* rebellious
asil *s.* noble, dignified
asistan *i.* assistant
asker *i.* soldier, army
askere gitmek *f.* to join the army
askeri *s.* military
askerlik *i.* military service
askı *i.* hanger
asla *z.* never
aslan *i.* lion
Aslan *i.* Leo
aslen *z.* originally, essentially
asli *s.* essential, principal, original
asmak *f.* to hang
astronomi *i.* astronomy
astronot *i.* astronaut
Asya *i.* Asia
Asyalı *i.* Asiatic
aşağı *z.* down, below, lower, downstairs
aşağıda *z.* below
aşağılamak *z.* to humiliate, to degrade
aşağıya *z.* down, below
aşçı *i.* cook
aşı *i.* vaccine
âşık *i.* lover

âşık olmak *f.* to fall in love
aşırı *s.* extreme, excessive
aşikâr *s.* clear, evident, open
aşina *s.* familiar, well-known
aşk *i.* love, passion
aşmak *f.* to pass, to go beyond
at *i.* horse
ata *i.* ancestor
ata binmek *f.* to ride a horse
atama *i.* appointment
atamak *f.* to appoint
atardamar *i.* artery
atasözü *i.* proverb
ateş *i.* fire; fever
ateş etmek *f.* to shoot at, to fire on
ateş yakmak *f.* to make a fire
ateşkes *i.* cease-fire, truce, armistice
atışmak *f.* to quarrel, to bicker
atkı *i.* scarf, shawl
atlama *i.* jumping
atlamak *f.* to jump, to leap, to spring, to vault
atlas *i.* atlas
atlet *i.* athlete
atletik *s.* athletic
atletizm *i.* athletics
atlı *i.* rider, horseman
atlıkarınca *i.* carousel
atmaca *i.* hawk
atmak *f.* to throw, to discard, to fling
atmosfer *i.* atmosphere
atom *i.* atom
atölye *i.* workshop
av *i.* hunting
avantaj *i.* advantage
avcı *i.* hunter
avcılık *i.* hunting
avize *i.* chandelier
avlamak *f.* to hunt
avlu *i.* court, courtyard
Avrasya *i.* Eurasia
Avrupa *i.* Europe
Avrupalı *s.* European
avuç *i.* palm

avukat *i.* lawyer, solicitor
ay *i.* moon
ay *i.* month
ay ışığı *i.* moonlight
ay tutulması *i.* lunar eclipse
ayağa kalkmak *f.* to stand up
ayak *i.* foot
ayak bileği *i.* ankle
ayak izi *i.* footprint
ayak parmağı *i.* toe
ayakkabı *i.* shoe
ayaklanma *i.* rebellion
ayaklanmak *f.* to rebel, to revolt
ayaklar *i.* feet
ayar *i.* accuracy, adjustment
ayarlama *i.* regulation
ayarlamak *f.* to adjust, to regulate
ayçiçeği *i.* sunflower
aydın *i.* intellectual; luminous, light
aydınlatmak *f.* to illuminate, to clarify
aydınlık *i.* light, bright
aygıt *i.* tool, instrument
ayı *i.* bear
ayıp *i.* shame, disgrace
ayıplamak *f.* to blame
ayırım *i.* discrimination, separation
ayırmak *f.* to separate, to distinguish
aykırı *i.* contrary
aylık *z.* monthly
ayna *i.* mirror
aynen *z.* exactly
aynı *s.* the same
ayraç *i.* parenthesis
ayrı *s.* separate, different, distinct
ayrı ayrı *z.* one by one
ayrıca *z.* in addition, moreover, further
ayrıcalık *i.* privilege
ayrılık *i.* separation, isolation, difference
ayrım *i.* distinction, difference

ayrıntı *i.* detail
ayrıntılı *s.* detailed
ayrıntıları ile *z.* in detail
ayva *i.* quince
az *z.* little, few
az önce *z.* a very short time before
azalma *i.* decrease, lessening
azalmak *f.* to decrease, to lessen, to be reduced
azaltmak *f.* to decrease, to lessen, to reduce
azar azar *z.* little by little
azami *s.* maximum, greatest
azap *i.* pain, torture
azarlamak *f.* to scold
azınlık *i.* minority
azim *i.* determination

B

baba *i.* father
babaanne *i.* grandmother
baca *i.* chimney
bacak *i.* leg
badana *i.* whitewash, color wash
bagaj *i.* luggage, baggage
bağımsız *s.* independent
bağımsızlık *i.* independence
bağırmak *f.* to shout, to yell
bağırsak *i.* intestine
bağış *i.* donation, grant
bağlaç *i.* conjunction
bağlamak *f.* to tie, to fasten, to bind
bağlantı *i.* connection
bağlı *s.* tied, fastened, bound
bağlılık *i.* devotion, attachment
bahane *i.* excuse, pretext
bahar *i.* spring
baharat *i.* spice
bahçe *i.* garden
bahçıvan *i.* gardener
bahse girmek *f.* to bet, to wager
bahsetmek *f.* to talk about, to mention

bahşiş *i.* tip
baht *i.* fortune, luck
bakanlık *i.* ministry
bakıcı *i.* nurse, guard
bakım *i.* care, attention
bakımevi *i.* dispensary
bakımlı *s.* well-kept, well-cared for
bakımsız *s.* neglected, unkept
bakımsızlık *i.* neglect
bakınmak *f.* to look around
bakır *i.* copper
bakkal *i.* grocer
bakmak *f.* look at, look after, to take care, to care for
bal *i.* honey
balık *i.* fish
balıkçı *i.* fisherman
balina *i.* whale
balkon *i.* balcony
balo *i.* ball, dance
balon *i.* balloon
balta *i.* axe
bamya *i.* okra
bana *zam.* me, to me
bando *i.* band
bank *i.* bench
banka *i.* bank
bant *i.* band, tape
banyo *i.* bath, bathroom
banyo yapmak *f.* to take a bath
baraj *i.* dam
baraka *i.* hut
bardak *i.* glass
barınak *i.* shelter
barındırmak *f.* to give shelter
barınmak *f.* to take shelter in
barış *i.* peace
barışmak *f.* to be reconciled, to make peace
basamak *i.* step, stair; level, degree
basık *s.* low; flat
basılı *s.* printed
basım *i.* printing
basın *i.* press
basınç *i.* pressure

basit *s.* simple, easy, plain
basketbol *i.* basketball
baskı *i.* press, printing; pressure, constraint, restrained
basmak *f.* to tread on; to print, to press; to raid
bastırmak *f.* to suppress, to press
baston *i.* walking stick
baş *i.* head; chief, leader; main, basis
baş ağrısı *i.* headache
baş göstermek *f.* break out, to appear
başa çıkmak *f.* to carry through, to manage to succeed, to cope with
başak *i.* ear
başarı *i.* success, accomplishment, achievement
başarılı *s.* successful
başarmak *f.* to succeed, to achieve
başbakan *i.* prime minister
başka *s.* other, another
başkan *i.* president, chairman
başkanlık *i.* presidency, chairmanship
başkası *zam.* someone else, another
başkent *i.* capital city
başlamak *f.* to start, to begin
başlangıç *i.* start, beginning
başlık *i.* title, headline; capital; helmet
başörtü *i.* scarf
başparmak *i.* thumb
başrol *i.* leading role
başucu *i.* head end, zenith
başvurmak *f.* to apply to
başvuru *i.* application
batı *i.* west
batıl *s.* superstitious
batırmak *f.* to sink, to plunge, to ruin
batmak *f.* to sink; to set; to go bankrupt

battaniye *i.* blanket
bavul *i.* suitcase
bay *i.* gentleman, sir, Mr.
bayağı *s.* ordinary, common, plain; just, simply
bayan *i.* lady, madam, Mrs, Miss
bayat *s.* stale, old
baygın *s.* fainted, unconscious
bayginlık *i.* faintness
bayılmak *f.* to faint
baykuş *i.* owl
bayrak *i.* flag
bayram *i.* festival, bairam
bazı *s.* some, certain
bebek *i.* baby
beceri *i.* skill, ability, talent
becerikli *s.* skillfull, adroit, dexterous
bedava *i.* free, gratis
beddua *i.* curse
beddua etmek *f.* to curse
bedel *i.* substitute, equivalent; value, price
beden *i.* body
beden eğitimi *i.* physical education
bedensel *s.* physical
bekâr *s.* single, unmarried, bachelor
bekçi *i.* watchman, guard
beklemek *f.* to wait for, to expect
beklenmedik *s.* unexpected
beklenti *i.* expectation
bel *i.* waist
bela *i.* trouble, misfortune
belde *i.* city
belediye *i.* municipality
belge *i.* document
belgesel *i.* documentary
belirgin *s.* clear, evident
belirli *s.* specific, definite
belirmek *f.* to appear
belirsiz *s.* unknown, uncertain, indefinite
belirteç *i.* adverb
belirti *i.* sign, symptom

belirtmek *f.* to state, to determine
belki *z.* perhaps, maybe
bellek *i.* memory
belli *s.* obvious, evident, clear
bence *z.* in my opinion
benzemek *f.* to resemble, to look like
benzer *s.* similar, like
benzerlik *i.* similarity
benzin *i.* petrol, gasoline
beraat etmek *f.* to be acquitted
beraber *z.* together
beraberlik *i.* tie; unity
berbat *s.* very bad, terrible
berber *i.* barber
bereket *i.* abundance, fertility
berrak *s.* clear, limpid
besin *i.* food, nutriment, nourishment
beslemek *f.* to feed, to nourish
besleyici *s.* nutritious, nourishing
beste *i.* tune, composition
bestakâr *i.* composer
beş *s.* five
beşgen *i.* pentagon
beton *i.* concrete
bey *i.* sir, gentlemen
beyaz *s.* white
beyefendi *i.* sir
beyin *i.* brain
beysbol *i.* baseball
bez *i.* cloth
bezdirmek *f.* to disgust, to sicken
bezelye *i.* pea, peas
bezmek *f.* to get tired of
bıçak *i.* knife
bıkkın *s.* tired, bored, disgusted
bıyık *i.* mustache
biber *i.* pepper
biçim *i.* form, shape
biçimli *s.* well-shaped, trim
biçimsiz *s.* ill-shaped, ugly
biçmek *f.* to cut, to reap
biftek *i.* steak, beefsteak

bildik *s.* familiar, acquaintance
bildirmek *f.* to tell, to inform
bildiri *i.* announcement, declaration
bilek *i.* wrist
bileşik *s.* compound
bileşim *i.* composition
bilet *i.* ticket
bilezik *i.* bracelet
bilgi *i.* knowledge, information
bilgin *i.* scientist
bilgisiz *s.* ignorant, uninformed
bilgisayar *i.* computer
bilim *i.* science
bilimkurgu *i.* science fiction
bilimsel *s.* scientific
bilinç *i.* the concious
bilinçaltı *i.* the subconscious
bilinçli *s.* conscious
bilinçsiz *s.* unconscious
bilmece *i.* puzzle
bilmek *f.* to know
bilye *i.* marble
bin *s.* thousand
bina *i.* building
binmek *f.* to get on, to get in; to ride
bir *s.* one, a
bir daha *z.* once more, again, ever again
bir şey *zam.* something, anything
biraz *s.* a little, some
birazdan *z.* in a while, a little later
birbiri *z.* each other
birçok *s.* a lot of, many
birdenbire *z.* suddenly, all at once
biri *zam.* someone, somebody
birikim *i.* accumulation, aggregation
birikmek *f.* to accumulate, to collect
biriktirmek *f.* to collect, to save up; to gather
birim *i.* unit

birinci *s.* first
birkaç *s.* some, several, a few
birleşik *s.* united
birleştirmek *f.* to unite, to put together
birlikte *z.* together
birtakım *s.* some, a certain number of
bisiklet *i.* bicycle, bike
bisküvi *i.* biscuit
bit *i.* louse
bitirmek *f.* to finish, to terminate, to complete
bitki *i.* plant
bitkin *s.* worn out, exhausted
bitkisel *s.* vegetable
bitmek *f.* to finish, to end
biz *zam.* we
biz bize *z.* by ourselves
bize *zam.* us
bizi *zam.* us
bizim *zam.* our
blucin *i.* jeans
bluz *i.* blouse
boğaz *i.* throat
boğaz ağrısı *i.* sore throat
Boğaziçi *i.* the Bosphorus
boğmak *f.* to suffocate, to choke
boğuşmak *f.* to fight
boks *i.* box
bol *s.* abundant, ample, plentiful
bolluk *i.* abundance, wideness
bomba *i.* bomb
bombalamak *f.* to bomb
boncuk *i.* bead
borç *i.* debt, loan
bonfile *i.* fillet, sirloin steak
borç almak *f.* to borrow
borç vermek *f.* to lend
bordo *s.* claret red
bornoz *i.* bathrobe
boru *i.* pipe, tube
boş *s.* empty; vacant, free; blank
boşaltmak *f.* to empty, to discharge
boşluk *i.* blank, space, emptiness

bot *i.* boat; boot
boy *i.* length, size
boya *i.* paint, dye
boyamak *f.* to paint, to dye
boykot *i.* boycott
boynuz *i.* horn
boyun *i.* neck
bozdurmak *f.* to change
bozgun *i.* defeat
bozmak *f.* to spoil, to change, to undo, to demolish
bozuk *s.* broken
böbrek *i.* kidney
böcek *i.* insect, bug
böğürtlen *i.* blackberry
bölen *i.* divisor
bölge *i.* region, zone
bölme *i.* division
bölmek *f.* to divide, to separate
bölüm *i.* part, chapter
bölüşmek *f.* to share
börek *i.* flaky pastry, pie
böyle *s.* so, such, like this
böylece *b.* thus, so, consequently, in this way
bravo *ü.* Bravo! Well done!
Brezilya *i.* Brazil
Brezilyalı *s.* Brazilian
bu *s.* this
bundan dolayı *b.* therefore
buçuk *s.* half
budamak *f.* to prune, to trim
bugün *z.* today
bugünkü *z.* today's, of today
bugünlerde *z.* nowadays
buğday *i.* wheat
buhar *i.* steam, vapour
buharlaşma *i.* evaporation
buket *i.* bouquet
bulanık *s.* turbid
bulantı *i.* nausea
bulaşıcı *s.* contagious
bulaşık *i.* dirty dishes
bulmaca *i.* crossword puzzle
bulmak *f.* to find, to discover
bulunmak *f.* to be present, to exist

buluş *i.* invention, discovery
buluşmak *f.* to meet
bulut *i.* cloud
bunalım *i.* depression
burası *zam.* here
burkmak *f.* to twist
burs *i.* scholarship, study grant
burun *i.* nose
burun kanaması *i.* nosebleed
buruşturmak *f.* to wrinkle, to crumple
buruşuk *s.* wrinkled
buz *i.* ice
buz gibi *s.* icy, very cold
buzdağı *i.* iceberg
buzdolabı *i.* refrigerator, fridge
bükmek *f.* to bent, to twist
bükük *s.* bent, twisted
bülbül *i.* nightingale
bünye *i.* structure
bütün *s.* whole, entire, total, complete, all
büyük *s.* big, large, great; older, elder
büyükanne *i.* grandmother
büyükbaba *i.* grandfather
büyükelçi *i.* ambassador
büyümek *f.* to grow
büyüteç *i.* magnifying glass
büzmek *f.* to constrict, to shirk
büzülmek *f.* to shrink

C

cadde *i.* street, avenue
cadı *i.* witch
cahil *s.* ignorant, uneducated
cahillik *i.* ignorance
cam *i.* glass
cambaz *i.* acrobat
cami *i.* mosque
can *i.* soul, spirit
canavar *i.* monster
candan *s.* sincere
canı acımak *f.* to feel pain
canım *ü.* my dear, darling
cani *i.* murderer, criminal

canlandırmak *f.* to fresh
canlanmak *f.* to revive, to come to life
canlı *s.* alive, living, lively, active
cansız *s.* lifeless, dead
casus *i.* spy, agent
caymak *f.* to give up, to go back on
caz *i.* jazz
cazip *s.* attractive, alluring
cefa *i.* oppression, suffering
cehalet *i.* ignorance
cehennem *i.* hell
ceket *i.* jacket
cenaze *i.* funeral, corpse
cennet *i.* paradise, heaven
centilmen *i.* gentleman
cep *i.* pocket
cep sözlüğü *i.* pocket dictionary
cephe *i.* front
cerrah *i.* surgeon
cesaret *i.* courage, bravery
cesaret vermek *f.* to encourage
ceset *i.* corpse
cesur *s.* courageous, brave, bold, valiant
cetvel *i.* ruler
cevap *i.* answer, reply, response
cevap almak *f.* to receive an answer
cevap vermek *f.* to answer, to reply, to respond
ceviz *i.* walnut
ceylan *i.* gazelle
ceza *i.* punishment, penalty, fine
ceza kesmek *f.* to fine
ceza vermek *f.* to punish
cezaevi *i.* prison, jail
cezalandırmak *f.* to punish
cılız *s.* puny, thin, weak
cırcır böceği *i.* cricket
cıvıldamak *f.* to chirp, to twitter
cici *s.* pretty, nice, sweet
ciddi *s.* serious, important, solemn
ciğer *i.* liver, lung
cihaz *i.* apparatus

cila *i.* polish, gloss
cilalamak *f.* to polish
cilt *i.* skin; binding, volume
cimnastik *i.* gymnastics
cimri *s.* stingy, mean, miser
cinayet *i.* murder, crime
cinnet *i.* insanity, madness
cins *i.* kind, sort, type
cisim *i.* substance; body
civciv *i.* chick
coğrafya *i.* geography
coşku *i.* enthusiasm
coşmak *f.* to exalt
cömert *s.* generous
Cuma *i.* Friday
Cumartesi *i.* Saturday
cumhurbaşkanı *i.* president
cumhuriyet *i.* republic
cüce *i.* dwarf
cümle *i.* sentence
cüzdan *i.* wallet

Ç

çaba *i.* effort, endeavor
çabalamak *f.* to endeavor, to struggle, to strive
çabucak *z.* quickly, fast
çabuk *s.* fast, quick
çadır *i.* tent
çağ *i.* age, era, period
çağırmak *f.* to call, to invite
çağrı *i.* invitation, call
çakal *i.* jackal
çakmak *i.* lighter
çalar saat *i.* alarm clock
çalgı *i.* musical instrument
çalı *i.* bush
çalı kuşu *i.* goldcrest, wren
çalılık *i.* bushes, thicket
çalıntı *s.* stolen
çalışkan *s.* hardworking, industrious, diligent
çalışma *i.* working, work, study
çalışmak *f.* to work; to study; to try
çalmak *f.* to steal, to thieve; to play
çam *i.* pine
çam fıstığı *i.* pine nut
çamaşır *i.* underwear, underclothing; laundry
çamaşır makinesi *i.* washing machine
çamaşır yıkamak *f.* to do the laundry
çamur *i.* mud, mire
çan *i.* bell, gong
çanak *i.* pot
çanta *i.* bag, handbag, briefcase
çap *i.* diameter
çapraz *s.* crossing, diagonal
çare *i.* remedy, cure, way
çare bulmak *f.* to find a remedy, to help
çaresiz *s.* inevitably, helpless
çaresizlik *i.* helplessness
çark *i.* wheel
çarpı *i.* multiplication sign
çarpık *s.* distorted
çarpışmak *f.* to collide, to strike; to fight
çarpmak *f.* to bump, to hit; to multiply by
çarşaf *i.* sheet
Çarşamba *i.* Wednesday
çarşı *i.* market
çatal *i.* fork
çatı *i.* roof; framework
çatışma *i.* conflict
çatışmak *f.* to quarrel, to be in conflict
çatlamak *f.* to crack
çavuş *i.* sergeant
çay *i.* tea; brook, stream
çayır *i.* meadow
çaylak *s.* kite
çek *i.* check
çekici *s.* attractive, charming, appealing
çekiç *i.* hammer
çekiliş *i.* drawing
çekingen *s.* shy, timid
çekirdek *i.* seed, pip
çekirdeksiz *s.* seedless
çekirge *i.* grasshopper
çekmece *i.* drawer
çekmek *f.* to pull, to drag; to take away; to suffer; to shrink
çelik *i.* steel
çember *i.* ring, circle, chamber
çene *i.* chin
çengel *i.* hook
çerçeve *i.* frame
çerez *i.* appetizer, snack
çeşit *i.* kind, sort, variety
çeşme *i.* fountain
çevik *s.* nimble, agile
çeviri *i.* translation
çevirmek *f.* to turn; to surround; to translate
çevirmen *i.* translator
çeyrek *i.* quarter
çığ *i.* avalanche
çığlık *i.* scream, cry
çıkar *i.* advantage, profit
çıkarmak *f.* to take out, to bring out
çıkış *i.* exit
çıkmak *f.* to go out, to get out
çıldırmak *f.* to go mad
çılgın *s.* mad, crazy
çıplak *s.* nude, naked, bare
çırak *i.* apprentice, pupil
çiçek *i.* flower
çiçek açmak *f.* to bloom
çiçekçi *i.* florist
çift *i.* pair, couple, double
çiftçi *i.* farmer
çiftlik *i.* farm
çiğ *s.* raw, uncooked
çiğnemek *f.* to chew; to trample
çikolata *i.* chocolate
çil *i.* freckle, speckle
çile *i.* suffering, trial
çilek *i.* strawberry
çim *i.* grass, lawn
çimen *i.* meadow, grass
çimento *i.* cement
çinko *i.* zinc

çirkin *s.* ugly
çit *i.* fence, hedge
çivi *i.* nail
çizelge *i.* list
çizgi *i.* line
çizme *i.* boot
çizmek *f.* to draw
çoban *i.* sheperd, herdsman
çocuk *i.* child, kid
çocuk bakımı *i.* child care
çocukça *z.* childish
çocuklar *i.* children
çoğalmak *f.* to increase
çoğu *s.* most
çoğul *s.* plural
çoğunluk *i.* majority
çok *s.* very, a lot of, many, much
çorap *i.* stocking, sock
çorba *i.* soup
çökmek *f.* to collapse; to sit down
çöl *i.* desert
çöp *i.* garbage, rubbish
çöp kutusu *i.* garbage can
çözmek *f.* to unfasten, to untie; to solve
çözüm *i.* solution
çubuk *i.* rod
çukur *i.* hole, hollow, pit
çuval *i.* sack
çünkü *b.* because
çürük *s.* decayed, rotten
çürümek *f.* to rot, to decay, to be bruised

D

da *b.* also, too
dadı *i.* nanny, nurse
dağ *i.* mountain
dağcı *i.* mountaineer
dağcılık *i.* mountaineering
dağınık *s.* scattered, dispersed
dağınık *s.* untidy, disorganized
dağıtım *i.* distribution
dağıtmak *f.* to distribute; to disperse, to scatter
daha *z.* more, further
daha çok *z.* more
daha iyi *z.* better
dahi *b.* also, too, even
dâhi *s.* genious
dahil *z.* including, inside
dahil etmek *f.* to include
daima *z.* always, forever
dair *e.* about, relating to
daire *i.* circle; department; flat
dakik *s.* punctual, exact
dakika *i.* minute
daktilo *i.* typewriter
dal *i.* branch
dalga *i.* wave
dalgalı *s.* rough, wavy
dalgıç *i.* diver
dalgın *s.* absent-minded
dalmak *f.* to dive, to plunge
damak *i.* palate
damar *i.* blood vessel, vein
damat *is.* bridegroom
damga *i.* stamp, mark
damla *i.* drop
danışma *i.* information, inquiry
danışman *i.* advisor, counselor
dans *i.* dance
dans etmek *f.* to dance
dansçı *i.* dancer
dar *s.* narrow, tight
dargın *s.* cross, angry
darılmak *f.* to take offence, to be cross
dava *i.* case, trial
dava açmak *f.* to sue
davet *i.* invitation
davet etmek *f.* to invite, to call, to summon
davetiye *i.* invitation card
davranış *i.* behavior, attitude
davranmak *f.* to behave, to act
davul *i.* drum
dayak *i.* beating
dayamak *f.* to lean, to rest, to hold
dayanak *i.* support, base
dayanmak *f.* to be based on, to rely on, to resist, to endure
dayatmak *f.* to insist
dayı *i.* uncle
dede *i.* grandfather
dedektif *i.* detective
dedikodu *i.* gossip
defa *i.* time, turn
define *i.* treasure
defter *i.* notebook
değer *i.* value, worth, price
değerlendirme *i.* evaluation, valuation
değerlenmek *f.* to gain value, to appreciate
değerli *s.* valuable, precious
değersiz *s.* worthless
değil *z.* not
değirmen *i.* mill, grinder
değişik *s.* different, varied
değişiklik *i.* change, variation
değiştirmek *f.* to change, to alter, to vary, to convert
değnek *i.* stick, rod
dehşet *i.* terror, horror, awe
dekor *i.* decor, scenery
delege *i.* delegate, representative
deli *s.* mad, crazy, insane
delirmek *f.* to go mad
delik *i.* hole
delikanlı *i.* youth, young man
delil *i.* evidence, proof
delmek *f.* to pierce
dem *i.* steeping
demek *f.* to say, to tell; to call
demek *z.* so, thus
demet *i.* bunch, bundle
demin *z.* just now
demir *i.* iron, anchor
demiryolu *i.* railroad, railway
demlemek *f.* to steep
demlik *i.* teapot
demokrasi *i.* democracy
denden *i.* ditto mark
deneme *i.* essay; test; try, attempt
denemek *f.* to try, to test, to attempt

denetim *i.* control, check
denetleme *i.* inspection, control
deney *i.* experiment, test
deneyim *i.* experience
denge *i.* balance, equilibrium
deniz *i.* sea
denizaltı *i.* submarine
denizanası *i.* jellyfish
denizci *i.* seaman, sailor
denizkızı *i.* mermaid
denk *s.* equal, equivalent, suitable
depo *i.* depot, warehouse
deprem *i.* eartquake
dere *i.* stream
derece *i.* degree, rank
dereotu *i.* dill
dergi *i.* magazine
derhal *z.* at once, immediately
deri *i.* skin; leather
derin *s.* deep, profound
derman *i.* remedy, cure
dermansız *s.* exhausted
dernek *i.* association, club
ders *i.* lesson, class, course
ders almak *f.* to take lessons
ders çalışmak *f.* to study
dershane *i.* classroom
dert *i.* trouble, sorrow, pain, disease
desen *i.* design, pattern, ornament
deste *i.* bunch
destek *i.* support, shore, prop
desteklemek *f.* to support, to shore
detay *i.* detail
deterjan *i.* detergent
dev *i.* giant, agre
devam *i.* continuation, duration
devam etmek *f.* to continue, to last
devamlı *s.* continuous, constant
deve *i.* camel
devekuşu *i.* ostrich
devir *i.* period, era
devlet *i.* state, government

devlet başkanı *i.* president
devre *i.* period, term; cycle, circuit
devretmek *f.* to turn over, to transfer
devrim *i.* revolution
deyim *i.* idiom, phrase
dış *i.* outside
dışarı *z.* out, outside
diğer *s.* other, the other, another
dik *s.* right, straight, steep
dikdörtgen *i.* rectangle
diken *i.* thorn, spine, needle
dikey *s.* vertical
dikiş dikmek *f.* to sew
dikiş makinesi *i.* sewing machine
dikkat *i.* attention, care
dikkat! *ü.* Look out!
dikkat etmek *f.* to pay attention, to be carefull
dikmek *f.* to sew, to stitch; to plant; to erect
dil *i.* language, dialect; tongue
dilbilgisi *i.* grammar
dilek *i.* wish, demand, request
dilemek *f.* to wish for, to desire
dilenci *i.* beggar
dilenmek *f.* to beg
dilim *i.* slice
dilimlemek *f.* to slice
din *i.* religion, belief
dinlemek *f.* to listen to
dinlendirici *s.* relaxing, restful
dinlenmek *f.* to rest, to relax
dinleti *i.* concert
dinleyici *i.* listener
dinmek *f.* to cease, to stop
dip *i.* bottom, foot
diploma *i.* diploma
direk *i.* pole, column
direksiyon *i.* steering wheel
direnç *i.* resistance
direniş *i.* resistance
diri *s.* alive, living, vigorous
dirsek *i.* elbow
disiplin *i.* discipline

diş *i.* tooth
diş ağrısı *i.* toothache
diş fırçası *i.* toothbrush
diş macunu *i.* toothpaste
dişçi *i.* dentist
dişler *i.* teeth
diyalog *i.* dialogue
diye *b.*, *z.* because, so that; called, named
diyet *i.* diet
diz *i.* knee
dizi *i.* series, line, row
dizkapağı *i.* kneecap
dizmek *f.* to line up, to string
doğa *i.* nature
doğal *s.* natural
doğmak *f.* to be born; to rise, to appear
doğru *s.* straight, true, right, honest
doğu *i.* east
doğum *i.* birth
doğum günü *i.* birthday
doktor *i.* doctor
dokuma *i.* woven, cotton cloth
dokumak *f.* to weave
dokunmak *f.* to touch, to feel
doküman *i.* document
dolandırıcı *i.* swindler, embezzler
dolandırmak *f.* to cheat, to deceive, to swindle
dolap *i.* cupboard
dolaşım *i.* circulation
dolaşmak *f.* to walk about, to stroll, to wander
dolayı *z.* because of
doldurmak *f.* to fill, to charge, to load
dolgu *i.* filling
dolmak *f.* to become full, to fill up
dolmakalem *i.* fountainpen
dolu *i.* hail
dolu *s.* full, filled with; plentiful, abundant
dolu yağmak *f.* to hail

dolunay *i.* full moon
domates *i.* tomato
domuz *i.* pig
don *i.* frost, freeze
dondurma *i.* ice cream
dondurmak *f.* to freeze
donmak *f.* to freeze, to solidify
doruk *i.* summit, apex
dost *i.* friend
dostluk *i.* friendship
dosya *i.* file, file holder
dosyalamak *f.* to file
doymak *f.* to be full, to be satisfied
dökmek *f.* to pour
döndürmek *f.* to turn, to spin
dönem *i.* period, term
dönmek *f.* to turn, to revolve, to spin
dönüş *i.* return; turn, cycle
dörtgen *i.* quadrangle
döviz foreign exchange
dövme *i.* beating; tattoo
dövmek *f.* to beat, to hit
dövüş *i.* fight
dövüşçü *i.* fighter
dövüşmek *f.* to fight
dua *i.* prayer
dua etmek *f.* to pray
dudak *i.* lip
dudak boyası *i.* lipstick
dul *s.* widow, widower, widowed
duman *i.* smoke, fume
dur *ü.* Stop! Wait!
durak *i.* stop; pause, break
duraklamak *f.* to pause, to halt
durdurmak *f.* to stop, to halt
durgun *s.* calm, still, quiet
durmak *f.* to stop
durum *i.* situation, condition
duş *i.* shower
duş yapmak *f.* to have a shower
dut *i.* mulberry
duvak *i.* bridal veil
duvar *i.* wall
duygu *i.* sense, feeling, emotion
duymak *f.* to hear; to feel, to sense

duyu *i.* sense
duyurmak *f.* to announce
duyuru *i.* announcement, declaration
düdük *i.* whistle, pipe
düğme *i.* button, bud
düğmelemek *f.* to button up
düğüm *i.* knot
düğün *i.* wedding
dükkân *i.* shop
dün *z.* yesterday
dünya *i.* world, earth
dürbün *i.* binoculars
dürüst *s.* honest, fair
düş *i.* dream
düşman *i.* enemy, foe
düşmanlık *i.* enmity
düşmek *f.* to fall, to drop; to decrease
düşünce *i.* thought, idea
düşünmek *f.* to think, to consider
düşürmek *f.* to drop, to reduce
düz *s.* smooth, flat; straight
düz gitmek *f.* to go straight
düzelmek *f.* to improve, to get better
düzeltmek *f.* to correct, to improve, to amend
düzen *i.* order, harmony
düzenli *s.* neat, orderly, tidy
düzenlemek *f.* to put in order
düzensiz *s.* untidy, disordered, out of order
düzey *i.* level
düzgün *s.* smooth, level; in order
düzine *i.* dozen
düzlem *i.* plane

E

ebat *i.* dimensions, size
ebedi *s.* eternal, perpetual
ebeveyn *i.* parents
ecdat *i.* ancestors

ecnebi *i.* foreign, stranger, alien
ecza *i.* drugs, medicines
eczacı *i.* pharmacist
eczane *i.* pharmacy
edat *i.* preposition
edebi *s.* literary
edebiyat *i.* literature
edep *i.* modesty, politeness
edepli *s.* well-mannered
edepsiz *s.* ill-mannered
edinmek *f.* to obtain, to get, to acquire
editör *i.* editor, publisher
efendi *i.* gentleman; master, owner
eflatun *s.* lilac-colored
efsane *i.* myth, legend
egemen *s.* sovereign
egemenlik *i.* sovereignty
egzersiz *i.* exercise
egzoz *i.* exhaust
eğer *b.* if, whether
eğik *s.* inclined, bent down
eğilmek *f.* to bend, to incline
eğim *i.* slope
eğitici *s.* educational, pedagogue
eğitim *i.* education, training
eğitimci *i.* educator
eğitmek *f.* to educate, to train
eğitimli *s.* educated
eğlence *i.* amusement, entertainment
eğlenceli *s.* entertaining
eğlendirmek *f.* to entertain, to amuse
eğlenmek *f.* to have a good time, to enjoy
eğri *s.* crooked, bent, curve
ehliyet *i.* driving licence
ejderha *i.* dragon
ek *i.* addition, joint
ekip *i.* team, crew
eklem *i.* joint, articulation
eklemek *f.* to add, to join on
ekmek *f.* to plant, to sow
ekmek *i.* bread

ekonomi *i.* economy
ekonomik *s.* economic, economical
ekran *i.* sceen
eksi *i.* minus
eksik *s.* deficient, lacking, wanting
eksiklik *i.* deficiency
eksilmek *f.* to decrease
ekşi *s.* sour
ekvator *i.* equator
el *i.* hand
el yapımı *s.* handmade
el yazısı *i.* handwriting
elbette *z.* of course, sure, certainly
elbise *i.* cloth, dress, suit
elçi *i.* ambassador
elçilik *i.* embassy
elde etmek *f.* to obtain, to gain, to acquire
eldiven *i.* glove
elektrik *i.* electricity
elektrik düğmesi *i.* switch
elektrikçi *i.* electrician
elektrikli *s.* electric
elektronik *s.* electronic
eleman *i.* element; worker, member
eleme *i.* elimination
eleştiri *i.* criticism
ellemek *f.* to handle
elma *i.* apple
elmas *i.* diamond
elveda *i.* farewell, goodbye
elverişli *s.* suitable, convenient, handy
emanet *i.* trust, custody
emek *i.* labor, effort
emeklemek *f.* to crawl, to creep
emekli *s.* retired
emin *s.* sure, certain, confident, secure
emin olmak *f.* to be sure, to make sure
emir *i.* order, command
emniyet *i.* safety, security, confidence

emniyet kemeri *i.* safety belt
emretmek *f.* to order, to command
en *i.* width
en *z.* most
en az *s.* minimum
en büyük *s.* the biggest
en küçük *s.* the smallest
endişe *i.* anxiety, worry
endişe etmek *f.* to worry, to be anxious
enerji *i.* energy
enerjik *s.* energetic
enflasyon *i.* inflation
engel *i.* obstacle, handicap, barrier
engellemek *f.* to block, to hinder, to prevent, to hamper
enginar *i.* artichoke
enkaz *i.* debris, ruins
ense *i.* nape
enstrüman *i.* instrument
enstitü *i.* institude
epey *z.* pretty well, many, much, quite
epeyce *z.* fairly, a good deal, considerably
erdem *i.* virtue
ergen *s.* bachelor, adolescent
ergenlik *i.* bachelorhood, adolescence
erik *i.* plum
eril *i.* masculine
erimek *f.* to melt
erişmek *f.* to reach
erişkin *s.* adult, mature
eritmek *f.* to melt
erkek *i.* man, male
erken *z.* early
ertelemek *f.* to postpone, to delay, to put off
ertesi *s.* next, following
esaret *i.* slavery, captivity
esas *i.* basic, base
esas *s.* fundamental, essential, principle, basic
eser *i.* work, trace, track

esir *i.* slave, captive
eski *s.* old, ancient
esmek *f.* to blow
esmer *s.* brunet, brown, dark
esnaf *i.* tradesman
esnek *s.* elastic
esnemek *f.* to yawn
espri *i.* joke, wit
esrarengiz *s.* mysterious
estetik *s.* esthetic
eş *i.* one of a pair, match; husband, wife
eş anlamlı *s.* synonymous
eş sesli *s.* homonym
eşarp *i.* scarf
eşek *i.* donkey, ass
eşit *s.* equal, same, equivalent
eşitlik *i.* equality
eşkenar *s.* equilateral
eşlik *i.* accompaniment, companionship
eşlik etmek *f.* to accompany
eşsiz *s.* unique, only; matchless
eşya *i.* things, objects
et *i.* meat
etek *i.* skirt
etiket *i.* label, tag
etki *i.* effect, influence
etkilemek *f.* to influence, to effect
etkili *s.* effective
etmek *f.* to do, to make
etraf *i.* surroundings, sides
ettirgen *s.* causative
etüt *i.* study, research
ev *i.* house, home
ev işi *i.* housework
ev ödevi *i.* homework
evet *z.* yes
evlat *i.* kid, child, son, daughter
evlenmek *f.* to get married, to marry
evli *s.* married
evlilik *i.* marriage
evrak *i.* document, papers
evrim *i.* evolution
evvel *z.* first, before, earlier

evvelki *s.* last, previous, former
eylem *i.* action, operation
ezber *i.* memorization
ezberlemek *f.* to memorize, to learn by heart
eziyet *i.* torment, cruelty, suffering
eziyet etmek *f.* to torment, to torture
ezmek *f.* to crush, to suppress

F

faal *s.* active
faaliyet *i.* activity
fabrika *i.* factory, plant
facia *i.* disaster, calamity
faiz *i.* interest
faizli *s.* interest-bearing
faizsiz *s.* free of interest
fakat *b.* but, however
fakir *i.* poor, pauper
fakülte *i.* faculty,
falan *zam.* so and so, and so on
far *i.* headlight
fare *i.* mouse
fareler *i.* mice
fark *i.* difference, discrimination
fark etmek *f.* to notice, to perceive
farklı *s.* different, dissimilar
fasulye *i.* bean
fatura *i.* invoice
fay *i.* fault, fracture
fayda *i.* advantage, benefit, profit
fazla *i.* excess, surplus
fazla *s.* excessive, extra, a lot
fazla *z.* too much, more than
fazlalık *i.* excess
feci *s.* terrible, painful
feda *i.* sacrifice
feda etmek *f.* to sacrifice
fedakâr *s.* devoted, loyal
felâket *i.* disaster, calamity
felç *i.* paralysis, hemiplegia

fen *i.* science
fena *s.* bad, awful
fenalaşmak *f.* to get worse, to deteriorate
fener *i.* lantern, lighthouse
ferah *s.* spacious, comfortable, wide
feribot *i.* ferryboat
fermuar *i.* zipper
feryat *i.* cry, scream
fesleğen *i.* sweet basil
festival *i.* festival
fethetmek *f.* to conquer
fetih *i.* conquest
fıkra *i.* anecdote; paragraph
fındık *i.* hazelnut
fırça *i.* brush
fırçalamak *f.* to brush
fırın *i.* oven; bakery
fırıncı *i.* bakery
fırlatmak *f.* to hurl, to throw
fırsat *i.* opportunity, chance
fırsatçı *s.* opportunist
fırtına *i.* storm
fısıldamak *f.* to whisper
fıskiye *i.* fountain
fıstık *i.* pistachio nut
fidan *i.* sapling, young tree
fidanlık *i.* nursery, plantation
fidye *i.* ransom
fihrist *i.* index, list
fiil *i.* verb; act
fikir *i.* idea, opinion, thought
fil *i.* elephant
fildişi *i.* ivory
file *i.* netting; string bag
film *i.* movie, film
filozof *i.* philosopher
filtre *i.* filter
final *i.* final
fincan *i.* cup
firar *i.* flight, escape
firma *i.* firm, company
fiş *i.* plug; slip, tag
fitne *i.* instigation
fiyat *i.* price
fiyonk *i.* bow tie

fizik *i.* physics
flüt *i.* flute
fobi *i.* phobia
fok *i.* seal
fon *i.* fund, asset; background
forma *i.* form, uniform
formül *i.* formula
foto *i.* photo
fotoğraf *i.* photograph
fotoğraf çekmek *f.* to take a photograph, to take a picture
fotoğraf makinesi *i.* camera
fotokopi *i.* photocopy
fren *i.* brake
fren yapmak *f.* to brake
fuar *i.* fair, exposition
futbol *i.* football, soccer
fotbol sahası *i.* football field
futbol takımı *i.* football team
futbolcu *i.* football player
füze *i.* rocket

G

gaddar *s.* cruel, tyrannical
gafil *s.* aware
gaga *i.* beak, bill
gala *i.* gala, festivity
galeri *i.* gallery
galiba *z.* probably, I think
galibiyet *i.* victory
galip *i.* winner, victor
galip gelmek *f.* to win
gamze *i.* dimple
gar *i.* station
garaj *i.* garage
garanti *i.* guarantee, warranty
gardırop *i.* wardrobe
gardiyan *i.* jailor, prison guard, guardian
garip *s.* strange, odd, peculiar
garson *i.* waiter
gaye *i.* aim, goal
gayet *z.* quite, extremely, very
gayret *i.* effort, energy
gayret etmek *f.* to endeavor, to do one's best

gayrimenkul *i.* real estate, immovable
gayriresmi *s.* unofficial, informal
gaz *i.* gas, kerosene
gazete *i.* newspaper, paper
gazeteci *i.* journalist
gazetecilik *i.* journalism
gazino *i.* casino
gebe *s.* pregnant, expectant
gece *i.* night
gece yarısı *i.* midnight
gecelik *i.* nightdress, nightgown
gecikme *i.* delay
gecikmek *f.* to be late, to be delayed
geç *s., z.* late
geç kalmak *f.* to be late
geçen *s.* last, past
geçersiz *s.* invalid
geçici *s.* temporary
geçim *i.* living, livelihood
geçinmek *f.* to get along with, to live
geçirmek *f.* to pass, to get over; to spend
geçiş *i.* transition, pass
geçit *i.* passage
geçmek *f.* to pass, to exceed, to move
geçmiş *s.* past, late, former
gelecek *s.* next, future, coming
gelenek *i.* tradition
geleneksel *s.* traditional
gelin *i.* bride
gelinlik *i.* wedding dress, wedding gown
gelir *i.* income, revenue
geliş *i.* arrival, return, coming
gelişmek *f.* to grow up, to develop, to progress
geliştirmek *f.* to advance, to improve
gelmek *f.* to come, to arrive
gemi *i.* ship
genç *s.* young
gençlik *i.* youth

gene *z.* again
genel *s.* general
genellikle *z.* generally
general *i.* general
geniş *s.* wide, board, extensive
genişlemek *f.* to widen, to expand
genişlik *i.* width, wideness
geometri *i.* geometry
gerçek *s.* real, genuine, true
gerçekten *z.* in fact, really
gerdan *i.* neck
gerdanlık *i.* necklace
gereç *i.* material, device
gerekçe *i.* reason, justification
gerekli *s.* necessary, needed, required
gerekmek *f.* to be necessary
gereksiz *s.* unnecessary, needless
gergedan *i.* rhinoceros
gergin *s.* tight, stretched, tense
geri *z.* back, backward
geride *z.* behind, back
gerilemek *f.* to regress, to deteriorate, to worsen
gerilim *i.* tension
getirmek *f.* to bring
geveze *i.* talkative, chatterbox
gevşetmek *f.* to loosen
geyik *i.* deer
gezegen *i.* planet
gezgin *i.* traveller
gezi *i.* trip, travel, tour
gezinmek *f.* to wander about
gezmek *f.* to walk about, to wander, to visit
gıda *i.* food, nutriment, nourishment
gırtlak *i.* larynx, throat
gibi *e.* like, similar, as
gider *i.* expenses, expenditure
gidiş *i.* going
gidiş geliş *i.* round trip
girdap *i.* whirlpool
giriş *i.* entrance, entering, entry, introduction

girişim *i.* attempt, enterprise
girmek *f.* to go in, to enter, to get into
gişe *i.* box office, ticket office
gitar *i.* guitar
gitgide *z.* gradually, as time goes on
gitmek *f.* to go, to resort, to go away to leave for, to depart, to move
gittikçe *z.* increasingly, gradually
giydirmek *f.* to clothe, to dress
giyecek *i.* clothing, dress
giyinmek *f.* to put on, to wear
giysi *i.* cloting, garment
gizem *i.* mystery
gizli *s.* secret, hidden, mysterious
gizlilik *i.* secrecy, privacy
gol *i.* goal
golf *i.* golf
goril *i.* gorilla
göbek *i.* navel
göç *i.* emigration, migration, immigration
göç etmek *f.* to migrate, to emigrate
göçmen *s.* immigrant, migrant
göğüs *i.* chest, breast
gök *i.* sky, firmament, azure
gökbilim *i.* astronomy
gökdelen *i.* skyscraper
gökkuşağı *i.* rainbow
gökyüzü *i.* sky, firmament
göl *i.* lake
gölge *i.* shadow, shade
gömlek *i.* shirt
gömmek *f.* to bury
gönderen *i.* sender
göndermek *f.* to send, to dispatch
gönül *i.* heart
gönüllü *s.* volunteer, willing
gönülsüz *s.* unwilling, modest
göre *e.* according to
görev *i.* duty, task

görevli *i.* charged, commissional
görgü *i.* good manners
görgü tanığı *i.* eyewitness
görgülü *s.* well-mannered, polite
görgüsüz *s.* ill-mannered, rude
görgüsüzlük is. unmannerliness
görkem *i.* glory, majesty, pride
görkemli *s.* splendid, glorious
görmek *f.* to see, to notice
görsel *s.* visual
görünmek *f.* to seem, to appear
görüntü *i.* image, picture
görünüş *i.* appearance, aspect, sight
görüş *i.* sight, view, opinion
görüşme *f.* negotiation, meeting, interview
görüşmek *f.* to negotiate, to meet, to discuss
gösteri *i.* show, demonstration
gösteriş yapmak *f.* to show off
göstermek *f.* to show, to demonstrate, indicate
götürmek *f.* to take away, to get, to carry
gövde *i.* body, trunk
göz *i.* eye
gözbebeği *i.* pupil
gözcü *i.* watchman
gözetmek *f.* to look after, to consider, to observe
gözkapağı *i.* eyelid
gözlem *i.* observation
gözlemek *f.* to observe, to watch
gözlük *i.* glasses
gözlükçü *i.* optician
gözyaşı *i.* tear
gram *i.* gram
gramer *i.* grammar
grev *i.* strike
greyfurt *i.* grapefruit
gri *s.* grey
grip *i.* influenza, flu

grup *i.* group
gurbet *i.* foreign land
gurur *i.* pride, conceit
gücenmek *f.* to be offended
güç *i.* strength, force, power
güç *s.* difficult, hard
güçlü *s.* strong, powerful
güçlük *i.* difficulty, trouble
güçsüz *s.* weak
gül *i.* rose
güldürü *i.* comedy
güler yüzlü *s.* genial, merry
gülmek *f.* to laugh
gülücük *i.* smile
gülümsemek *f.* to smile
gümrük *i.* customs, tariff, duty
gümüş *s.* silver
gün *i.* day
günah *i.* sin, guilt
gündem *i.* agenda
gündüz *i.* daytime
güneş *i.* sun
güneş gözlüğü *i.* sunglasses
güneş ışığı *i.* sunlight
güneşlenmek *f.* to sunbathe
güney *s.* south
güneyli *s.* Southerner
günlük *s.* daily, usual
günübirlik *i.* for the day
güreş *i.* wrestling
gürültü *i.* noise
gürültü yapmak *f.* to make a noise
gürültülü *s.* noisy
güven *i.* confidence, trust, reliance
güvence *i.* guarantee, assurance
güvenilir *s.* reliable, trustworthy; safe
güvenilmez *s.* unreliable, untrustworthy
güvenlik *i.* security, safety
güvenmek *f.* to trust in, to rely on
güvercin *i.* pigeon
güverte *i.* deck

güya *z.* as though, as if
güz *i.* autumn, fall
güzel *s.* beautiful, pretty, nice, good, lovely
güzellik *i.* beauty, goodness
güzide *s.* elite, distinguished, select

H

haber *i.* news, message, information
haber göndermek *f.* to send a message
haber vermek *f.* to inform
haberci *i.* messenger
haberdar *s.* informed
hac *i.* pilgrimage
hacı *i.* pilgrim
hacim *i.* volume, size
haciz *i.* sequestration, distraint, seizure
haç *i.* cross
hademe *i.* servant
hadise *i.* event, incident
hafıza *i.* memory
hafif *s.* light, silght
hafta *i.* week
hafta içi *z.* weekdays
hafta sonu *z.* weekend
haftaya *z.* next week
hak *i.* right, justice, law
hak etmek *f.* to deserve, to have the right
hakaret *i.* insult
hakaret etmek *f.* to insult
hakem *i.* referee, arbitrator
hakikat *i.* truth, reality, fact
hâkim *i.* judge
hakim *s.* dominating, ruling, dominant
hakkında *e.* about
haklı *s.* right, fair, just
haksız *s.* unjust, unfair, wrong
hal *i.* situation, condition, state
hala *i.* aunt

hâlâ z. still, yet
halat i. rope
halbuki b. however, whereas
halı i. carpet
halk i. people, public
halka i. ring, circle
halletmek f. to solve, to get out, to work
ham s. unripe, immature, raw
hamak i. hammock
hamal i. porter, carrier
hamam i. Turkish bath
hamamböceği i. cockroach
hamarat s. hardworking, industrious
hamburger i. hamburger
hamile s. pregnant
hamle i. attack, assault, effort
hammadde i. raw material
hamur i. dough, paste
hamur işi i. pastry
hane i. house, household
hanedan i. dynasty, noble family
hangi s. which
hangisi z. which one, whichever
hanım i. woman, lady; wife; Mrs., Ms., Miss
hanımefendi i. lady
hani z. where
hap i. pill
hapishane i. prison, jail
hapsetmek f. to imprison
hapşırmak f. to sneeze
harabe i. ruin
harap s. ruined, desolated
hararet i. heat, warmth, fever
harcama i. spending, expenditure
harcamak f. to spend; to waste
harç i. plaster, ingredients
harçlık i. pocket money
hardal i. mustard
hareket i. movement, motion, act, behavior
hareket etmek f. to move, to act, to behave
hareketli s. active, dynamic, mobile

hareketsiz s. immobile
harf i. letter
hariç z. except, excluding, but
harika s. marvellous, wonderful
harikulade s. wonderful, marvellous, spectacular
harita i. map
harp i. war, battle, fight
hasar i. damage
hasılat i. revenue, products
hasret i. longing, homesick
hassas s. sensitive
hasta i. patient
hasta s. sick, ill
hastabakıcı i. nurse
hastalık i. disease, illness, sickness, ailment
hastalıklı s. diseased
hastane i. hospital
haşlamak f. to boil
haşlama i. boiled
hat i. line, stripe
hata i. mistake, fault
hatalı s. faulty
hatıra i. memory, memoirs, souvenir
hatırlamak f. to remember, to recall
hatırlatmak f. to remind
hatta b. even, besides
hava i. weather, air
havalimanı i. airport
havayolu i. airline
havlamak f. to bark
havlu i. towel
havuç i. carrot
havuz i. pool
hayal i. image
hayal etmek f. to imagine, to dream
hayal kırıklığı i. disappointment
hayalet i. ghost
hayali s. imaginery, fantastic
hayat i. life, existence
haydi ü. Come on!
haydut i. bandit

hayır i. good, goodness, benefit, prosperity
hayır z. no
hayır işi i. charity
hayırlı s. good, advantageous, beneficial
hayırsever s. charitable, beneficent
haykırmak f. to cry out, to shout
hayran i. admirer, bewildered
hayret i. astonishment, amazement, surprise
hayret etmek f. to be astonished, to be perplexed
hayvan i. animal
hayvanat bahçesi i. zoo
hazır s. ready, present
hazır bulunmak f. to be present, to be ready
hazırlamak f. to prepare, to make ready
hazırlık i. preparation
hazine i. treasure
hazmetmek f. to digest
hece i. syllable
hedef i. target, aim, goal
hediye i. present, gift
hediye etmek f. to give a present
helal i. lawful, legitimate
hele z. especially, above all
helikopter i. helicopter
hem b. both ... and, and also, as well as
hemen z. at once, immediately
hemşire i. nurse
hentbol i. handball
henüz z. yet, still, just
hep z. all, whole, always
hepsi zam. all, everyone
her s. every, each
her zaman z. always
herhalde z. probably
herhangi s. whichever, whatever, any
herkes zam. everybody, everyone

hesap *i.* calculation, account, bill
hesaplamak *f.* to calculate
heves *i.* desire, zeal
heyecan *i.* excitement, enthusiasm
heyecanlı *s.* exciting, excited
heyelan *i.* landslide
heykel *i.* statue
heykeltıraş *i.* sculptor
hıçkırık *i.* hiccup, sob
hırka *i.* woolen jacket, cardigan
hırs *i.* ambition, greed
hırslı *s.* ambitious, greedy
hırsız *i.* thief, burglar, robber
hız *i.* speed
hızlı *s.* quick, swift
hiç *z.* no, none, nothing, not at all, never
hiçbiri *zam.* none
hiddet *i.* anger, violence
hidrojen *i.* hydrogen
hikâye *i.* story, tale
hilâl *i.* crescent, new moon
hile *i.* trick, cheating
hindi *i.* turkey
his *i.* feeling, sense
hisar *i.* castle, fort
hisse *i.* share, part, lot
hissedar *i.* shareholder
hissetmek *f.* to feel, to understand
hizmet *i.* service, duty, work
hizmetkâr *i.* servant
hokkabaz *i.* juggler, conjurer, illusionist
hol *i.* entrance, corridor, hall
hoparlör *i.* loudspeaker
horlamak *f.* to snore
horoz *i.* rooster, cock
hortum *i.* trunk, hose
hostes *i.* hostess
hoş *s.* pleasant, nice, pretty
hoş geldiniz *ü.* Welcome!
hoşça kal *ü.* Goodbye!
hoşgörü *i.* tolerance
hoşlanmak *f.* to enjoy, to like

hoşnut *s.* pleased, satisfied
hudut *i.* border, limit, frontier
hukuk *i.* law
hukuki *s.* legal
hususi *s.* special, private
huy *i.* temper, habit
huzur *i.* ease, peace
hücre *i.* cell
hücum *i.* attack, assault
hüküm *i.* rule, command
hükümdar *i.* ruler, sovereign
hükümet *i.* government, state
hüner *i.* skill, ability
hür *s.* free, independent
hürriyet *i.* freedom, liberty, independence
hüsran *i.* disappointment, frustration
hüzün *i.* sadness, grief

I

ıhlamur *i.* lime tree, linden tree
ılıca *i.* hot spring
ılık *s.* lukewarm, tepid
ırk *i.* race
ırmak *i.* river
ısı *i.* heat
ısıtıcı *i.* heater
ısıtma *i.* heating, warming
ısıtmak *f.* to warm
ıslak *s.* wet, damp
ıslaklık *i.* wetness, dampness
ıslanmak *f.* to get wet, to dampen
ıslatmak *f.* to wet, to soak, to dampen
ıslık *i.* whistle
ıspanak *i.* spinach
ısrar *i.* insistence, persistence
ıssız *s.* lonely, desolate
ıstakoz *i.* lobster
ışık *i.* light
ışıklandırma *i.* lighting, illumination
ışıklandırmak *f.* to light up, to illuminate
ışıldamak *f.* to shine, to glow
ışıltı *i.* glitter, gleam
ışın *i.* ray
ızgara *i.* grill

İ

iade *i.* return, restitution
ibadet *i.* worship, prayers
icat *i.* invention
icat etmek *f.* to invent
iç *i.* inside, interior
içecek *i.* beverage, drink
içilir *s.* drinkable
içilmez *s.* undrinkable
için *e.* for, because, to, in order to
içinde *z.* in, inside
içindekiler *i.* contents
içmek *f.* to drink; to smoke
idam *i.* capital punishment, death penalty, execution
idare *i.* management, administration
idareci *i.* manager, director, administrator
iddia *i.* claim
ideal *s.* ideal
ifade *i.* expression, statement
iflas *i.* bankruptcy
iftira *i.* slander, calumny
iğne *i.* needle, pin; brooch; injection
iğrenç *s.* disgusting, abominable, abhorrent
ihanet *i.* treachery, betrayal, treason
ihbar *i.* denunciation, denouncement, notification
ihmal *i.* neglect, negligence
ihracat *i.* export
ihracatçı *i.* exporter
ihtiyaç *i.* necessity, need
ihtiyacı olmak *f.* to need
ihtiyar *s.* old, aged

ikâmet *i.* residence, dwelling
ikaz *i.* warning, caution
iken *z.* while, during
iki *s.* two, a couple of, double
ikiz *i.* twins
iklim *i.* climate
ikna *i.* persuasion
ikramiye *i.* bonus, gratuity
iktidar *i.* power, capacity, government
ilaç *i.* medicine, drug
ilan *i.* notice, announcement, declaration
ilave *i.* addition
ilave etmek *f.* to add
ilçe *i.* county
ile *b.* with, and; by, by means of
ilerlemek *f.* to go forward, to advance, to improve
iletişim *i.* communication
ilgi *i.* interest; relation, connection
ilgili *s.* interested, connected, relevant; concerned with, related to
ilginç *s.* interesting
ilgisiz *s.* indifferent, irrevelant
ilham *i.* inspiration
ilim *i.* science
ilk *s.* first; initial; primary
ilk yardım *i.* first aid
ilkbahar *i.* spring
ilkokul *i.* primary school
ilköğretim *i.* primary education
iltihap *i.* inflammation, infection
ima *i.* allusion, implication, hint
imalat *i.* manufacturing, products
imkân *i.* possibility, opportunity
imkânsız *s.* impossible
imparator *i.* emperor
imza *i.* signature
inanılmaz *s.* unbelievable, incredible
inanmak *f.* to believe, to trust
inat *i.* obstinacy, stubbornness
ince *s.* thin, slender, slim, fragile

incelemek *f.* to examine, to investigate, to research, to analyse
inci *i.* pearl
incitmek *f.* to hurt, to offend
inek *i.* cow
iniş *i.* descending, descent, landing
inkâr *i.* refusal, denial
inmek *f.* to get off, to go down, to descend
insan *i.* human being, human, man, person, people
inşaat *i.* buildings, construction
intihar *i.* suicide
ip *i.* rope, string
ipek *s.* silk
iplik *i.* thread
iptal *i.* annulment, cancellation
ipucu *i.* clue, hint
irade *i.* determination, will
iri *s.* large, huge, big
irmik *i.* semolina
irsi *s.* hereditary
is *i.* soot, lampblack
isim *i.* name; noun
iskele *i.* seaport; wharf, ladder
iskelet *i.* skeleton; framework
ismen *z.* by name
ispat *i.* proof, evidence
ispat etmek *f.* to prove
israf *i.* extravagance, waste
israf etmek *f.* to waste
istasyon *i.* station
istek *i.* desire, wish
istifa *i.* resignation
istifa etmek *f.* to resign
istikamet *i.* direction
istiklal *i.* independence
isyan *i.* rebellion, revolt, riot
isyan etmek *f.* to rebel, to revolt
isyancı *i.* rebel, mutineer
isyankâr *s.* rebellious, mutinious
iş *i.* work, labor, business
iş günü *i.* working day
iş adamı *i.* businessman

işaret *i.* sign, mark
işçi *i.* worker, laborer
işgal *i.* occupation
işgal etmek *f.* to occupy
işgalci *i.* occupant
işitme *i.* hearing, audition
işitmek *f.* to hear, to listen
işkence *i.* torture, torment
işlem *i.* procedure, operation
işlemek *f.* to work, to operate, to run, to function
işletme *i.* management, administration
işletmeci *i.* manager
işletmecilik *i.* management
işletmek *f.* to operate, to run
iştah *i.* appetite
işte *ü.* Here! Here it is! Look!
işyeri *i.* office
itfaiye *i.* fire brigade
itfaiyeci *i.* fireman
ithalat *i.* import
itiraf *i.* confession, admission
itiraf etmek *f.* to confess, to admit
itiraz *i.* objection
itiraz etmek *f.* to object
iyi *s.* good, well
iyileşmek *f.* to improve, to get better, to recover, to get over
iyilik *i.* goodness, kindness
iz *i.* trace, track; footprint
izci *i.* scout
izin *i.* permission, leave
izinsiz without permission
izlemek *f.* to watch, to follow, to trace, to track
izleyici *i.* follower, spectator

J

jaguar *i.* jaguar
jambon *i.* ham
jandarma *i.* gendarme, police soldier
jarse *i.* jersey

jelatin *i.* gelatine
jeneratör *i.* generator
jeolog *i.* geologist
jeoloji *i.* geology
jest *i.* gesture, sign
jet *i.* jet
jeton *i.* token
jilet *i.* razor blade
jimnastik *i.* gymnastic
jokey *i.* jockey
jöle *i.* jello; gelatine
judo *i.* judo
jüri *i.* jury

K

kaba *s.* rude, vulgar, rough, coarse
kabak *i.* squash, pumpkin
kabiliyet *i.* ability, talent, capacity
kablo *i.* cable
kabuk *i.* shell, crust, scab
kabul *i.* acceptance, admission, reception
kaburga *i.* rib
kaç *s.* how many, how much
kaçınmak *f.* to avoid
kaçınılmaz *s.* inevitable
kaçırmak *f.* to miss; to kidnap
kaçış *i.* escape, flight
kaçmak *f.* to run away, to escape
kadar *e.* until, till
kader *i.* destiny, fate
kadın *i.* woman, lady
kafa *i.* head
kafeterya *i.* cafeteria
kâğıt *i.* paper
kahkaha *i.* laughter
kahraman *i.* hero
kahvaltı *i.* breakfast
kahve *i.* coffee
kahverengi *s.* brown
kalabalık *s.* crowded
kalça *i.* hip

kaldırım *i.* pavement, sidewalk
kaldırmak *f.* to lift, to raise, to take away; to bear, to endure
kale *i.* castle, fortress
kalem *i.* pencil
kalemtıraş *i.* pencil sharpener
kalın *s.* thick, stout
kalite *i.* quality
kalkış *i.* departure
kalkmak *f.* to get up, to stand up; to leave, to depart
kalmak *f.* to stay, to remain; to fail
kalorifer *i.* radiator, central heating, furnace
kalp *i.* heart
kamera *i.* camera
kamp *i.* camp
kamyon *i.* lorry, truck
kan *i.* blood
kanal *i.* channel; canal
kanat *i.* wing
kandırmak *f.* to deceive, to convince
kanguru *i.* kangaroo
kanıt *i.* proof, evidence
kanmak *f.* to believe
kanser *i.* cancer
kantin *i.* canteen
kanun *i.* law
kap *i.* pot, vessel, container
kapak *i.* cover, damper, lid
kapalı *s.* shut, closed
kapanış *i.* closing
kapasite *i.* capacity
kapatmak *f.* to close, to shut
kapı *i.* door, gate
kapkaç *i.* thief, pickpocket
kaplamak *f.* to cover, to surround
kaplan *i.* tiger
kaplumbağa *i.* tortoise, turtle
kapmak *f.* to seize, to catch
kaptan *i.* captain
kar *i.* snow
kâr *i.* profit
kara *i.* land, ground

kara *s.* black, dark
karabiber *i.* black pepper
karakter *i.* character
karanfil *i.* carnation; clove
karanlık *s.* dark, obscure
karar *i.* decision, determination
karayolu *i.* highway
kardanadam *i.* snowman
kardeş *i.* brother, sister, sibling
kare *i.* square
karga *i.* crow
karın *i.* abdomen, stomach
karınca *i.* ant
karışık *s.* mixed, confused
karışım *i.* mixture
karıştırmak *f.* to mix, to blend; to confuse, to complicate
karikatür *i.* cartoon, caricature
karnabahar *i.* cauliflower
karne *i.* school report, report card
karpuz *i.* watermelon
karşı *e.* against, opposite, contrary
karşılaşmak *f.* to to meet, to encounter
karşılaştırma *i.* comparison
karşılık *i.* return, response
kart *i.* card, visiting card
karton *i.* card board, carton
kartopu *i.* snowball
karyola *i.* bed
kas *i.* muscle
kasa *i.* cash box, safe
kasap *i.* butcher
kâse *i.* bowl
kasıt *i.* intention, purpose, aim
kasiyer *i.* cashier
kaş *i.* eyebrow
kaşık *i.* spoon
kâşif *i.* explorer, discoverer
kat *i.* floor, layer
katı *s.* hard, stiff, solid
katılım *i.* participation
katılmak *f.* to participate, to join
katil *i.* murderer, killer
katkı *i.* contribution; supplement, addition

katlamak *f.* to fold, to lap
katliam *i.* massacre, slaughter
katmak *f.* to add, to annex, to join
kavak *i.* poplar
kavanoz *i.* jar, pot
kavga *i.* quarrel, row, fight
kavga etmek *f.* to fight, to dispute, to quarrel
kavşak *i.* junction, crossroads
kavun *i.* melon
kavuşmak *f.* to meet, to reach
kaya *i.* rock, stone
kayalık *s.* rocky
kayak *i.* ski
kaybetmek *f.* to lose
kaydetmek *f.* to register, to enroll, to save
kayık *i.* boat
kayıkçı *i.* boatman
kayıp *s.* lost, missing
kayısı *i.* apricot
kayış *i.* belt, strap
kayıt *i.* registration, record, enrollment
kaymak *f.* to slide, to glide
kaymak *i.* cream
kaynak *i.* spring, source
kaz *i.* goose
kaza *i.* accident
kazak *i.* sweater
kazanç *i.* profit, earning, gain
kazanmak *f.* to win, to gain, to earn
kazı *i.* dig, excavation
kazmak *f.* to dig, to excavate
ketçap *i.* ketchup
keçi *i.* goat
keder *i.* grief, pain, sorrow
kedi *i.* cat
kek *i.* cake
kekik *i.* garden thyme
kel *s.* bald
kelebek *i.* butterfly
kelepçe *i.* handcuff, manacle
kelime *i.* word
keman *i.* violin

kemer *i.* belt
kemik *i.* bone
kenar *i.* edge, brink, border
kendi *zam.* oneself, self, own
kent *i.* town, city
kepçe *i.* ladle, scoop
kertenkele *i.* lizard
kesin *s.* definite, certain
kesir *i.* fraction
keskin *s.* sharp, keen
kesmek *f.* to cut, to slaughter; to break, to stop
kestane *i.* chestnut
keşfetmek *f.* to discover, to explore
keşif *i.* discovery, exploration
keşke *b.* I wish, if only
keten *s.* flaxen, linen
keyif *i.* pleasure, enjoyment
kez *i.* time
kıl *i.* hair
kılıç *i.* sword
kır *i.* countryside
kırık *s.* broken, fractured
kırılgan *s.* fragile, breakable
kırıntı *i.* crumb, fragment
kırışık *s.* wrinkled, crumpled
kırlangıç *i.* swallow
kırmak *f.* to break; to hurt, to offend
kırmızı *s.* red
kırtasiye *i.* stationery
kısa *s.* short
kısaltmak *s.* to shorten
kısım *i.* part, section
kıskanç *s.* jealous, envious
kıskanmak *f.* to be jealous of
kısmet *i.* luck, chance, destiny
kış *i.* winter
kıta *i.* continent
kıvrım *i.* curl, twist, fold
kıyafet *i.* dress, clothes, costume
kıyı *i.* edge, shore, coast
kıymet *i.* value, worth
kız *i.* girl
kız kardeş *i.* sister

kızak *i.* sledge
kızamık *i.* measles
kızarmak *f.* to turn red; to be fried; to blush
kızartma *i.* fried
kızdırmak *f.* to make angry
kızgın *s.* angry, furious
kızmak *f.* to be angry
ki *b.* that, which, who
kibar *s.* polite, elegant
kibir *i.* pride, conceit
kibirli *s.* proud, haughty
kibrit *i.* match
kilim *i.* rug
kilit *i.* lock
kilo *i.* kilo
kilogram *i.* kilogram
kilometre *i.* kilometer
kim *zam.* who
kimse *zam.* somebody, someone
kimya *i.* chemistry
kir *i.* dirt, filth
kirli *s.* dirty, filthy
kira *i.* hire, rent, tenancy
kiracı *i.* renter, tenant
kiralık *i.* for rent, for hire
kiraz *i.* cherry
kireç *i.* chalk
kirlenmek *f.* to become dirty
kirpi *i.* hedgehog
kirpik *i.* eye lash
kişi *i.* person, individual, one
kitap *i.* book
kitaplık *i.* library
klasik *s.* classic, classical
kocaman *s.* large, huge
koç *i.* ram
koklamak *f.* to smell
kokmak *f.* to smell, to have a smell
koku *s.* smell, scent, odor
kol *i.* arm
kolay *s.* easy, simple
koli *i.* package, parcel
koltuk *i.* armchair
kolye *i.* necklace

komşu *i.* neighbor
komutan *i.* commander
konferans *i.* lecture
konser *i.* concert
kontrol *i.* control, checking
konu *i.* subject, matter
konuk *i.* guest, visitor
konuşma *i.* talk, speech, conversation
konuşmak *f.* to talk, to speak, to converse
konut *i.* house, residence
kopmak *f.* to break
kopya *i.* copy, cheating
koridor *i.* corridor
korkak *s.* coward, timid
korku *i.* fear, fright, awe, dread
korkunç *s.* terrible, awful, fearful, terrific
korkutmak *f.* to frighten, to scare
korsan *i.* pirate
korumak *f.* to protect, to defend
koşmak *f.* to run
kot *i.* jeans
kova *i.* bucket
kovalamak *f.* to run after, to chase, to pursue
kovboy *i.* cowboy
koy *i.* bay, inlet
koymak *f.* to put, to set
koyu *s.* thick, dense, dark, deep
koyun *i.* sheep
köfte *i.* meatballs
kök *i.* root; base, origin
köle *i.* slave
kömür *i.* coal
köpek *i.* dog
köprü *i.* bridge
kör *s.* blind
köstebek *i.* mole
köşe *i.* corner, angle
kötü *s.* bad
köy *i.* village
kral *i.* king
kraliçe *i.* queen
kraliyet *i.* kingdom, royalty

kravat *i.* necktie, tie
kritik *s.* critic, critical
kriz *i.* crisis
kuaför *i.* hairdresser, coiffeur
kucak *i.* lap, breast
kuduz *s.* rabies
kuğu *i.* swan
kukla *i.* puppet
kulak *i.* ear
kule *i.* tower
kullanım *i.* use, usage
kullanmak *f.* to use
kulübe *i.* hut
kum *i.* sand
kumaş *i.* cloth
kura *i.* lot
kurabiye *i.* cookie
kurak *s.* dry, arid
kural *i.* rule, norm
kurbağa *i.* frog
kurban *i.* sacrifice, victim
kurdele *i.* ribbon
kurmak *f.* to set up, to establish, to organize, to plan
kurs *i.* course
kurşun *i.* lead, bullet
kurşun kalem *i.* pencil, lead pencil
kurt *i.* wolf
kurtarmak *f.* to save, to rescue
kurtulmak *f.* to escape, to be saved
kuru *s.* dry, dried
kurumak *f.* to get dry
kusur *i.* fault, defect
kuş *i.* bird
kuşku *s.* doubt, suspicion
kutlamak *f.* to celebrate, to congratulate
kutsal *s.* sacred, holy
kutu *i.* box, case
kutup *i.* pole
kuvvet *i.* strength, power, force
kuyruk *i.* tail
kuyu *i.* well, pit
kuyumcu *i.* jeweller
kuzen *i.* cousin

kuzey *i.* north
kuzu *i.* lamb
küçük *s.* small, little
kül *i.* ashes
külot *i.* undershorts
kültür *i.* culture
küme *i.* heap, mound; group
kümes *i.* coop
küp *i.* cube
küpe *i.* earring
küre *i.* globe, sphere
kürek *i.* shovel
kürk *i.* fur
kürsü *i.* platform, chair, seat, pulpit
küstah *s.* insolent
kütüphane *i.* library
küvet *i.* bathtub

L

labirent *i.* labyrinth
laboratuvar *i.* laboratory, lab
laf *i.* word, talk
lale *i.* tulip
lamba *i.* lamp
lanet *i.* curse, damnation
lastik *i.* rubber; tire, tyre
layık *s.* worthy, deserving
leke *i.* stain, spot
leş *i.* carcass
levha *i.* sign
leylek *i.* stork
leziz *s.* delicious, tasty
lezzet *i.* taste, flavor
lig *i.* league
liman *i.* harbor, seaport
limon *i.* lemon
limonata *i.* lemonade
lisan *i.* language
lise *i.* high school
liste *i.* list
litre *i.* liter
lodos *i.* southwest wind
lokanta *i.* restaurant
loş *s.* dark, gloomy

lügat *i.* dictionary
lüks *i.* luxury
lütfen *ü.* please
lüzum *i.* necessity, need, want

M

maalesef *z.* unfortunately
maaş *i.* salary
macera *i.* adventure
maç *i.* match, game
madde *i.* matter, substance
magazin *i.* magazine
mağara *i.* cave
mağaza *i.* shop, store
mahalle *i.* district, street
maharet *i.* skill
mahkeme *i.* court
mahkum *s.* sentenced, judged
makarna *i.* macaroni
makas *i.* scissors
maket *i.* model
makine *i.* machine
makyaj *i.* make-up
mal *i.* goods, property
malum *s.* known
malzeme *i.* materials, ingredients, supplies, stock
mana *i.* meaning, sense
mandal *i.* latch, bolt, clothespin
mandalina *i.* tangerine, mandarin
manken *i.* model
manşet *i.* headline, cuff
mantar *i.* mushroom
mantık *i.* logic
manto *i.* coat
manzara *i.* view, sight, spectacle
marangoz *i.* carpenter
margarin *i.* margarine
marifet *i.* skill, talent
marka *i.* mark, sign, brand
martı *i.* gull
marul *i.* romaine lettuce
masa *i.* table, desk

masal *i.* tale, story
maske *i.* mask
masraf *i.* expense, expenditure
masum *s.* innocent, guiltless
maşa *i.* tongs, pincers
matbaa *i.* press, printing
matematik *i.* mathematics
matkap *i.* drill, gimlet
mavi *s.* blue
maydanoz *i.* parsley
maymun *i.* monkey, ape
mayo *i.* bathing suit
mecbur *s.* compelled, forced
medeni *s.* civilized, cultered
medeniyet *i.* civilization
mekan *i.* place, site, space
mektup *i.* letter
melek *i.* angel
memleket *i.* country
memnun *s.* glad, pleased, happy
memur *i.* official
mendil *i.* handkerchief
menekşe *i.* violet
menü *i.* menu
merak *i.* curiosity
mercimek *i.* lentil
merdiven *i.* ladder, stairs, steps
merhaba *ü.* Hello! Hi!
merhamet *i.* mercy, pity
merkez *i.* center, centre
merkezi *s.* central, main
mermer *i.* marble
mermi *i.* bullet
mert *s.* brave
mesafe *i.* distance
mesele *i.* problem, matter
meslek *i.* profession, occupation, career
meşgul *s.* busy, occupied
meşhur *s.* famous, known
metal *i.* metal
metin *i.* text
metre *i.* meter, metre
metro *i.* subway
mevcut *s.* existent, present
mevsim *i.* season

meydan *i.* square, arena, field
meyve *i.* fruit
mezar *i.* tomb, grave
mezun *s.* graduate
mıknatıs *i.* magnet
mısır *i.* corn
mide *i.* stomach
midye *i.* mussel
mikrofon *i.* microphone
mikrop *i.* microbe
miktar *i.* quantity, amount
millet *i.* nation, people
millî *s.* national
milliyet *i.* nationality
milyar *i.* billion
milyon *i.* million
mimar *i.* architect
mimarlık *i.* architecture
minder *i.* cushion
minibüs *i.* minibus, small bus
minik *s.* tiny, small
miras *i.* inheritance
misafir *i.* guest, visitor
misal *i.* example
misket *i.* marble
mobilya *i.* furniture
moda *i.* fashion
model *i.* model, pattern, example
modern *s.* modern
mola *i.* rest, break, pause
montaj *i.* assembly, setting, fitting
mor *s.* violet, purple
motor *i.* engine, motor
motosiklet *i.* motorcycle
muayene *i.* examination
muayene etmek *f.* to examine
mucit *i.* inventor
mucize *i.* miracle
muhabbet *i.* affection, love
muhabir *i.* correspondent
muhasebe *i.* accountancy
muhasebeci *i.* accountant
muhtemel *s.* probable, likely
muhteşem *s.* magnificent, splendid, great

mum *i.* candle
musluk *i.* tap, faucet
mutfak *i.* kitchen
mutlu *s.* happy
muz *i.* banana
mücadele *i.* struggle
mücevher *i.* jewel
müdahale *i.* intervention
müdür *i.* director, manager
müfettiş *i.* inspector, supervisor
mühendis *i.* engineer
müjde *i.* good news
mükafat *i.* reward
mülk *i.* possession, property
mümkün *s.* possible
münakaşa *i.* argument, dispute
müracaat *i.* application
mürekkep *i.* ink
müsaade *i.* permission
müsait *s.* suitable, convenient
müstakil *s.* independent, free
müşteri *i.* buyer, customer, client
müthiş *s.* enormous, terrible, awful
müze *i.* museum
müzik *i.* music
müzisyen *i.* musician

N

nabız *i.* pulse
nadir *s.* rare, scarce, unusual
nakarat *i.* refrain
nakil *i.* transport, transfer
nakit *i.* cash
nakliye *i.* transportation, shipping
nal *i.* horseshoe
nam *i.* name, fame, reputation
namlu *i.* gun barrel
namus *i.* honor
nane *i.* mint
nar *i.* pomegranate
nargile *i.* water pipe, narghile, hubble bubble

nasıl *z.* how
nasihat *i.* advice
nasihat etmek *f.* to advise
nazar *i.* look, glance
nazik *i.* polite, delicate
ne *z.* what
neden *z.* why
nefes *i.* breath
nefis *s.* delicious, excellent
nefret *i.* hate, disgust
negatif *s.* negative
nehir *i.* river
nem *i.* moisture
nerede *z.* where
nereden *z.* where from
nesil *i.* generation
neşe *i.* joy
net *i.* net
netice *i.* result, end
nezaket *i.* politeness, delicacy
nezle *i.* cold
niçin *z.* why
nihayet *z.* at last, finally
nikâh *i.* marriage
nine *i.* grandmother
nitelik *i.* quality
niye *z.* why, what for
niyet *i.* intention
nohut *i.* chickpea
noksan *s.* deficient, missing
nokta *i.* point; dot, spot
normal *s.* normal
not *i.* note; mark, grade
nota *i.* note
nöbet *i.* guard; turn
numara *i.* number
nüfus *i.* population
nüfus cüzdanı *i.* identity card
nüsha *i.* copy, edition

O

o *zam.* he, she, it; that
o anda *z.* at that moment
ocak *i.* cooker, oven, furnace
oda *i.* room

odun *i.* firewood
ofis *i.* office
oğlak *i.* kid
oğul *i.* son
oje *i.* nail polish
ok *i.* arrow
okul *i.* school
okuma *i.* reading
okumak *f.* to read; to study
okur *i.* reader
olabilir *s.* possible
olası *s.* probable, possible, likely
olay *i.* event, incident
olmak *f.* to be, to become; to happen, to occur
olta *i.* fishing tackle
olumlu *s.* positive, affirmative, constructive
olumsuz *s.* negative, unfruitful
oluş *i.* existence, being
oluşmak *f.* to form; to consist
omlet *i.* omelet
omurga *i.* backbone
omurilik *i.* spinal marrow
omuz *i.* shoulder
ona *zam.* him, her, it
onarım *i.* repair, restoration
onay *i.* approval
onlar *zam.* they
onlara *zam.* them
onu *zam.* him, her, it
onun *zam.* his, her, its
onunki *zam.* his, hers, its
onur *i.* honor, dignity
opera *i.* opera
operasyon *i.* operation
oran *i.* proportion, rate
ordu *i.* army
organ *i.* organ
orkestra *i.* orchestra
orman *i.* forest, wood
orta *i.* middle, centre
orta *s.* average, medium, middle
ortak *i.* partner, associate
ortalama *i.* average
ortaokul *i.* secondary school, junior high school

ortaparmak *i.* middle finger
oruç *i.* fast •
ot *i.* grass
otel *i.* hotel
otobüs *i.* otobus
otomatik *s.* automatic
otomobil *i.* car, automobile
otopark *i.* parking lot, car park
otoyol *i.* motorway
oturma odası *i.* living room
oturmak *f.* to sit; to live, to dwell, to reside
oymak *f.* to carve, to engrave
oynamak *f.* to play; to dance; to act, to enact, to perform
oyun *i.* play, game
oyuncak *i.* toy
oyuncu *i.* player, actor, actress
ozan *i.* poet

Ö

öbür *s.* the other
öç *i.* revenge
ödeme *i.* payment
ödemek *f.* to pay
ödev *i.* homework, duty
ödül *i.* prize, reward
ödünç *s.* loan, borrowed
öfke *i.* anger
öğle *i.* noon
öğrenci *i.* student, pupil
öğrenim *i.* education
öğrenmek *f.* to learn
öğretim *i.* instruction, education
öğretmek *f.* to teach, to instruct
öğretmen *i.* teacher
öğüt *i.* advice
öksürmek *f.* to cough
öksürük *i.* cough
öksüz *s.* orphan
öküz *i.* ox
ölçme *i.* measuring
ölçü *i.* measure
öldürmek *f.* to kill, to murder
ölmek *f.* to die

ölü *s.* dead, corpse
ömür *i.* life, lifetime
ön *i.* front, forepart, fore
önce *z.* first; before, ago
önder *i.* leader, chief
önem *i.* importance
önemli *s.* important
önemsiz *s.* unimportant
öneri *i.* proposition, suggestion
önlem *i.* measure, precaution
önlemek *f.* to prevent
önlük *i.* apron
öpmek *f.* to kiss
öpücük *i.* kiss
ördek *i.* duck
örme *i.* knitting
örmek *f.* to knit
örneğin *z.* for example, for instance
örnek *i.* sample, pattern, example
örtmek *f.* to cover, to wrap; to shut, to close
örtü *i.* cover, wrap
örümcek *i.* spider
ötmek *f.* to sing; to ring
övmek *f.* to praise
öykü *i.* story, tale
öz *i.* self, essence, real, true
özel *s.* private, personal, special
özellik *i.* feature
özen *i.* care, pains
özet *i.* summary
özgeçmiş *i.* curriculum vitae
özgür *s.* free
özgürlük *i.* freedom
özlem *i.* longing, desire
özne *i.* subject
özür *i.* excuse, apology
özür dilemek *f.* to apologize, to excuse

P

pabuç *i.* shoe
padişah *i.* king, sultan

paha *i.* price, value
pahalı *s.* expensive
paket *i.* package, parcel
palto *i.* overcoat
palyaço *i.* clown, harlequin
pamuk *i.* cotton
panayır *i.* fair, market
panik *i.* panic
panter *i.* panther
pantolon *i.* trousers, panths
papağan *i.* parrot
papatya *i.* daisy
papyon *i.* bow tie
para *i.* money
paragraf *i.* paragraph
paralel *s.* parallel
parantez *i.* parenthesis
parasız *s.* free, penniless
paraşüt *i.* parachute
parça *i.* piece, part
parçalamak *f.* to break into pieces, to break up
pardon *ü.* Pardon me! Excuse me!
parfüm *i.* perfume
parıltı *i.* glitter, twinkle
park *i.* park
parke *i.* parquet
parlak *s.* bright, brilliant, shining
parlamak *f.* to shine
parmak *i.* finger
parola *i.* password
parti *i.* party
pas *i.* rust; pass
pasaport *i.* passport
pasif *s.* passive
paspas *i.* doormat
pasta *i.* cake, pastry
pastane *i.* pastry shop, bakery
paşa *i.* general, admiral
patates *i.* potato
paten *i.* skate
patlak *s.* burst
patlama *i.* explosion
patlayıcı *i.* explosive
patlıcan *i.* eggplant
patron *i.* boss, employer

pay *i.* share, part, portion
paylaşmak *f.* to share
pazar *i.* market
pazarlık *i.* bargaining
pazarlık etmek *f.* to bargain
peçete *i.* napkin
pek *z.* very, very much, quite
pembe *s.* pink
pencere *i.* window
penguen *i.* penguin
perde *i.* curtain; screen
pergel *i.* pair of compasses
peri *i.* fairy
perişan *s.* desolate, miserable
personel *i.* personnel, staff
peşin *s.* cash, in advance, ready
petrol *i.* petroleum, oil
peygamber *i.* prophet
peynir *i.* cheese
pınar *i.* spring
pırasa *i.* leek
pırıldamak *f.* to glitter, to gleam, to glisten
pırlanta *i.* brilliant
pijama *i.* pajamas
piknik *i.* picnic
pil *i.* battery
pilav *i.* pilaf, rice
piliç *i.* chicken
pilot *i.* pilot
pire *i.* flea
pirinç *i.* rice
pirzola *i.* chop, cutlet
pis *s.* dirty, filthy, foul, messy
pislik *i.* dirt, filth, mess
pişirmek *f.* to cook
pişman *s.* regretful, sorry
piyanist *i.* pianist
piyano *i.* piano
piyasa *i.* market; current price
piyasaya çıkmak *f.* to come into market
plaj *i.* beach
plaka *i.* license plate
plan *i.* plan, scheme
plastik *s.* plastic
polis *i.* police, policeman

pompa *i.* pump
pop *i.* pop
porselen *i.* porcelain
porsiyon *i.* portion, a dish of food
portakal *i.* orange
portakal rengi *s.* orange
portre *i.* portrait
posta *i.* post, mail
postane *i.* post office
pota *i.* crucible
poyraz *i.* northeast wind
poz *i.* pose
pozitif *s.* positive
pratik *s.* practical, handy
prens *i.* prince
prenses *i.* princess
prim *i.* premium; incentive payment
priz *i.* socket
problem *i.* problem
profesör *i.* professor
profesyonel *s.* professional
profil *i.* profile
program *i.* programme
proje *i.* project
protesto *i.* protest
psikiyatri *i.* psychiatry
psikolog *i.* psychologist
puan *i.* point
pudra *i.* powder
pul *i.* stamp
pusula *i.* compass
püskürmek *f.* to blow, to spray

R

radyo *i.* radio
raf *i.* shelf
rağmen *e.* in spite of
rahat *i.* comfort, rest
rahat *s.* comfortable, quiet
rahatlık *i.* comfort
rahatsız *s.* uncomfortable
rahatsız etmek *f.* to disturb, to bother

rakam *i.* number, figure
raket *i.* racket
rakip *s.* rival, competitor
rampa *i.* ramp
randevu *i.* appointment, date
rapor *i.* report
rastgele *z.* at random, by chance, haphazard
rastlamak *f.* to coincide, to come upon
rastlantı *i.* chance, coincidence
ray *i.* rail
razı *s.* contented, willing
reçel *i.* jam
reddetmek *f.* to refuse, to reject
reform *i.* reform
rehber *i.* guide, guidebook
rehin *i.* pledge, hostage
rehine *i.* hostage
rejim *i.* diet; regime
reklam *i.* advertisement
rekor *i.* record
renk *i.* color
renkli *s.* colorful, colored
renksiz *s.* colorless, pale
resim *i.* picture, photograph, illustration, drawing
resim çekmek *f.* to take a photograph
resmen *z.* officially; certainly, definitely
resmi *s.* official, formal
resmiyet *i.* formality
ressam *i.* artist, painter
restoran *i.* restaurant
ret *i.* rejection, refusal
rezalet *i.* scandal
rezervasyon *i.* reservation
rezillik *i.* disgrace, scandal
rıza *i.* consent, approval
rica *i.* request
rica etmek *f.* to request
risk *i.* risk
riskli *s.* risky
robot *i.* robot
roket *i.* rocket
rol *i.* role

rol yapmak *f.* to act
roman *i.* novel
romantik *s.* romantic
rota *i.* route, direction, course
rozet *i.* rosette
röntgen *i.* x-ray
röportaj *i.* interview
rövanş *i.* return match
ruh *i.* soul, spirit
ruhsat *i.* license, permit
ruj *i.* lipstick
rulo *i.* roll
rutubet *i.* humidity, dampness
rüşvet *i.* bribe
rütbe *i.* rank, degree
rüya *i.* dream
rüzgâr *i.* wind, breeze
rüzgârlı *s.* windy

S

saat *i.* hour, time; watch, clock
saatçi *i.* watchmaker
sabah *i.* morning
sabır *i.* patience
sabit *i.* fixed, stable, constant
sabretmek *f.* to be patient, to show patience
sabun *i.* soap
saç *i.* hair
saçma *s.* nonsense, absurd
sadaka *i.* alms
sade *s.* simple, plain
sadık *s.* faithful, loyal, devoted
saf *s.* pure, unmixed
sağ *i.* right
sağ *s.* alive, living
sağır *s.* deaf
sağlam *s.* strong, sound
sağlama *i.* check, proof
sağlık *i.* health
saha *i.* field, area, court
sahil *i.* coast, shore
sahip *i.* owner, master
sahne *i.* scene, stage
sahte *s.* false, counterfeit

sakal *i.* beard
sakar *s.* clumsy, awkward
sakat *s.* disabled, crippled
sakız *i.* chewing gum
sakin *s.* calm, quiet
saklamak *f.* to hide, to put aside
saklambaç *i.* hide and seek
saklanmak *f.* to hide
saklı *s.* hidden, concealed, secret
saksı *i.* flowerpot
sal *i.* raft
salam *i.* salami
salata *i.* salad
salatalık *i.* cucumber
salça *i.* tomato sauce
saldırgan *s.* aggressive
saldırı *i.* attack, aggression
saldırmak *f.* to attack
salıncak *i.* swing
sallamak *f.* to shake, to swing, to wave
salmak *f.* to set free, to release
salon *i.* sitting room, hall
salyangoz *i.* snail
saman *i.* straw
samimi *s.* sincere
sana *zam.* for you, to you
sanat *i.* art
sanayi *i.* industry
sancı *i.* pain, ache
sandal *i.* rowboat; sandal
sandalye *i.* chair
sandık *i.* box, bin, chest, coffer
sanık *s.* suspected
saniye *i.* second, moment
sanki *b.* as if, as though
sanmak *f.* to think, to suppose
santimetre *i.* centimetre
sap *i.* handle, stalk, stem
sapak *i.* turn
saplamak *f.* to pierce
saplantı *i.* fixed idea, obsession
sapmak *f.* to turn, to diverge, to deviate
saray *i.* palace
sarf etmek *f.* to spend, to expend

sarı *s.* yellow
sarılmak *f.* to hug, to embrace
sarışın *s.* blond, blonde
sarmak *f.* to wrap up
sarmaşık *i.* ivy
sarmısak *i.* garlic
sarsıntı *i.* shake, shock, earthquake
satıcı *i.* seller, salesman, dealer
satılık *s.* for sale, on sale
satın almak *f.* to buy, to purchase
satır *i.* line; cleaver
satış *i.* sale
satmak *f.* to sell
satranç *i.* chess
savaş *i.* war, battle, fight
savaşmak *f.* to fight, to struggle
savcı *i.* public prosecutor
savunma *i.* defense, advocacy
savunmak *f.* to defend
savunmasız *s.* defenceless, indefensible
saydam *s.* transparent
sayfa *i.* page
saygı *i.* respect, regard
saygılı *s.* respectful
saygın *s.* honorable, respected
sayı *i.* number
sayım *i.* counting; census
sayın *s.* dear, esteemed
sayısal *s.* numerical
saymak *f.* to regard, to respect; to count, to enumerate; to suppose
saz *i.* rush, reed
sebep *i.* cause, reason
sebze *i.* vegetable
seçenek *i.* alternative, choice
seçim *i.* election, polls
seçkin *s.* distinguished, select
seçme *i.* choice, select
seçmek *f.* to choose, to select, to elect
sedye *i.* stretcher
sefil *s.* miserable, poor
sehpa *i.* tripod, easel

sekmek *f.* to hop
sekreter *i.* secretary
seksek *i.* hopscotch
sel *i.* flood
selam *i.* greeting, salute, salutation
selam vermek *f.* to greet, to salute
sembol *i.* symbol
seminer *i.* seminar
semizotu *i.* purslane
sempati *i.* attraction, sympathy
semt *i.* region, district
sen *zam.* you
senaryo *i.* scenario
sene *i.* year
senet *i.* receipt, deed, bill
seni *zam.* you
senin *zam.* your
seninki *zam.* yours
sentetik *s.* synthetic
sepet *i.* basket
sera *i.* greenhouse
seramik *i.* ceramics
serbest *s.* free
serçe *i.* sparrow
sergi *i.* exhibition, display
seri *i.* series
seri *s.* quick, rapid, prompt
serin *s.* cool
serinlik *i.* coolness
sermaye *i.* capital, stock
sermek *f.* to spread out
sersem *s.* stupid, silly
serseri *s.* vagabond
sert *s.* hard, tough
sertlik *i.* hardness, severity
serüven *i.* adventure
servet *i.* riches, wealth
servis *i.* service
ses *i.* sound, voice
sesli *s.* aloud
sevgi *i.* love, affection
sevgili *s.* darling, lover, beloved
sevimli *s.* sweet, likeable, lovely; cute

sevimsiz *s.* charmless, unlikable
sevinç *i.* joy, pleasure
sevinçli *s.* joyful, glad
sevinmek *f.* to be pleased, to be happy
sevmek *f.* to love, to like
seyahat *i.* travel, journey, trip
seyahat etmek *f.* to travel
seyrek *s.* rare, seldom
seyretmek *f.* to watch, to look
sezon *i.* season
sıcak *s.* hot, warm
sıcaklık *i.* heat, warmth
sıçan *i.* rat, mouse
sıfat *i.* adjective; quality, aspect
sıfır *s.* zero
sığır *i.* cattle
sığmak *f.* to fit into
sık *s.* close, dense, thick, frequent
sık sık *z.* frequently, often
sıkıcı *s.* boring, tiresome
sıkılgan *s.* shy, bashful
sıkılmak *f.* to be bored, to be ashamed
sıkıntı *i.* trouble, discomfort
sıkışık *s.* congested, close
sınav *i.* examination, exam, test
sınava girmek *f.* to take an exam
sınıf *i.* classroom, class; category, kind, sort
sınır *i.* frontier, boundary, limit
sınırlamak *f* to limit
sınırlı *s.* limited
sınırsız *s.* unlimited, boundless
sır *i.* secret, mystery
sır saklamak *f.* to keep secret
sıra *i.* desk; row, line; turn
sıradağ *i.* mountain range
sıraya dizmek *f.* to arrange in order, to enumerate
sırt *i.* back
sıska *s.* thin, puny
sıtma *i.* malaria
sıva *i.* plaster

sıvı *s.* liquid, fluid
sıyırmak *f.* to tear, to peel off
sıyrık *i.* peeled, abrasion
sızı *i.* ache, pain
sızıntı *i.* leakage
sızlamak *f.* to ache
sızmak *f.* to leak, to trickle
sidik *i.* urine
sifon *i.* siphon, flush tank
sigara *i.* cigarette
sigorta *i.* insurance, fuse
sihir *i.* magic
sihirbaz *i.* magician
silah *i.* weapon, arm
silahlanmak *f.* to take up arms
silahlı *s.* armed
silahşor *i.* knight, warrior
silgi *i.* duster, eraser, rubber
silindir *i.* cylinder
silkelemek *f.* to shake off
silmek *f.* to wipe, to erase, to rub, to delete
sima *i.* face
simge *i.* symbol
sincap *i.* squirrel
sindirim *i.* digestion
sindirmek *f.* to digest
sinek *i.* fly
sinema *i.* cinema, movies
sinir *i.* nerve
sinirbilim *i.* neurology
sinirli *s.* nervous, irritable
sinirlenmek *f.* to get nervous
sinyal *i.* signal
sipariş *i.* order
sipariş vermek *f.* to order
sirk *i.* circus
sirke *i.* vinegar
sis *i.* fog, mist
sistem *i.* system
sitem *i.* reproach, rebuke
sivil *i.* civilian
sivilce *i.* pimple
sivri *s.* pointed, sharp
sivrisinek *i.* mosquito
siyah *s.* black; dark
siyaset *i.* politics, diplomacy

siz *zam.* you
soda *i.* soda
sofra *i.* dining table
soğan *i.* onion
soğuk *s.* cold
soğutucu *i.* fridge, refrigerator
sohbet *i.* chat, talk, conversation
sokak *i.* road, street
sokmak *f.* to insert, to put in, to let in, to allow, to enter; to sting, to bite
sol *s.* left
solgun *s.* faded
solmak *f.* to fade, to become pale
solucan *i.* earthworm
soluk *i.* breath
soluk *s.* faded, pale
solunum *i.* respiration
somut *s.* concrete
son *i.* end, last, final, result
sonbahar *i.* autumn, fall
sonra *z.* after, then, later
sonsuz *s.* endless, eternal, infinity
sonuç *i.* result, conclusion, end
sopa *i.* stick
sorgu *i.* interrogation, inquiry
sormak *f.* to ask, to inquire
soru *i.* question, interrogation
soru işareti *i.* question mark
sorumlu *s.* responsible
sorumluluk *i.* responsibility
sorumsuz *s.* irresponsible
sorumsuzluk *i.* irresponsibility
sorun *i.* problem, matter
soruşturma *i.* investigation
sos *i.* sauce
sosis *i.* sausage
sosyal *s.* social
soy *i.* family, race
soyadı *i.* surname
soygun *i.* robbery
soylu *s.* noble
soyluluk *i.* nobility
soymak *f.* to rob; to peel

soytarı *i.* clown
soyunmak *f.* to undress
sökmek *f.* to tear down, to undo
sömestir *i.* semester
söndürmek *f.* to put out, to extinguish
sönmek *f.* to go out, to be extinguished
sönük *s.* extinguished
söylemek *f.* to say, to tell; to sing
söylenti *i.* rumor
söyleşi *i.* conversation, chat
söyleşmek *f.* to chat, to converse
söz *i.* word, speech
söz etmek *f.* to talk about, to mention
sözcük *i.* word
sözlü *s.* oral, verbal
sözlük *i.* dictionary, vocabulary
spiker *i.* announcer, speaker
spor *i.* sports, games
spor yapmak *f.* to do sports
stadyum *i.* stadium
staj *i.* training, apprenticeship, internship
standart *i.* standard
stüdyo *i.* studio
su *i.* water; fluid, juice
subay *i.* officer
suç *i.* offense, crime, guilt, fault
suç işlemek *f.* to commit an offense
suçlamak *f.* to accuse, to blame
suçlu *s.* guilty, sinner
sulama *i.* watering
sulamak *f.* to water
sulu *s.* watery, juicy
sulu boya *i.* water color
suni *s.* artificial
sunmak *f.* to present, to hand, to offer
surat *i.* face
susamak *f.* to be thirsty
suskun *s.* quiet
susmak *f.* to be silent, to be quiet

sülale *i.* descendants, family
sümbül *i.* hyacinth
sümük *i.* mucus
sümüklüböcek *i.* slug
sünger *i.* sponge
süngü *i.* bayonet
süper *s.* super
süpürge *i.* broom
süpürmek *f.* to sweep, to brush
sürahi *i.* pitcher, water bottle, jug
sürat *i.* speed, haste, rapidity
süratli *s.* quick, rapid, hasty, fast
sürdürmek *f.* to continue, to keep on
süre *i.* time, period
süreç *i.* process
sürekli *s.* continuous, permanent, lasting
sürmek *f.* to drive; to ride; to last, to spend; to exile
sürpriz *i.* surprise
sürü *i.* herd, flock, crowd
sürücü *i.* driver
sürükleyici *s.* fascinating, attractive
sürüngen *i.* reptile
sürünmek *f.* to creep, to rub
süs *i.* ornament, decoration
süslemek *f.* to adorn, to decorate
süslenmek *f.* to adorn oneself
süslü *s.* decorated, ornamented
süssüz *s.* plain
süt *i.* milk
sütun *i.* column
süveter *i.* sweater
süzgeç *i.* strainer, filter
süzmek *f.* to strain, to filter

Ş

şafak *i.* dawn
şah damarı *i.* aorta
şahane *s.* magnificent, wonderful

şahıs *i.* person, individual
şahit *i.* witness
şahsen *z.* personally
şahsi *s.* personal, private
şair *i.* poet
şaka *i.* joke, fun
şal *i.* shawl
şamar *i.* slap
şamata *i.* noise, uproar, hubbub
şamdan *i.* candlestick
şampiyon *i.* champion
şampuan *i.* shampoo
şan *i.* glory, fame
şans *i.* chance, luck
şanslı *s.* lucky
şanssız *s.* unlucky
şapka *i.* hat
şarj *i.* charge
şarj etmek *f.* to charge
şarkı *i.* song
şarküteri *i.* delicatessen
şart *i.* condition
şaşı *s.* cross-eyed
şaşırmak *f.* to be surprised; to be confused
şaşırtıcı *s.* amazing, surprising
şato *i.* castle
şebeke *i.* net, network
şef *i.* chief
şeffaf *s.* transparent
şefkat *i.* affection, compassion
şefkatli *s.* affectionate
şeftali *i.* peach
şehir *i.* city, town
şehit *i.* martyr
şeker *i.* sugar, sweet, candy
şekil *i.* form, shape, figure
şelale *i.* waterfall
şema *i.* diagram, plan
şempanze *i.* chimpanzee
şemsiye *i.* umbrella
şen *s.* cheerful, merry
şenlik *i.* cheerfulness, merriment; celebration
şeref *i.* honor, glory
şerit *i.* ribbon, band, strip
şey *i.* thing

şeytan *i.* Satan, devil
şezlong *i.* lounge, chaise lounge
şık *s.* chic, elegant, smart
şımarık *s.* spoiled
şırınga *i.* injection
şiddet *i.* violence
şiddetli *s.* violent
şifa *i.* recovery, cure
şifon *s.* chiffon
şifre *i.* code
şiir *i.* poem, poetry
şikâyet *i.* complaint
şimdi *z.* now, at present
şimdilik *z.* for the present
şimşek *i.* lightning
şirin *s.* sweet, pretty
şirket *i.* company, firm
şiş *i.* spit, skewer
şiş *s.* swelled, swollen
şişe *i.* bottle
şişirmek *f.* to swell, to inflate
şişman *f.* fat, obese
şoför *i.* driver
şok *i.* shock
şok olmak *f.* to be shocked
şort *i.* shorts
şöhret *i.* fame, reputation
şölen *i.* feast
şömine *i.* fireplace
şövalye *i.* knight
şöyle *z.* in this way, like this, so
şu *zam.* that, this
şube *i.* branch, department, section
şurup *i.* syrup
şut *i.* shoot
şükran *i.* thanks, gratitude
şükür *i.* gratitude, thanksgiving
şüphe *i.* doubt, suspicion
şüpheci *s.* suspicious
şüphelenmek *f.* to doubt, to suspect
şüpheli *s.* suspicious, doubtful
şüphesiz *s.* doubtless, certain, sure
şüphesiz *ü.* Of course! No doubt!

T

tabak *i.* plate, dish
tabaka *i.* layer, sheet
taban *i.* base, floor
tabanca *i.* pistol, gun
tabela *i.* chart, sign
tabiat *i.* nature
tabii *s.* natural
tablet *i.* tablet, pill
tablo *i.* painting, tableau
tabure *i.* footstool
tabut *i.* coffin
taciz *i.* disturbance, harassment
taç *i.* crown
tadilat *i.* amendment, restoration, change
tahıl *i.* grain, cereal
tahlil *i.* analysis
tahmin *i.* estimate, guess
tahrip *i.* destruction
tahsil *i.* education
taht *i.* throne
tahta *i.* board, wood
tahterevalli *i.* seesaw
takas *i.* exchange
takdim *i.* presentation, introduction, offer
takı *i.* jewelry; particle
takım *i.* team, group; device, equipment, set
takip *i.* following, pursuit
taklit *i.* imitation, fake
takmak *f.* to attach, to fix
taksit *i.* installment
taktik *i.* tactic
takvim *i.* calender
talih *i.* luck, fortune
tam *z.* just, right, very
tamam *s.* complete, exact, correct, right
tamir etmek *f.* to mend, to repair, to fix
tamirat *i.* repair
tamirci *i.* repairman
tane *i.* grain, seed, piece

tanık *i.* witness
tanım *i.* definition
tanıştırmak *f.* to introduce
taraf *i.* side, part, district, party
tarak *i.* comb
tarçın *i.* cinnamon
tarım *i.* agriculture
tarif *i.* definition, direction
tarih *i.* history, date
tarihçi *i.* historian
tarla *i.* field
tartı *i.* balance, weight, scale
tartmak *f.* to weigh, to evaluate
tasa *i.* worry, anxiety, grief
tasarı *i.* project, plan
taş *i.* stone, rock
taşımacı *i.* transporter
taşımak *f.* to carry, to transport
taşınır *s.* movable
taşınmak *f.* to move
taşıt *i.* vehicle
taşıyıcı *i.* carrier, porter
tat *i.* taste
tatil *i.* holiday, vacation
tatil yapmak *f.* to take a holiday
tatlı *i.* dessert
tatlı *s.* sweet
tatmak *f.* to taste
tatsız *s.* tasteless
tava *i.* frying pan
tavan *i.* ceiling
tavsiye *i.* recommendation, advice
tavşan *i.* rabbit
tavuk *i.* chicken, hen
tavus kuşu *i.* peacock
tay *i.* colt, foal
tayfa *i.* crew
tayin *i.* appointment
taze *s.* fresh, new, young
tazelik *i.* freshness
tazminat *i.* indemnity, atonement
tebessüm *i.* smile
tebessüm etmek *f.* to smile
tebeşir *i.* chalk
tebrik *i.* congratulation

tebrik etmek *f.* to congratulate
tecrübe *i.* experience, test
tecrübeli *s.* experienced
tecrübesiz *s.* inexperienced
tedavi *i.* treatment, care
tedavi etmek *f.* to treat
tedbir *i.* measure, precaution
tedbirli *s.* prudent
tedbirsiz *s.* imprudent
tedirgin *s.* uneasy, anxious
tehdit *i.* threat, menace
tehdit etmek *f.* to threaten, to menace
tehlike *i.* danger, risk
tehlikeli *s.* dangerous, risky
tehlikesiz *s.* without danger, safe
tek *s.* single, only
teker *i.* wheel
tekerlek *i.* wheel
tekerleme *i.* jingle
tekil *s.* singular
teklif *i.* offer, proposal, suggestion
teklif etmek *f.* to offer, to propose, to suggest
tekme *i.* kick
tekne *i.* boat
teknik *i.* technique
teknoloji *i.* technology
tekrar *i.* repetition, again
tekstil *i.* textile
tel *i.* wire, string
telaffuz *i.* pronunciation
telaffuz etmek *f.* to pronounce
telafi *i.* compensation
telaş *i.* hurry, flurry
teleferik *i.* cable lift
telefon *i.* telephone, phone
telefon etmek *f.* to phone, to telephone, to call, to ring
teleskop *i.* telescope
televizyon *i.* television
telgraf *i.* telegram
temas *i.* contact
tembel *s.* lazy
tembellik *i.* laziness

tembih *i.* caution, warning
tembih etmek *f.* to caution, to warn
temel *i.* foundation, base, main
temelli *s.* permanent
temiz *s.* clean
temizlik *i.* cleanliness
teminat *i.* assurance, guarantee; deposit
temsil *i.* representation
temsilci *i.* representative
ten *i.* skin
tencere *i.* pot, saucepan
teneffüs *i.* respiration; rest
teneke *i.* tin, can
tenis *i.* tennis
tepe *i.* hill, peak, summit
tepki *i.* reaction
tepsi *i.* tray
ter *i.* sweat
teras *i.* terrace
terazi *i.* balance, scales
terbiye *i.* education, training
terbiyeli *s.* good-mannered, polite
terbiyesiz *s.* rude
tercih *i.* preference
tercüman *i.* translator, interpreter
tercüme *i.* translation
tereyağı *i.* butter
terk *i.* abandonment
terk etmek *f.* to abandon, to leave
terlemek *f.* to sweat
terlik *i.* slippers
terminal *i.* terminal
terör *i.* terror
ters *s.* reverse, inverted; wrang, opposite
terzi *i.* tailor
tesadüf *i.* coincidence
tesadüfen *z.* by chance, accidentally
teselli *i.* consolation, comfort
tesisat *i.* installation
tesisatçı *i.* plumber

teslim *i.* delivery
teslim etmek *f.* to deliver, to hand in
tespit etmek *f.* to confirm, to establish, to state
test *i.* test
testere *i.* saw
teşekkür *i.* thank
teşekkür ederim *ü.* Thank you!
teşvik *i.* encouragement
teşvik etmek *f.* to encourage
tetik *i.* trigger
teyze *i.* aunt
tez *i.* thesis
tez *z.* quickly, fast
tezahürat *i.* ovation
tezat *i.* contrast, contradiction
tezgâh *i.* loom, bench, counter, frame
tezgâhtar *i.* salesman, clerk
tıbbi *s.* medical
tıkanmak *f.* to be stopped up, to choke
tıp *i.* medicine
tıraş *i.* shaving, haircut
tıraş etmek *f.* to shave, to cut
tırmanmak *f.* to climb, to clamber
tırmık *i.* scratch, harrow
tırnak *i.* fingernail
tırnak işareti *i.* quotation mark
tırtıl *i.* caterpillar
ticaret *i.* trade, commerce
tiksinmek *f.* to be disgusted, to loathe
tilki *i.* fox
timsah *i.* crocodile,
tip *i.* type
tipi *i.* blizzard, snowstorm
titiz *s.* peevish, fastidious
tişört *i.* T-shirt
titreşim *i.* vibration
tiyatro *i.* theater
tohum *i.* seed
tok *s.* satisfied, filled, full
toka *i.* buckle
tokalaşmak *f.* to shake hands

tokat *i.* blow, slap
tokatlamak *f.* to slap
tombala *i.* lotto
tombul *s.* plump
ton *i.* ton, tone
top *i.* ball
topal *s.* lame, cripple
toplam *i.* total
toplama *i.* addition
toplamak *f.* to collect, to gather, to pick
toplantı *i.* meeting
topluluk *i.* community
toplum *i.* soicety
toprak *i.* earth, soil, land
toptan *s.* wholesale
topuk *i.* heel
torba *i.* bag
tornavida *i.* screwdriver
torun *i.* grandchild
tost *i.* toast
toz *i.* dust
toz şeker *i.* granulated sugar
tören *i.* ceremony
tövbe *i.* repentance
trafik *i.* traffic
traktör *i.* tractor
tramvay *i.* trolley, tram
tren *i.* train
trilyon *i.* trillion
tuğla *i.* brick
tuhaf *s.* strange, odd
tur *i.* tour, stroll
turist *i.* tourist
turizm *i.* tourism
turne *i.* tour
turnuva *i.* tournament
turp *i.* radish
turşu *i.* pickle
turuncu *s.* orange
tuş *i.* key
tutar *i.* total, sum
tutarlı *s.* consistent
tutarsız *s.* inconsistent
tutkal *i.* glue
tutmak *f.* to hold, to keep, to catch, to take

tutsak *s.* prisoner, captive
tutuklama *i.* arrest, detain
tutuklamak *f.* to arrest
tutuklu *i.* prisoner, arrested, detained
tuvalet *i.* toilet, water closet
tuvalet kâğıdı *i.* toilet paper
tuz *i.* salt
tuzluk *i.* saltcellar
tuzağa düşmek *f.* to fall into a trap
tuzak *i.* trap
tuzak kurmak *f.* to set a trap
tüccar *i.* merchant
tüfek *i.* rifle, gun
tükenmek *f.* to run out
tüketici *i.* consumer
tüketim *i.* consumption
tüketmek *f.* to consume
tükürmek *f.* to spit
tükürük *i.* spittle
tül *i.* tulle
tüm *s.* whole, entire
tümsek *i.* hump, bump
tünel *i.* tunnel
tüp *i.* tube
tür *i.* kind, sort, species
Türk *s.* Turk, Turkish
Türkçe *i.* Turkish
Türkiye *i.* Turkey
türkü *i.* folk song
türlü *s.* various
tüy *i.* feather

ucuz *s.* cheap, inexpensive
uç *i.* point, tip
uçak *i.* airplane, plane
uçmak *f.* to fly
uçurtma *i.* kite
uçurum *i.* cliff
uçuş *i.* flight, flying
ufak *s.* small, little
ufuk *i.* horizon
uğultu *i.* buzzing, humming

uğur *i.* good luck
uğur böceği *i.* ladybird
ulaşım *i.* transport, communication
ulaşmak *f.* to reach, to arrive at
ulaştırma *i.* communication
ulus *i.* nation, people
uluslararası *s.* international
umut *i.* hope, expectation
unutkan *s.* forgetful
unutkanlık *i.* forgetfulness
unutmak *f.* to forget
uslu *s.* well-behaved, calm
usta *i.* master
ustalık *i.* mastery, proficiency
uşak *i.* servant
utanç *i.* shame
utandırmak *f.* to shame
utangaç *s.* shy, bashful
uyandırmak *f.* to awake, to waken
uyanık *s.* awake
uyanmak *f.* to wake up
uyarı *i.* warning
uyarmak *f.* to warn
uydu *i.* satellite
uygar *s.* civilized
uygarlık *i.* civilization
uygulama *i.* application
uygulamak *f.* to apply
uygun *s.* appropriate, convenient, suitable
uyku *i.* sleep
uykusuzluk *i.* sleeplessness, insomnia
uymak *f.* to fit, to adapt, to suit, to match
uyum *i.* harmony, accord
uyumak *f.* to sleep
uyumlu *s.* harmonious
uyumsuz *s.* discordant
uzak *s.* far, distant, remote
uzaklık *i.* distance
uzatma *i.* extension
uzatmak *f.* to extend, to prolong
uzay *i.* space
uzman *i.* expert, specialist

uzmanlık *i.* specialization
uzun *s.* long; tall
uzun yol *i.* long way
uzunluk *i.* length
uzuv *i.* organ

Ü

ücret *i.* pay, wage, salary
ücretsiz *s.* free, unpaid
üç *s.* three
üçgen *i.* triangle
üflemek *f.* to blow, to puff
ülke *i.* country
ümit *i.* hope, expectation
ümitli *s.* hopeful
ümitsiz *s.* hopeless
ümitsizlik *i.* hopelessness, despair
ün *i.* fame, reputation
üniforma *i.* uniform
ünite *i.* unit
ünlem *i.* interjection
ünlü *s.* famous; vowel
üretici *i.* producer
üretim *i.* production
üretken *s.* productive
ürkek *s.* timid, fearful
ürkmek *f.* to be frightened
ürkütmek *f.* to frighten, to scare
ürün *i.* product
üst *i.* top, upper side, superior
üstelik *b.* furthermore, moreover, in addition
üstün *s.* superior
üşengeç *s.* lazy, sluggish
üşenmek *f.* to be lazy
üşümek *f.* to be cold
üşütmek *f.* to catch cold
ütü *i.* iron
üvey *s.* step
üye *i.* member
üyelik *i.* membership
üzeri *e.* on, over, towards
üzgün *s.* sad, sorry
üzmek *f.* to worry, to depress, to bother

üzücü *s.* sad, bothersome
üzüm *i.* grape
üzüntü *i.* worry, anxiety

V

vaat *i.* promise
vadi *i.* valley
vagon *i.* railway car
vahşi *s.* savage, wild
vakit *i.* time
vali *i.* governor
valiz *i.* suitcase
vampir *i.* wampire
vana *i.* valve
vanilya *i.* vanilla
vantilatör *i.* ventilator, fan
vapur *i.* ship, ferry
var *s.* existent, existing, present, available
var olmak *f.* to exist, to be
varış *i.* arrival
varil *i.* barrel
varlık *i.* existence, presence
varlıklı *s.* wealthy
varmak *f.* to arrive, to get to, to reach
varolmak *f.* to exist
vasıf *i.* quality, qualification
vasıflı *s.* qualified, skilled
vasıfsız *s.* unqualified, unskilled
vasıta *i.* vehicle; means
vasiyet *i.* will, testament
vasiyet etmek *f.* to bequeath
vatan *i.* motherland
vatandaş *i.* citizen
vatansever *i.* patriot, patriotic
vazgeçmek *f.* to give up, to cease from, to abandon
vazife *i.* duty, task
vaziyet *i.* situation, position
vazo *i.* vase
ve *b.* and
veba *i.* plague
veda *i.* farewell
vedalaşmak *f.* to say goodbye to each other

vefa *i.* fidelity, faithfulness
vefalı *s.* faithful, loyal
vefasız *s.* unfaithful, disloyal
vefat *i.* death, decease
vefat etmek *f.* to die
vekalet *i.* attorneyship, proxy
vekil *i.* representative, attorney, agent
veli *i.* protector, guardian
veliaht *i.* crown prince
verem *i.* tuberculosis
vergi *i.* tax, duty
vermek *f.* to give, to hand
vesile *i.* cause, opportunity, means
veteriner *i.* veterinarian
veya *b.* or
vezne *i.* cashier, cash office
veznedar *i.* cashier, treasurer
vicdan *i.* conscience
vida *i.* screw
video *i.* video player
vilayet *i.* county, vilayet
villa *i.* villa
vinç *i.* winch
viraj *i.* curve, bend
virgül *i.* comma
vişne *i.* sour cherry, morello
vitamin *i.* vitamin
vites *i.* gear
vitrin *i.* shop window
vize *i.* visa
voleybol *i.* volleyball
volkan *i.* volcano
vurmak *f.* to hit, to strike, to shoot
vurulmak *f.* to be hit, to be shot
vücut *i.* body

Y

ya ... ya *b.* either ... or
yabancı *i.* foreigner, stranger
yabancı *s.* foreign, strange
yabancı dil *i.* foreign language
yağ *i.* oil, fat; butter; grease, lubricant
yağdanlık *i.* oil can
yağış *i.* rain
yağışlı *s.* rainy
yağlamak *f.* to oil, to grease
yağlı *s.* oily, fat
yağmak *f.* to rain
yağmur *i.* rain
yağmurluk *i.* raincoat
yaka *i.* collar
yakacak *i.* fuel
yakalamak *f.* to catch, to seize, to get
yakın *s.* near, close
yakışıklı *s.* handsome
yakışmak *f.* to be suitable, to be proper
yakıt *i.* fuel
yaklaşım *i.* approach
yaklaşmak *f.* to come near, to approach
yakmak *f.* to burn; to set fire; to light, to turn on
yakut *i.* ruby
yalan *i.* lie, untrue, deceit
yalancı *i.* liar, deceitful
yalanlama *i.* denial, contradiction
yalı *i.* shore; waterside residence
yalın *s.* simple, bare, naked
yalnız *s.* alone, lonely, only
yalvarmak *f.* to beg, to implore
yamaç *i.* slope, hillside
yamuk *s.* crooked, bent
yan *i.* side, direction, place
yanak *i.* cheek
yanardağ *i.* volcano
yanaşmak *f.* to approach, to draw near
yangın *i.* fire
yanık *s.* burned, scorched, blight, lighted
yanılmak *f.* to make a mistake
yanıt *i.* answer
yanıtlamak *f.* to answer
yani *b.* that is to say, namely, I mean
yankı *i.* echo, reaction
yanlış *i.* mistake, error
yanlış *s.* wrong, false, incorrect
yapay *s.* artificial
yapı *i.* building, structure
yapıcı *s.* constructive, creative
yapım *i.* construction, production
yapışık *s.* attached, adhering, struck together
yapışkan *s.* sticky, adhesive
yapmak *f.* to do, to make
yaprak *i.* leaf; sheet
yaptırım *i.* sanction
yara *i.* wound, injury, sore, pain
yaralamak *f.* to wound, to injure
yaralanmak *f.* to be wounded, to be injured
yaralı *s.* wounded, injured
yaramaz *s.* naughty; useless
yarar *i.* advantage, profit, use
yarasa *i.* bat
yaratıcı *s.* creative
yaratık *i.* creature
yardım *i.* help, assistance, aid
yardımcı *i.* helper, assistant
yargı *i.* judgement, lawsuit
yargıç *i.* judge
yargılamak *f.* to judge
yarı *s.* half
yarıçap *i.* radius
yarım *s.* half
yarımada *i.* peninsula
yarın *z.* tomorrow
yarış *i.* race
yarışma *i.* competition, contest
yarışmacı *i.* competitor
yarışmak *f.* to compete, to contest
yarıyıl *i.* semester
yarmak *f.* to split, to cleave
yasa *i.* law
yasal *i.* legal
yasak *i.* prohibition, ban
yasaklamak *f.* to forbid, to prohibit
yasama *i.* legislation

yasemin *i.* jasmine
yastık *i.* pillow
yaş *i.* age
yaş *s.* wet, damp, moist
yaş günü *f.* birthday
yaşam *i.* life
yaşamak *f.* to live
yaşlanmak *f.* to grow old
yaşlı *s.* old, aged; wet
yat *i.* yacht
yatak *i.* bed
yatak odası *i.* bedroom
yatay *s.* horizontal
yatılı *s.* boarding
yatılı okul *i.* boarding school
yatırım *i.* investment
yatırmak *f.* to lie something down; to invest
yatışmak *f.* to calm down, to cool down
yatıştırmak *f.* to calm, to appease
yatmak *f.* to go to bed, to lie down
yavaş *s.* slow
yay *i.* bow
yayın *i.* publication; broadcast
yaymak *f.* to spread
yaz *i.* summer
yazar *i.* writer, author
yazı *i.* writing
yazı tahtası *i.* blackboard
yazılı *s.* written
yazlık *s.* for the summer
yazmak *f.* to write; to print; to inscribe
yeğen *i.* nephew, niece
yelek *i.* vest, waistcoat
yelken *i.* sail
yelkovan *i.* minute hand
yelpaze *i.* fan
yemek *i.* food, meal
yemin *i.* oath
yemin etmek *f.* to swear
yemiş *i.* fruit, figs
yengeç *i.* crab
yeni *s.* new, recent; fresh

yenik *s.* defeated
yenik düşmek *f.* to be defeated
yenilemek *f.* to renew
yenilgi *i.* defeat
yenilik *is.* novelty, newness; innovation
yenmek *f.* to overcome, to conquer; to win
yer *i.* place, space; ground, floor
yer almak *f.* to take place, to take part in
yer çekimi *i.* gravitation, gravity
yer fıstığı *i.* peanut
yer sarsıntısı *i.* earthquake
yeraltı *s.* underground
yerinde *s.* appropriate
yerküre *i.* earth, globe
yerleşim *i.* settlement
yerleşmek *f.* to settle
yerli *s.* native; local
yeryüzü *i.* earth, world
yeşil *s.* green
yeşillik *i.* greenness, greens
yetenek *i.* aptitude, ability, skill, capacity
yetenekli *s.* talented, capable
yeteneksiz *s.* inefficient, incapable
yeter *s.* enough, sufficient
yeterli *s.* enough, sufficient
yetersiz *s.* insufficient, inadequate
yetişkin *s.* grown-up, adult
yetişmek *f.* to reach, to arrive
yetiştirmek *f.* to grow; to raise
yetki *i.* authority
yetkili *s.* competent, authoritative
yetmek *f.* to be enough, to suffice
yevmiye *i.* daily pay
yıkamak *f.* to wash, to cleanse
yıkıcı *s.* destructive, demolisher
yıkık *s.* fallen down, demolished
yıkmak *f.* to destroy, to ruin, to demolish
yıl *i.* year

yıl dönümü *i.* anniversary
yılan *i.* snake
yıldırım *i.* thunderbolt, lightning
yıldız *i.* star
yıllık *s.* annual, yearly
yırtıcı *s.* rapacious
yırtmaç *i.* slit
yırtmak *f.* to tear, to rend, to slit
yiğit *s.* brave, valiant, gallant, courageous
yiğitlik *i.* bravery, courage, gallantry
yine *z.* again
yitik *s.* lost
yitirmek *f.* to lose
yiyecek *i.* food
yoğun *s.* thick, dense
yoğurt *i.* yoghurt
yok *s.* absent, there is not
yoklama *i.* quiz, test; inspection
yokluk *i.* absence, lack
yoksul *s.* poor
yoksulluk *i.* poverty
yokuş *i.* ascent, slope
yol *i.* road, way, street; method
yola çıkmak *f.* to take the road, to set off
yolcu *i.* passenger, traveler
yolcu etmek *f.* to see off
yolculuk *i.* journey, travel, trip
yollamak *f.* to send, to dispatch
yorgan *i.* quilt
yorgun *s.* tired
yorucu *s.* tiring, fatiguing
yorulmak *f.* to get tired
yosun *i.* moss
yön *i.* direction
yön vermek *f.* to direct
yönetici *i.* administrator, manager
yönetim *i.* direction, administration, management
yönetmek *f.* to administer, to manage
yönetmen *i.* director, administrator
yöntem *i.* method, way

yörünge *i.* orbit
yukarı *i.*, *z.* high, top, up, upwards
yulaf *i.* oats
yumruk *i.* fist
yumurta *i.* egg
yumuşak *f.* soft, mild
yunus balığı *i.* dolphin
yurt *i.* native land, country
yutkunmak *f.* to gulp
yutmak *f.* to swallow, to gulp down
yuva *i.* nest, home
yuvarlak *s.* round
yük *i.* load
yüklem *i.* predicate
yüklemek *f.* to load
yüksek *s.* high
yüksek öğrenim *i.* higher education
yükseklik *i.* height, elevation
yükselmek *f.* to rise, to advance, to heighten
yün *i.* wool
yürümek *f.* to walk; to step; to pace; to march
yürürlük *i.* validity, effectiveness
yürüyüş *i.* march, walk, pace
yüz *i.* face
yüz *s.* hundred
yüzbaşı *i.* captain
yüzde *i.* percentage, percent
yüzey *i.* suface
yüzgeç *i.* fin
yüzme *i.* swim, swimming
yüzmek *f.* to swim; to flay, to skin
yüzücü *i.* swimmer
yüzük *i.* ring
yüzyıl *i.* century

Z

zafer *i.* victory, success
zahmet *i.* trouble, difficulty
zalim *s.* cruel, barbarous
zalimlik *i.* cruelty
zam *i.* increase
zaman *i.* time, period; tense
zaman kazanmak *f.* to gain time
zaman öldürmek *f.* to kill time
zamane *s.* present, modern
zamanında *z.* in time, on time
zamanla *z.* in the course of time
zambak *i.* lily
zamir *i.* pronoun
zamk *i.* gum, glue
zan *i.* suspicion, opinion
zanlı *i.* accused, defendant
zannetmek *f.* to suppose, to think
zar *i.* dice; film, membrana
zar zor *z.* barely, hardly
zarafet *i.* elegance, grace, delicacy
zarar *i.* damage, harm
zarar etmek *f.* to harm, to damage, to lose
zararı yok *ü.* Never mind!
zararlı *s.* harmful
zararsız *s.* harmless
zarf *i.* envelope; adverb
zarif *s.* elegant, graceful, delicate
zaruri *s.* necessary
zaten *z.* essentially, already, anyway
zavallı *s.* poor, miserable
zayıf *s.* weak, thin
zayıflamak *f.* to get thin, to lose weight
zayıflık *i.* weakness
zayi *s.* lost, gone
zayi olmak *f.* to be lost
zedelemek *f.* to bruise, to damage
zehir *i.* poison
zehirlemek *f.* to poison
zehirli *s.* poisonous
zekâ *i.* intelligence
zeki *s.* intelligent, clever
zemin *i.* ground
zencefil *i.* ginger

zenci *s.* negro, black
zengin *s.* rich, wealthy
zenginleşmek *f.* to get rich
zenginlik *i.* wealth
zerre *i.* atom, particle
zevk *i.* pleasure, fun, taste, amusement
zevk almak *f.* to enjoy
zevkli *s.* pleasant, amusing
zevksiz *s.* tasteless, tedious
zeytin *i.* olive
zeytinyağı *i.* olive oil
zımba *i.* punch
zıplamak *f.* to jump, to hop
zıt *s.* contrary, opposite
zihin *i.* mind, intelligence
zil *i.* bell, cymbal
zincir *i.* chain
zindan *i.* dungeon, prison
zirve *i.* peak, climax, apex, summit
ziyafet *i.* feast
ziyan *i.* loss, damage
ziyaret *i.* visit
ziyaret etmek *f.* to visit
ziyaretçi *i.* visitor
zor *s.* difficult, hard
zoraki *s.* forced, scarce, by force
zorlamak *f.* to force, to coerce
zorlu *s.* strong, violent, powerful
zorluk *i.* difficulty
zulmetmek *f.* to oppress, to tyrannize
zulüm *i.* cruelty, oppression, tyranny
züğürt *i.* poor, destitute, moneyless
zümrüt *i.* emerald
zürafa *i.* giraffe

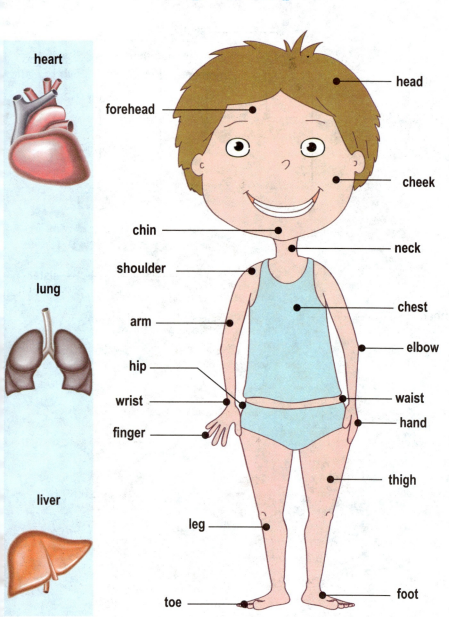

THE SKELETON

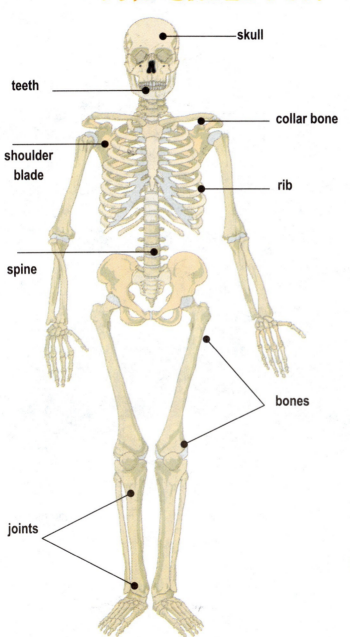

- skull
- teeth
- collar bone
- shoulder blade
- rib
- spine
- bones
- joints

stomach

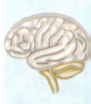

cerebrum

kidney

THE LIVING ROOM

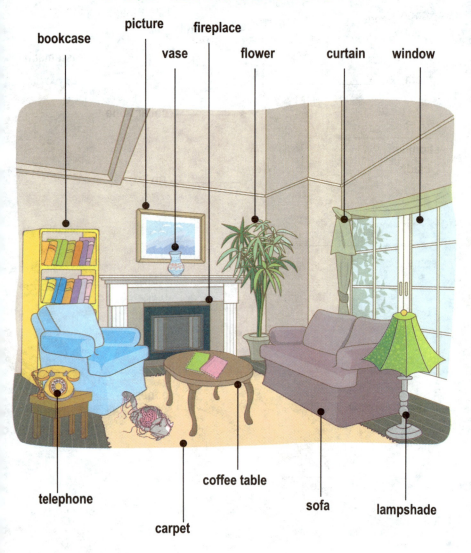

THE CLASSROOM

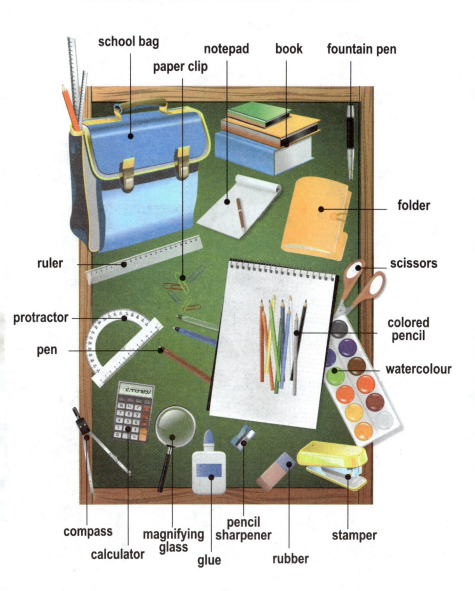

WHERE ARE THEY?